王这么 著

山河共此忧愁

李清照和她的时代

长江出版传媒 | 长江文艺出版社

序

公元 1084 年不可考的某一日，一个名为"李清照"的女婴出生了。①

这个啼哭声与其他婴儿的似也并无异样的女婴，将来会以超卓的文学才华，赢得千秋万代名。

两宋文化昌盛，"文曲星"排着队从天上掉下来，都是未来教科书上响当当的名号。

这是精英辈出的时代，也是竞争激烈的时代。想在这时代的文采风流里占据一席之地，不容易。绝大多数的人穷尽一生，不过是泯然史册。

---

① 李清照的生年，目前尚有争论，本书取学界赞同者最多的一种意见。

而李清照以一闺阁女子之身，独创"易安体"，与欧阳修、柳永、周邦彦、秦观、苏轼、辛弃疾等词坛大家分庭抗礼，实在是很不得了的成绩。

少女时期的李清照即以诗文享名，"文章落纸，人争传之。小词多脍炙人口，已版行于世"①。即使对她晚年再嫁之事极表鄙薄的卫道之士，也不得不承认她的才华："在士大夫中已不可多得，若本朝妇人，当推文采第一。"②

时光带给她越来越多的赞誉。到了明清两代，对她的文学评价步步登峰——"不仅俯视巾帼，直欲压倒须眉"③，一跃而成"词之正宗"④，成为宋词创作的宗师级人物。清代诗人、学者王士祯推她为"婉约词派"的掌门人："婉约以易安为宗，豪放为幼安称首。"⑤ 更有人将她与李后主、李太白并称为"词家三李"⑥。

她的诗、文也受到了重视，"古文、诗歌、小词并擅胜场。虽秦、黄辈犹难之，称古今才妇第一，不虚也"⑦。

到了现代，她的名字家喻户晓，学者们说："她在文学史上的地位，已经与伟大的骚人屈原、诗人陶潜、杜甫并垂不朽了。她

---

① （宋）赵彦卫《云麓漫钞》卷十四。
② （宋）王灼《碧鸡漫志》卷二。
③ （清）李调元《雨村词话》卷三。"易安在宋诸媛中，自卓然一家，不在秦七、黄九之下。词无一首不工，其炼处可夺梦窗之席，其丽处直参片玉之班。盖不徒俯视巾帼，直欲压倒须眉。"
④ （明）徐士俊《古今词》。"余谓正宗易安第一，旁宗幼安第二。二安之外，无首席矣。"
⑤ （清）王士祯《花草蒙拾》。
⑥ （清）王又华：《古今词论》。"沈去矜云：'男中李后主，女中李易安，极是当行本色。前此太白，故称词家三李。'"
⑦ （明）陈宏绪《寒夜录》卷下。

不仅在女性里面是第一大作家，她的文名与作品，已经与世界永存了。"①

她的声名，并非借力于"才女"身份所招致的好感或猎奇，而在于她恣肆的诗性天才，故经历岁月，光华弥彰。

如学者缪钺所言："余谓诗人亦须兼具天才、情感、理想三者。李易安即如是。'为纯粹之词人'，以见其情感之美也。'有高超之境界'，以见其理想之高也。'富创辟之能力'，以见其天才之卓也。"②

人们为她戴上了文学的皇冠：与李后主并称"宋词男女二皇帝""九百年来一词后"。

李清照一生著作极丰，据《宋史·艺文志》记载，有《易安居士文集》七卷，《易安词》六卷刊行于世，然而尽皆散佚。留存至今的作品，只有词五十余阕（包括存疑之作）、诗十四首，文不足十篇。这是一个遗憾，却也是人类文明史上常有之事。藏诸名山，传之后人，永远是写作者的梦想。真实的情况是文字庄重地书写下来，无论载诸何物：龟板、竹简、羊皮、丝绢、纸张……都经不起人间消磨。火烧、水渍、虫蛀、霉变、战乱、禁毁，种种天灾人祸，对于写作者，生前名固难得，身后事更无凭。

李清照的生平，正史与稗官野史上的记录都非常少。历史总是关注王侯将相，作为远离政坛的一介女流，史笔对她习惯性无视。她完全是靠着那些吉光片羽的少量文字，成就了文学史上不朽地位。这就给后世的读者造成了另一种遗憾。

① 胡云翼：《宋词研究》，岳麓书社 2010 年版，第 112 页。
② 缪钺：《诗词散论》，陕西师范大学出版社 2008 年版，第 58 页。

大凡中国人，都能背诵出几句李清照的诗词："帘卷西风，人比黄花瘦。""至今思项羽，不肯过江东。"……再或许，也知道她与赵明诚的姻缘，一对神仙眷侣的美谈。然后呢？不过是"凄凄惨惨的才女""古代文艺女青年的代表""中国的缪斯女神"……这类似是而非的标签。在当代，在普通读者心目中，"李清照"更多是作为一个才女的符号，作为一种古典审美情结而存在的。对于真正喜爱她的作品，进而对她萌生好奇之心的另一部分读者来说，这些远远不够。

我想做的是尽力以一本书的厚度，将她的形象从标签、符号、意象中抽离，还原成一位丰满、立体、可信度较高的"李清照"——她，作为天才诗人，作为"女人"，作为"人"的一生。她的个性、情感、志向，她在她的时代里怎样生活、成长，曾经有过什么样的梦想，她的梦中彩笔，向这个世界诉说过什么，宣告过什么？她，到底是怎样成为"李清照"，成就其"空前绝后"① 的。

这似乎是一个不可能的任务，但也并非无径可循。词学大家龙榆生先生曾言："吾人欲知《漱玉词》之全部风格，果属何种，一面自当于其作品加以精深之玩味，至其性格与环境，亦不容忽略。"②

从作者的性格、成长环境、历史背景等诸多层面入手，可以辅助我们去理解作者的作品；反过来，作者的生活经历，时代的

---

① （清）陈廷焯《云韶集·词坛丛话》。"妇人能词者，代有其人，未有如易安之空前绝后者。"

② 龙榆生：《漱玉词叙论》，《龙榆生词学论文集》，上海古籍出版社 2009 年版，第 367 页。

波澜，也或多或少能从其文字中吐露出一些消息，让两者互相印证。中国的文学传统，讲究"文以载道，诗以言志，词以传情"，那么，借助作品本身，我们也庶几可以触及作者的精神世界，试着贴近他们的心灵，感受他们，理解他们。

当然，这些都必然会受制于解读者的个人认知水平与文学审美能力，不可避免地存在一种"讨人嫌"的主观性。如果诸君喜欢，不妨称之为带有文学再创作性的"历史想象"，否则，则难免涉嫌臆测，将谥之以"意淫"了。

熊心豹胆，也只是出于热爱，故战战兢兢，埋头干下去。幸而有前辈学人丰富的研究成果，可作为肩膀站一站。便尽力耙梳，推演揣摩，揆情度理，希望能交出一点像样的成绩。

开工干活，是为序。

目录

第一章

『女帝』的诞生

第二章
少女时代的花影

第三章

昨夜星辰，与生欢喜

第四章
来日大难，口燥唇干

第五章

梦魂仿佛归帝所

第一章

『女帝』的诞生

一

她的时代：

才藻非女子事也 vs 才女如云

宋朝人很知道教育的重要、才华的美妙，并不因为它们落在女性身上而感觉尴尬。

拒绝拜李清照为师的女孩

暮年的李清照曾经遇到过这么一件事情。

李清照的亲友中，有一位姓孙的女孩儿，豆蔻年华，天资聪慧。李清照很欣赏她，便提议要当她的老师，把自己毕生才学传授给她，不料女孩儿一口拒绝了："才藻非女子事也。"①

"舞文弄墨的事情，不是我们女人应该做的。"

李清照这时候大约六十五岁，祖母级的人了，又是天下闻名的才女，一生以凌驾须眉之上的文才自豪，小姑娘这样当面怼她，可谓以幼犯长，打人打脸，情商欠费，很不妥当。然而，这件事情却得了大诗人陆游的赞许。

陆游跟孙家姑娘沾点亲，在她去世后，陆游应其家人之邀，写了一篇《孙氏夫人墓志铭》。能放进墓志铭里说一说的，当然是生平最伟大之事。在陆游笔下，这位孙氏夫人，除了婚后的"妇德"——侍奉公婆姑嫂至孝至诚，抚养子女慈严并举，贤良淑德，堪称女界楷模，余下最值得夸赞的，便是少女时代"拒绝易安居士"之壮举了。

为啥呢？无他，惟"礼"字尔。孙家姑娘的说法，在儒家正统礼教中，那是最正当、正确不过了。

"才藻非女子事也"，什么才是女子该做的事呢？看一下儒家

---

① 《渭南文集放翁逸稿·夫人孙氏墓志铭》："夫人幼有淑质，故赵建康明诚之配李氏，以文辞名家，欲以其学传夫人，时夫人始十余岁，谢不可，曰：才藻非女子事也。"

经典怎么说。

《礼记·内则》云:"女子十年不出,姆教婉娩听从,执麻枲,治丝茧,织纴组紃,学女事,以共衣服。观于祭祀,纳酒浆、笾豆、菹醢,礼相助奠。"

闺中少女,长到十岁就乖乖待家里,不要出门啦,要开始培养温柔和顺的品德,做女红,养蚕、织布、裁衣服,学习祭祀礼仪。

《礼记·昏义》云:"古者妇人先嫁三月,祖庙未毁,教于公宫,祖庙既毁,教于宗室,教以妇德、妇言、妇容、妇功。教成祭之,牲用鱼,芼之以苹藻,所以成妇顺也。"

出嫁之前,再给姑娘们来一次集训,重点是加强品性教育,妇德、妇言、妇容、妇功,所谓"德言容功"者,即"三从四德"中的"四德"。"三从"我们知道:在家从父,出嫁从夫,夫死从子。"四德"的标准,班昭的《女诫》中更有详细说明:

清闲贞静,守节整齐,行己有耻,动静有法,是谓妇德。
择辞而说,不道恶语,时然后言,不厌于人,是谓妇言。
盥浣尘秽,服饰鲜洁,沐浴以时,身不垢辱,是谓妇容。
专心纺绩,不好戏笑,洁齐酒食,以奉宾客,是谓妇功。
此四者,女人之大德,而不可乏之者也。

德行,言辞,仪容,家务,孙家小姑娘说得没错,哪哪儿都没"才藻"的事嘛!

大门不出,二门不迈,相夫教子,孝顺公婆,努力干家务,这些才是女人家的"本分"。

所以,孙家女孩儿面对一代才女,是如此"礼"直气壮,出言无忌。

这孙家女孩儿，也确实是位名门淑女，乃北宋大臣孙沔之四代女孙。孙沔其人呢，按《宋史》记载，做事刚猛，颇有政绩，只是"不守士节"①，私德不太好。怎么个不好法子？

好色，淫人妻女。做地方官的时候，见街上有美貌女子，便连骗带抢，弄回家快活。残暴，滥施酷刑，曾令人挖囚犯的脚筋。贪财，违规做"官倒"不算，更兼欺行霸市，看上了老百姓家好东西，比如好大好亮的海珠啦，前代名画家的真迹啦，就随便找个罪名，把人抓起来，或吃牢饭，或脸上刺青流放得远远的，好东西没收。正所谓"破家的县令，灭门的知州"。

他曾经还跟名将狄青一起镇守过边关。据宋人野史记载，此人极擅长窝里斗，专拖狄青的后腿。家中小妾成群，还要跟外甥媳妇通奸。正室夫人边氏，也不是善男信女，跟庞籍相好——就是电视剧中的著名反派庞太师，包青天的死对头，因此，庞太师官场上很是照顾孙沔……②，正是男无"士行"，女无"妇德"，一家子门风相当不正，倒不料后代出了一位女道学先生。

女道学不罕见，"只有门口石狮子干净"的世家亦常有，而李清照千古只有一个。陆游的这篇《孙氏夫人墓志铭》，文学价值并不高，之所以引起人们的注意，是因为通过它，可以考证出李清照的年龄，证明她至少活到了绍兴二十一年（1151 年）。而孙家的女孩儿，能在历史上刷了这么一回存在感，也实缘李清照当年对她的那一次"青眼"。

---

① 出自《宋史·列传四十七·孙沔传》。
② （宋）梅尧臣《碧云騢》。

李清照与简·奥斯汀

类似的故事,在大海的另一边,在另一个时空,也曾发生过。

英国女作家简·奥斯汀一生未婚未育,她生前极疼爱小侄女范妮。范妮的父亲(简的哥哥)因被远房亲戚收养而获得贵族身份。所以范妮打一出生,也就成了一位名正言顺的贵族小姐。

简去世后,她作为文学家的名声日腾,面对闲杂人等好奇的打听,范妮不置一词,只在给妹妹的复信中写下了这段回忆:"从各方面来看,简姑姑的确不够优雅。这是千真万确的事实,与她的才华很不相称。假如她再活五十年,就会在很多方面更符合我们的优雅品位。她的家境并不富裕,交往的人也大多出身低微,或者干脆说都是平庸之辈……后来与奈特夫人的交往使她们有所长进。简姑姑那么聪明的人,自然不会对种种粗俗(如果可以这么说)视而不见,更不会拒绝学习在待人接物方面变得更为优雅一些。两位姑姑(卡桑德拉和简)成长于对人情世故及相关风尚(指的是时尚方面)完全无知的环境中,若不是沾了父亲婚姻的光来到肯德郡,又赶上好心的奈特夫人经常邀请她们中的一个来做伴,纵使她们天资再聪颖,性情再和顺,也会与上流社会的标准相差甚远。"①

无论简的文学成就有多大,在侄女心目中,她只是一个谈吐

---

① [加]卡罗尔·希尔兹:《简·奥斯汀》,袁蔚译,生活·读书·新知三联书店2014年版,第78—79页。

不高雅，打扮不够有品位的穷亲戚。

在简·奥斯汀生活的时代，女人的正经事，和东方一样，也不过是替男人生儿育女，打理家务。上流社会的女人则额外以举止高雅、装扮时髦为荣。女人写作，尤其写小说，被认为是很不得体的事情。简生前写的大部分小说都只能以化名发表。然而她去世之后没多久，世界对于女作家的态度发生了巨大变化，许多女作家出现了，站到世人面前，接受鲜花与追捧，接受皇室的嘉奖，名利双收……如果简没有英年早逝，她将毫无悬念地获得与她的才能相匹配的荣耀。人们不禁为简感到遗憾——她真是生不逢时啊！

然而，在"生不逢时"之时，以骇俗之魄力、惊世之才能，做出即便"生逢其时"都未必能有的成就来，不正是简这一类人超拔于芸芸众生的非凡之处吗？

一个人若不能超越他的时代，就不能成就其伟大。

任何时代，世界上总有那么一小拨人，以他们自身的才华、思想、智慧、学识……超越时代的局限，做出划时代的成绩。

他们不是随波逐流之辈，他们走在时代的前面，时代纵使曾对其百般轻视，最终要引以为荣。

李清照与简·奥斯汀的相似之处在于：位列大师之林，独成一派，在文学史上做出开创性的贡献；都曾因性别而被时代漠视，留下的个人资料如此稀少，让后代的粉丝与学者们抓狂……而且，也都有过那么一位对她冷嘲热讽的女性晚辈。

当然，人也不是完全孤立于时代存在的，哪怕是网文作家笔下自带"金手指"的穿越者，也不可能在原始社会造出火箭。世上没有无根之木，天才，也必然有孕育他们的土壤。

弗吉尼亚·伍尔芙在她关于"女性写作"的名篇《一间属于自

己的房间》中说："在十六世纪，任何一位具有伟大天才的女性必定会发狂、自杀，或者在村外孤寂的茅舍中了此余生，半巫半魔，被人惧怕又被人嘲笑。"

十六世纪的欧洲女性普遍是文盲，没有人身自主权。而在简生活的十八世纪末到十九世纪初，中上阶层的女性已经可以受到良好的文化教育，小姐们有相当的自由去挑选夫婿，决定嫁人或者不嫁。贵妇们热衷组织文化沙龙，以追捧文人雅士为风尚，少数人干脆自己拿起了笔，在中产阶级和贵族中，都出现了"女作家"这新奇物种……

整个欧洲业已经过思想启蒙运动的洗礼。当十七岁的简一边写着小说，一边陶醉于舞会上无休无止的旋转时，女权主义者玛丽·沃斯通克拉夫特已经写出了名作《女权辩护》。旧的时代在瓦解，新的世界正在展开。

在十二世纪的中国，在李清照那里，也同样如此，她的时代，虽然谈不上对女性多公平友好，却也有着足够的土壤与空气，让这粒天才的种子得以成长。

女孩子要读书才有前途

宋代重视教育，文学昌盛。《吴郡图经续记》云："自本朝承平，民被德泽，垂髫之儿，皆知翰墨。"女子受世风影响，也广受教育，尤其士大夫阶层中的女性普遍识字能文，不乏才学佼佼者。

大儒、文豪之家，几乎家家出才女。

苏洵，这样赞美早夭的爱女苏八娘："女幼而好学，慷慨有过人之节，为文亦往往有可喜。"①苏八娘就是民间传说中才女"苏小妹"的原型，现实中她不是苏轼的妹妹，而是他姐姐。

曾巩的夫人周琬，平生嗜好是写文章，冥思苦构，日夜不倦，活生生一个女"夫子"。还有诗稿七百篇。这是一位学者型的才女，跟其以"古文"见长的夫君简直是天作之合。②

王安石家老妻能诗善文，两个女儿也饱读诗书。小女儿嫁给了未来的宰相蔡卞，她格外遗传了老父的政治才干。老公对她是言听计从，连朝廷大事，都要拿进闺房请她指点。③

南宋时期，理学逐渐盛行，对女性的礼教束缚趋于严格，但"女子无才即是德"的思想，此时还没有市场。

南宋开国皇帝宋高宗曾说过："朕以谓书不惟男子不可不读，虽妇女亦不可不读，读书则知自古兴衰，亦有所鉴诫。"④

宋高宗赵构，经过"靖康之变"，艰险坎坷，逃往南方建立偏安朝廷，积累了一脑袋北宋亡国的失败经验，痛定思痛，深感以史为鉴的重要性。他这一番话，是对后妃及命妇们的要求，意思是国家兴亡，社稷安危，不要以为都是男人的事。你们女人也要多读书，明事理，才能做好贤内助，关键时刻不拖后腿。

在南宋，甚至出现了向科举制度挑战的凶猛萝莉。

---

① （宋）苏洵《自尤》诗序。
② （宋）曾巩《夫人周氏墓志铭》。"夫人独喜图史，好为文章，日夜不倦，如学士大夫。有诗七百篇。"
③ （宋）周辉《清波杂志》。"蔡卞之妻王夫人，颇知书，能诗词。蔡每有国事先谋之于床第，然后宣之于庙堂。时执政相语曰：'吾辈每日奉行者，皆其咳唾之余也。'蔡拜右相，家宴张乐，伶人扬言曰：'右丞今日大拜，都是夫人裙带。'讥其官职自妻而致，中外传以为笑。"
④ （清）徐松《宋会要辑稿》卷二十九。

宋孝宗年间，有个九岁的女孩子林幼玉，自个儿跑去要求参加科举考试（童子科），皇帝大臣们太震惊了，来不及考虑此事合不合"礼法"，就抱着看稀奇的心态给她出了卷子，结果一考即过。九岁而已，放在现代，只是汉语常用字还没学全的小学生，她却已通读经书四十三种。因为女子不能做官，便封了她一个"孺人"——这是给官员妻子的封号，小女孩靠自己就拿到手了。①

这位林姑娘，跟那位孙姑娘做不成闺蜜，估计会彼此鄙夷，一个厌憎对方不守妇德，一个嘲笑对方如泥胎木偶。

什么是泥胎木偶？一身横跨两宋的文臣孙觌，是这样定义的："予尝谓妇人女子虽以幽闲静专为德，而尸居儇然，懵不知事，如土木偶人，则为愚妇。"②

只知道妇德，其他啥都不懂，啥也不会的，就是个蠢女人啊！

孙觌的话代表了士大夫中一部分激进派意见。而南宋著名的大学者，永嘉学派的代表叶水心先生，则提出了中庸的看法："妇人之可贤，有以文慧，有以艺能，淑均不妒，宜其家室而已。"③

女人在做好贤妻良母的大前提下，热爱文化艺术是毫无问题的，是值得表扬的！

那么保守派的意见呢，最具代表性的是司马光。他的家庭教育方针是女孩子应该读书，但不要读太多，读点《列女传》《孝经》，知道该怎么守女子本分就可以了——"今人或教女子以作歌

① （宋）李心传《建炎以来朝野杂记》。"自置童子科以来，未有女童应试者。淳熙元年夏，女童林幼玉求试，中书后省挑试所诵经书四十三件，并通。四月辛酉，诏特封孺人。"

② （宋）孙觌《鸿庆居士集》卷四十《恭人杨氏墓志铭》。

③ （宋）叶适《水心集·张令人墓志铭》。

诗，执俗乐，殊非所宜也。"①

司马光反对女子吟诗作赋、学乐器学唱歌，是"才藻非女子事也"的支持者。但司马光何许人啊？打出生就没年轻过的老干部，公主离婚都被他逼停了的道德狂人，人送外号"司马牛"②。他的标准，正常人都做不到的，听听罢了。

而且，一般而言，凡"司马牛"拼命反对的，必定是大伙儿都兴高采烈在做的。所以他这番高见，正可以反证社会上重视女子"才藻"的风气浓厚。

总之，宋朝人很知道教育的重要、才华的美妙，并不因为它们落在女性身上而感觉尴尬。这是崇文风尚的影响，同时不失为一种实用主义的选择。

宋代的后妃人选，与唐、五代相比有了很大的变化。为了杜绝外戚干政，不再看门阀地位，而是直接去到中下层挑选，这就给了许多平民女子飞上枝头变凤凰的机会，也给了许多平民家庭一夜富贵的希望。因此，大家都很乐意提高女儿的文化素养。

城市文明兴起，商品经济发达了，城市中的许多中下层家庭，把女儿送上了职业女性的道路："京师中下之户，不重生男，每育女，则爱护之如擎珠捧璧。稍长，则随其姿质，教以艺业，用备士大夫采择娱侍。名目不一，有所谓身边人、本事人、供过人、针线人、堂前人、杂剧人、拆洗人、琴童、棋童、厨娘等称。"③

---

① （宋）司马光《家范》。

② （宋）蔡絛《铁围山丛谈》。"东坡公元祐时既登禁林，以高才狎侮诸公卿，率有标目殆遍也，独于司马温公不敢有所轻重。一日，相与共论免差役利害，偶不合，及归舍，方卸巾弛带，乃连呼曰：'司马牛！司马牛！'"

③ 出自《宋稗类钞》卷三十一。

京城中的女孩儿们，从小就要学习各种技艺，然后送去达官贵人家里应聘上岗，挣钱养活全家。职业技艺之外，文化教育也是必不可少，以满足主顾们的高端需求。

南宋词人周密的笔记《癸辛杂识》中，就记载了一位叫何银花的"身边人"——身边人，用今天的话来说，相当于贴身陪伴的高级小保姆，白金级"阿姨"。这位小何阿姨，女红、烹饪、煎药烹茶、采买、布置房间、照料病人、唱小曲、弹乐器，无所不能，还会陪聊天、看账本、代写书信，其年薪是一百贯，已足够京城普通平民家庭一年的正常开销了。

明人冯梦龙的《喻世名言》中，收集了许多宋元话本故事，其中有一篇《金玉奴棒打薄情郎》，讲的是南宋时候，临安城里有一位姓金的"丐头"，丐头就是叫花子头儿，也就是丐帮帮主。这金帮主唯有一独生女儿，爱若珍宝，自小便请了先生尽力教导，学得满腹诗书，文章锦绣，因此一心要将她嫁个读书人。

"丐帮"虽是武侠小说中一大名门正派，但在宋朝，是实实在在被瞧不起的"贱业"，更别说从来"士庶不通婚"了，这事儿一看就挺难。然而金帮主爱女心切，终于找到一个潜力股的穷秀才，将女儿欢喜嫁了。后来秀才中了进士，嫌弃妻子出身，将她推进江里。金玉奴命不该绝，又被一路过的大官救起，见她知书达礼，遂认作了干女儿，又嫁回给了她那无良的前夫。新婚之夜，金玉奴领着众丫鬟，棍棒齐下，把新郎一顿痛打……

执贱业者丐头的女儿，也要读书识字，如大家闺秀一般培养，可见"向学崇文"风气之盛。也可见即使身在社会最底层的人，也希望通过教育来为女儿添加无形的嫁资，谋得好姻缘，实现阶层的跃迁。

青楼中的缪斯

青楼中人的文化水平也水涨船高了。两宋娼妓行业空前发达，竞争激烈，想做个烟花阵中的翘楚，脂粉队里的行首，不是以色事人那么简单了。以色事人能得几时好？姑娘们努力学习，天天向上，吹拉弹唱、琴棋书画、诗词歌赋、斗茶合香、舞蹈杂艺、猜灯谜、行酒令儿……力求获得文人士大夫的欣赏，打入高端消费市场。

关中伎女温琬，本良家子，因家变沦落成娼。她年幼时便女扮男装，跑到书院去读书。成为伎女后，仍孜孜不倦于书卷之间，著有《孟子解义》八卷，诗五百首。又有杂论文稿一部——据读过的人说："其间九经、十二史、诸子百家、自两汉以来文章议论、天文、兵法、阴阳、释道之要，莫不赅备。以至于往古当世成败，皆次列之，常日披阅，赅博远过宿学之士。"[1]她接待主顾，既不陪酒，也不弹琴唱曲儿，就是陪着大家聊天，谈吐博雅，态度温润，令人如沐春风。

南宋时有一位"诗伎"，有着曹植七步成诗般的捷才。宋人洪迈的笔记《夷坚志》中记载道：

> 张安国守临川，王宣子解庐陵郡印归次抚，安国置酒郡斋，招郡士陈汉卿参会。适散乐一妓言学作诗，汉卿语之曰：

---

[1] （宋）刘斧《青琐高议》后集卷七。

"太守呼为五马，今日两州使君对席，遂成十马，汝体此意做八句。"妓凝立良久，即高吟曰："同是天边侍从臣，江头相遇转情亲。莹如临汝无瑕玉，暖作庐陵有脚春。五马今朝成十马，两人前日压千人。便看飞诏催归去，共坐中书秉化钧。"安国为之叹赏竟日，赏以万钱。

张安国是张孝祥，王宣子就是王佐。二位都是少年成名、当年春风得意的状元郎，政治上属主战派。岁月蹉跎，辗转不如意，如今都外放在地方上做太守。

酒宴上，听说这位侍宴的姑娘在学作诗，官人们便饶有兴致地考考她，要求有点苛刻：汉代时太守出行，以五马拉车，如汉乐府《陌上桑》中所谓"使君从南来，五马立踟蹰"。"使君"与"五马"都是后世对太守的代称。现在两位"五马"相聚，就变成"十马"了，你就以这个"十马"为题来赋诗吧！

姑娘想了一会儿，果然吟出一首来。

这首诗格律工整，用典自然，气韵沉着中带着些俏皮。切题应景，更兼奉承得极妥帖自然。她说您二位，本都是天子近臣，理应飞黄腾达的人物，如今外放做一地的长官。这一位呢，是在任的，其品行真是君子如玉无瑕。那一位呢，刚卸任，便好比春天长了脚，刚离开他的子民——"有脚春"，指官员有德政，典出五代王仁裕著《开元天宝遗事》，说唐时宰相宋璟爱民恤物，时人便称赞他像长了脚的春天，到处带来温暖。二位德行高尚的太守老爷，今日在此一聚，不久便要得到皇帝重用，到朝廷去担负教化万民的责任啦！

可不是句句都说到人心坎上了？这位青楼中的姑娘，文思敏捷，熟知天下事，客人的来头、经历、心事，摸得一清二楚。怪不得当世著名诗人张孝祥也要为之"叹赏竟日，赏以万钱"了。

不久，朝堂上主战派占据了上风，二人同为丞相张浚所荐，进入了中央领导班子——还真给她蒙准了。

这类记载在两宋历史上还有很多。

抓了一个会写词的"女贼"

宋词在宋代又叫"小歌词"，就是用来唱的。上至天子，下至走卒，人人都会唱，都爱听，乃是雅俗共赏、老少咸宜的全民文艺产品。词的作者也多，分布面也广，三教九流无所不有。

跟关系着道德良心的诗与文不一样，词这种文体，一开始就是为了消遣而产生的。作为乐府民歌与五代宫廷文学的混血，是下里巴人与阳春白雪的结合，它的气质是既清新又绮靡，既深情又随便，用来表达人生里的闲愁余情，再合适不过了。而它委婉细腻、要眇宜修的创作手法，也天然适宜于闺阁女子吐露情怀。

比如当时与李清照齐名的女词人魏玩，她是文学家魏泰的姐姐，宰相曾布的妻子，封鲁国夫人。

弟弟魏泰是女性文学的支持者。曾经在《临汉隐居诗话》中说道："近世妇人多能诗，往往有臻古人者……皆脱洒可喜也。"

丈夫曾布，是"唐宋八大家"之一的曾巩的弟弟，在北宋中后期党争中属"新党"一派，一生大起大落，风光有时，灰溜溜有时。宋朝传统是朝中斗争失败的，就被赶出去做地方官——故夫妇二人聚少离多。魏夫人的作品主要内容就是思念他乡的夫君。

出身临安普通士人家庭的朱淑真，按今天的阶层，大概算城市中产。她的词风与身为贵妇的李、魏不一样，少了含蓄蕴藉，更多清新率真。一卷《断肠词》，让读者千载之后，犹清楚地看见她一生的爱欲纠缠。她的初恋、失恋，失败的婚姻，她享受爱情时的娇憨，尽尝孤独时的落寞，她少女时的天真，她千帆过尽时的淡然，她都认真地存放在作品中了。

南宋的官伎严蕊，不幸碰上道学先生朱熹，吃了一场官司，受了好多拷打，终于被放出来，在决定今后命运走向的时刻，亦以小词一首，向各位官老爷呈情："不是爱风尘，似被前缘误。花落花开自有时，总赖东君主。去也终须去，住也如何住。若得山花插满头，莫问奴归处。"表达了一个被侮辱与被损害者最后的自尊。

因为词是唱的，所以负责传唱这些作品的主力——青楼歌伎们，对于一首词的好坏，其实是有相当鉴赏力的。比如"奉旨填词"的浪子柳永，受到了整个大宋烟花业的追捧，各位姐姐，为求柳七一首词不惜掷千金。而欧阳修、苏轼、秦观等大文豪的杰作，也被她们牢记在心，当偶像崇拜，当模板诵读。

北宋时有一官吏，甚爱当地的一个官伎。按惯例，写了一首情词，递到姑娘妆台上。姑娘读罢，写一首词回赠，道："清词丽句，永叔子瞻曾独步，似恁文章，写得出来当甚强！"①

"欧阳修、苏轼他们写的才是了不起的作品呢，你这叨叨的啥玩意儿！"姐姐，不要标准这么高好吗？天底下有几个欧阳修和苏轼啊！

唐珪璋主编版《全宋词》收录作者约 1500 人，其中女性词人

---

① （宋）陈师道《后山集》卷二十三。

有名姓可考者 85 人、无名氏 30 余人，词作近 300 首。女词人的身份涵盖所有社会阶层：妓女、僧尼女冠、驿卒樵夫之女、市民女儿、士大夫之女与妻妾、国夫人、宫女、宫妃……较之前代即自先秦以下至唐、五代，有作品流传于世的女性作者不过 33 人的状况，是很了不起的突破了。

宋词女作者的实际数量，应该远不止于此数。宋代无名氏所作之《大宋宣和遗事》中，记录了一个小故事：

说正月十五之夜，京城内花灯如海，光耀如昼，男女皆装扮时髦，兴冲冲地出来看灯兼看人，但见——

王孙公子，才子佳人，男子汉都是子顶背带头巾，窄地长背子，宽口裤，侧面丝鞋，吴绫袜，绡金里肚，妆着神仙；佳人却是戴䍐扇冠儿，插禁苑瑶花，星眸与秋水争光，素脸共春桃斗艳，对伴的似临溪双洛浦，自行的月殿独嫦娥。那游赏之际，肩儿厮挨，手儿厮把，少也是有五千来对儿！①

徽宗皇帝亦与民同乐，于宣德门下撒金钱，叫百姓哄抢，又在端门下赐御酒，以金杯盛之，不问老少尊卑，光禄寺的官吏们见人就劝进一杯。百姓山呼万岁，手舞足蹈，抢夺争吵，喜得官家②呵呵大笑。一片祥和之际，就抓了一个贼，却是个女贼，喝完酒，顺手将金杯揣怀里了。人赃并获，皇帝命人去讯问——小女子何来恁大的胆子？

---

① （元）佚名《大宋宣和遗事》。
② 宋代皇帝称"官家"。

女子从容答道："贱妾与夫婿同到鳌山下看灯，人闹里与夫相失。蒙皇帝赐酒，妾面带酒容，又不与夫同归，为恐公婆怪责，欲假皇帝金杯归家，与公婆为照。臣妾有一词上奏天颜，这词名唤《鹧鸪天》：'月满蓬壶灿烂灯，与郎携手至端门。贪看鹤阵笙歌举，不觉鸳鸯失却群。天渐晓，感皇恩，传宣赐酒饮杯巡。归家恐被翁姑责，窃取金杯作照凭。'"

一词呈上，天颜大悦，不仅免罪，还把金杯赐给她了。

于千万人中随手抓住一个，就能有这等捷才与文采，还有不卑不亢的胆气，宋代女性的文化素质岂能小瞧？也正是有这样的女性群体为时代打底，最终出现了李清照这样名标青史的词家宗师。正是群芳争放，不让牡丹独撑春色。欲知花王来历，且看下回分晓。

二

她的老家：
道统传人 VS 诗疯子

齐鲁世代通婚，齐国的王女很多都嫁入了鲁国，齐女奔放的作风，使得鲁国国君的帽子上经常长出青草。

古人先放了一波地图炮

李清照是大宋京东路济南府章丘县人（一说为济南府历城县人）。

济南古属齐国，秦设郡县制，隶属于济北郡，称"历下邑"。汉时设济南郡，隋时改济南郡为齐州。经唐、五代，逐渐成为东部的文化中心。到宋徽宗政和六年，改名为济南府，属京东路。①

京东路在宋代，大概包括今天山东省的大部分（与河北省接壤沿线小部分地区除外），以及河南商丘、江苏的徐州、淮阴、宿迁一带。

钱穆先生在《中国文化史导论》中说："各地文化精神之不同，穷其根源，最先还是由于自然环境有分别，而影响其生活方式。再由生活方式影响到文化精神。"也就是俗话说的：一方水土养一方人。一方人又促生一方的文化风俗，形成了居民在个性与思想上的某些共性——从地域文化角度，人们所谓放"地图炮"者，也是其来有自了。

京东路内有泰山之高，泰山是五岳之首，为帝王封禅祭天之地，外临渤海之广，渤海水产丰富，海风清新。黄河、济水两大水道横亘，另有绵延丘陵、纵横河流——地理面貌上颇显豪壮之美。先秦时代，这里最主要的两个诸侯国是齐国与鲁国。

---

① 熙宁七年，京东路拆分为京东东路、京东西路，济南府属京东东路，元祐元年，东西二路合并为京东路。

杜甫登泰山，作《望岳》诗云："岱宗夫如何，齐鲁青未了。造化钟神秀，阴阳隔昏晓。"青翠的山峦，绵延在齐鲁大地上。山之阳为鲁，山之阴为齐。鲁国在泰山之南，齐国在泰山之北。

齐国背山临海，多河流水道，物产丰饶，矿物、盐场、牧草、林木，样样齐全。鲁国多丘陵、湖泊、河谷，土地肥沃，宜于农桑。齐是海洋型国家，鲁是内陆型国家。不同的生产方式，孕育了不同的国民性格。现在习惯上称山东为"齐鲁大地"，把它当成一个地域文明的整体，但在从前，齐是齐，鲁是鲁，风俗很不一样的。

对此，《汉书·地理志》中早就放过一大波"地图炮"了。

齐之地——"初，太公治齐，修道术，尊贤智，赏有功，故至今其土多好经术，矜功名，舒缓阔达而足智。其失夸奢朋党，言与行缪，虚诈不情，急之则离散，缓之则放纵。"

鲁之地——"其民有圣人之教化"，"其民好学，尚礼义，重廉耻"，但是如今"地狭民众，颇有桑麻之业，亡林泽之饶。俗俭啬爱财，趋商贾，好訾毁，多巧伪，丧祭之礼文备实寡，然其好学犹愈于它俗。"

齐地的人聪明，追名逐利，勇于冒险，眼光开放，但喜欢骗人、说大话，呼朋结党，经常大伙儿一起干违法的勾当。

鲁国的人，受过孔圣人的教化，好学上进，有教养，重礼仪，不过现在也不行了，除了好学没什么优点了。缺点倒有一堆，什么抠门算计啊，逢迎商贾、谄媚富人啊，当面一套，背后一套，满嘴仁义道德，背后损人利己。办丧事、祭祖就数他们最讲究，其实都是驴粪蛋子表面光。

这里有一个故事：当年殷商失道，武王伐纣，建立了西周，马放南山，论功行赏，分封天下。钓鱼的姜太公被封到了齐国。武王的弟弟周公旦被封到了鲁国。

姜太公就问周公旦："您将怎样治理鲁国？"

周公旦答道："尊尊而亲亲。"又问姜尚，"您将怎样治理齐国？"

姜太公道："尊贤而尚功。"

"尊尊而亲亲"，就是说要以伦理治国，重视三纲五常，礼乐教化之功。一句话，"以德服人"。"尊贤而尚功"呢，是要尊重人才，任人唯贤，拿业绩说话，发展才是硬道理。①

从一开始，齐、鲁两国在建国方略上就不一样，后面的发展也就背道而驰了。

齐国重视人才，各国的游士、闲人、政治避难户，都往齐国跑。齐桓公的时候，在都城临淄建立了中国第一所官办高等学院："稷下学宫"，诸子百家齐聚，兴学术争鸣之风。齐桓公不计前嫌地重用了管仲——当齐桓公还是叫"公子小白"的时候，管仲是跟小白的兄弟公子纠做事的，心狠手辣，齐桓公差点被他搞死。管仲雷厉风行几套政策下来，把齐国发展得更富强了，成了春秋霸主。

齐国工商渔农全面发展，纺织业也发达，人民生活条件好了，物质带动精神，服饰文化走在诸国时尚的最前沿，男女老少都特爱美，会打扮。身为相国的邹忌，一大早起来，就对镜风骚自顾，问妻与妾："我与城北徐公孰美？"事实证明并没有人家美。其余吃喝玩乐更是不在话下。苏秦当年来到临淄，看到的就是这么一副情形：

---

① （西汉）刘安《淮南子·齐俗训》。

"临淄甚富而实，其民无不吹竽鼓瑟、击筑弹琴、斗鸡走犬、六博蹋鞠者……"①

玩各种乐器的，斗鸡驯狗的，卷起袖子聚众赌钱的……街上人多得嘘气成云，挥汗成雨，男女老少趾高气扬，真是富甲天下呀。

俗话说穷文富武，齐国人还很是好勇斗狠，老宰相管仲说，这不是我们国民素质问题，这是风水的问题——"夫齐之水道躁而复，故其民贪粗而好勇"②，因为河流多河水急，所以人民的脾气就不温柔。

全民高傲好斗的精神，发展到极致，便出现了"田横五百士"这样的惨烈故事。

秦朝末年，天下大乱，群雄逐鹿，江山落到闲汉刘邦手里，多少公侯将相凋零，其中就有在齐地称王的前齐国王族田横。田横带领五百名部下困守海岛，最后实在扛不住了，田横说，放我的部下回家，我就投降。田横出岛投降，走到半路，深感耻辱，自刎而死。消息传到岛上，五百部下亦全部跳海自杀。

很久以前的那一天，姜太公与周公旦聊天，周公旦表达了"尊尊而亲亲"的治国主张后，姜太公回复了他一句："贵国国力将来一定会衰落的。"不愧是《封神榜》上智商排名第一的神仙，就让姜太公说准了。鲁国一开始是周王室的嫡系大国，封地广，政策优待，威风过、阔过，但慢慢地，就在春秋争霸赛上出局了。国力每况愈下，疆域也被人占去不少，变成了一个积弱积贫的国家。

---

① 《战国策·齐策》。
② 《管子·水地三十九》。

鲁国经济以农耕为主，人口越来越多，土地越来越少，长期复耕，土壤肥力也越来越小，又排斥工商业，没有其他收入来源，百姓日子过得穷困。

鲁国大夫公父文伯，某日回家见老母亲一把年纪，还在亲自纺绩，就很不舒坦，说像他们这样的贵族之家，主母居然还要自己干活，讲出去人家还以为他不孝顺。他妈妈就给他讲了一番道理：

"昔圣王之处民也，择瘠土而处之，劳其民而用之，故长王天下。夫民劳则思，思则善心生；逸则淫，淫则忘善；忘善则恶心生。沃土之民不材，淫也。瘠土之民，莫不向义，劳也。"①

儿子啊，我跟你说，从前贤明的君主，选择贫瘠之地让百姓定居下来，让百姓们辛勤工作，才保证了国家的长治久安。老百姓要劳作才会思考，要思考才能保持向善的心；贪图安逸的人，最后都会奔着道德败坏的路走。居住在沃土上的百姓难成材，就是因为贪图享乐啊。居住在贫瘠土地上的百姓，没有不讲道义的，这是因为他们勤劳啊。

鲁国的人都认为这位妈妈说得好！鲁国人以德行和坚守"先王之道"而自豪，在"礼崩乐坏"的春秋时代，只有鲁国最完整地保留了周礼——像他们这样重视王室道统和宗法关系的诸侯国，举世是找不出第二个来了。

鲁国人宗法观念强，等级森严，外国的"盲流"与野心家们没啥机会，所以都不愿意来。只有土生土长的孔子，怀着拳拳之心，在鲁国推行他的政治理想。但因为是平民出身，又触犯了王族利益，很快就被驱逐，从此周游列国，到处碰壁，累累如丧家之犬。

---

① 《国语·鲁语下》。

直到汉武帝时，罢黜百家，独尊儒术，确立了儒家思想的正统地位，老人家才时来运转，逐步登上圣坛不提……

孔老夫子生前虽未得志，但他的学术思想，由于文化气候的适宜和弟子们的传承，一直在深刻影响着鲁地。

把镜头再转向秦汉之交的那个逐鹿战场：

> 项王已死，楚地皆降汉，独鲁不下。汉乃引天下兵欲屠之，为其守礼义，为主死节，乃持项王头视鲁，鲁父兄乃降。始，楚怀王初封项籍为鲁公，及其死，鲁最后下，故以鲁公礼葬项王穀城。汉王为发哀，泣之而去。①

项羽自刎乌江，连他老家楚地的人都投降了刘邦，只有鲁人不降，这是个什么道理？

原来，当年军师范增曾给项羽出一主意："秦灭六国，楚怀王被骗到秦国，惨死在那里，楚人因此很怀念他，而深恨秦国，喊口号说'楚虽三户，亡秦必楚'。现在项家作为世代楚臣而起事，不如就立楚国王室后代为王，好收拢民心。"于是找到了正在农村放羊的前楚国王孙，立为新的楚怀王，号令天下。这"楚怀王二号"即位后，封项羽为"鲁公"，把鲁地给了他。

为什么封鲁地给项羽呢？有一种说法，说项羽先辈是鲁国人，就像刘邦是沛地人，所以称沛公。刘邦对这个"沛公"欣然接受，项羽可不一样，他是自号"西楚霸王"，是志在对秦始皇取而代之的男人，"鲁公"的封号，不过是霸业之初的权宜，不稀罕的。

---

① （西汉）司马迁《史记·项羽本纪》。

"楚怀王二号"只是一个傀儡，后来意图反抗，被项羽杀掉了。鲁地的人居然要为项羽死节，自作多情吧？被他的王霸之气吓糊涂了吗？

　　当然不是。大概有三个原因：第一个，老乡的香火之情（如果项羽当真祖籍鲁地的话）；第二个，项羽是贵族出身，刘邦祖宗八代都是平民，对于重视等级尊卑的鲁人，如果必须要认个主，当然是项羽更有资格；第三个，也是最重要的原因呢，项羽是"鲁公"，名义上是鲁地的君主。君臣名分在焉，维护纲常事大，这是鲁人深入骨髓的信仰。

　　所以刘邦一听说鲁地乃礼仪之邦，也就不打了，拿着项羽首级在城下晃了一圈，大家一看，主君没了，也只好散了。

　　《史记·儒林列传》中记载："高皇帝举兵，诛项籍，围鲁，鲁中诸儒尚讲诵习礼乐，弦歌之音不绝。"

　　外面马嘶人叫，喊着再不投降就要屠城了，城里头上课的上课，读书的读书，弹琴的弹琴……鲁儒的气质中，就拥有这么一种柔软的倔强、凛然的安详。正是道义在我心，武力何惧哉？你有钢刀，我有头颅。

　　所以拿暴力对付他们不好使的，你得跟他们讲道义，讲礼法。你还得跟他们论名分，名正言顺了，事情才好办。

　　鲁国出学者、思想家、文学家。孔子、孟子、墨子、左丘明，要么是鲁国人，要么就是鲁国人的后代。齐国则出政治家、军事家、谋略家：管子、晏子、孙膑、孙武，一个个袖转乾坤，偷天换日，了却君王天下事，赢得身前身后名。连民间丑女钟离春，都是治国安邦的奇才。

　　齐重霸业，以谋略与武功征伐四方；鲁重王道，以礼法与文治抚御万民。鲁人好文，虚蹈、坚忍、保守，重视气节；齐人尚武，务实、开放、勇猛，多有智谋。仁者乐山，智者乐水，山与水正是他们各自气质的写照。

齐女多才，鲁妇知礼

论起女性地位，齐国的女性要稍微高一些。

姜太公立国之时，因地制宜，从俗就简，并不逼迫原住民移风易俗，这就使母系社会的一些风俗残留下来了。比如齐国一直有个"长女不嫁"的风俗，就可能是从东夷族流传下来的。具体就是最大的女儿不出嫁，留在家里，主持祭祀。当然恋爱还是要谈的，孩子也是要生的，跟谁生就不好说了。这在日渐强大且稳固的父权社会，是非常稀罕的现象。

另一方面，姜太公为了财政开源，大力鼓励本国女性钻研纺织技术，齐国女工的心灵手巧天下无双，齐国女儿的挣钱能力很强，经济基础决定上层建筑，这就提高了齐国女性的家庭地位，给她们带来了相对更高的人身自主权。

婚恋观也就跟着有点画风不对了——

一家有女百家求，齐地有一女孩到了适婚年龄，左邻右舍都来求娶。东家少年，丑，家境富裕。西家少年，好看，穷。父母不能决，便征询女儿意见，说要是不方便明讲，你就露出胳膊表示吧。女儿一下子把两胳膊全露出来了。"囡囡你啥意思呀？""哦，我想白天在东家吃好喝好，晚上再到西家跟美少年睡觉！"

东食西宿①，真不愧是心性豪爽（想得倒美）的齐国女性啊！

如《诗经·齐风·东方之日》所唱：

"东方之日兮，彼姝者子，在我室兮。在我室兮，履我即兮。东方之月兮，彼姝者子，在我闼兮。在我闼兮，履我发兮。"

齐国的女子美如日月之光，爱得坦荡大胆。

齐鲁世代通婚，齐国的王女很多都嫁入了鲁国，齐女奔放的作风，使得鲁国国君的帽子上经常长出青草。

齐僖公的女儿文姜，与哥哥齐襄公长年私通，谋杀了亲夫鲁桓公，让自己的儿子接任鲁国国君，并讨了侄女哀姜做儿媳。这位美艳不让姑母的儿媳妇，对包办婚姻不满，便又跟两位小叔子私通起来，其中之一就是"庆父不死，鲁难未已"的庆父，大家一起骄奢淫逸，搅得鲁国大乱……

齐国的另一个长年联姻国是卫国，现在山东聊城、菏泽一带就属卫国领土。文姜的姐姐宣姜本来许配给了卫国公子，因为太美，被公爹卫宣公半路截胡，一眨眼儿媳变后妈。卫宣公为了绝后患，下毒手把亲儿子杀了。卫宣公死后，守了寡的宣姜青春正好，她爸齐僖公看着心疼，便逼着卫宣公的另一个儿子娶了她，也就是说，让继子娶了后妈——老爸死后，由儿子继承老爸的妻妾，这种做法在春秋时代叫作"烝"，是群婚制的残留，还挺常见的，大家也不以为怪。

宣姜和继子结婚，终于过上了和谐的夫妻生活。她生的儿子，一个两个都做了卫国国君；女儿则都嫁出去做了国君夫人。嫁到许国的那位，世称许穆夫人，是一位智勇双全的女士，当祖国遭到

① （汉）应劭《风俗通》，引自《艺文类聚》卷四十。

北狄入侵的时候，她毅然抛下老公，率领随嫁的姐妹赶回去，保家卫国，使卫国免遭灭亡。

许穆夫人还是中国历史上第一位被史学家广泛认可的女诗人。《诗经》中归入她名下的诗篇有三首。

文姜和宣姜姐妹花的姑姑庄姜，是个美人中的美人。《诗经》中，百姓们这样赞颂她的美貌："手如柔荑，肤如凝脂，领如蝤蛴，齿如瓠犀，螓首蛾眉，巧笑倩兮，美目盼兮。"①

庄姜嫁给了卫庄公。和其他齐国之女不同，她美且端庄，并无风流韵事。但因为婚后无子，饱受老公的冷暴力。后代有一些学者认为，她才是中国历史上第一位女诗人。朱熹更是力推她，说《诗经》中有五篇都是庄姜创作的。因无史学上的有力证据，这些说法目前是存疑的。

总之齐女美丽、多才、多智，也多野心与欲望。当年晋国内乱，公子重耳逃到齐国避难。齐桓公把一位宗女齐姜嫁给了他。重耳这时五十多岁了，早已厌倦政治与逃亡，得了这小娇妻，只想温柔乡里终老。不料小娇妻特别有远见，居然联合了重耳的老部下，把老公灌醉了，塞在马车里运回晋国，叫他再去争那王位。可怜重耳一觉睡醒，发现自己又置身荒凉的大道上，头顶是青天，脚底是黄泥，一扭头，又看到了几位熟悉的老部下的脸，气得差点心梗，提刀追砍了他们几十里。

最终升级为一代英主晋文公的重耳，感念齐姜的深明大义（"坑"老公不商量），把她接到晋国做了国君夫人。只是一个不起眼宗女的齐姜，就这样通过自我奋斗，获得了国君嫡亲女儿的

① 《诗经·卫风·硕人》。

婚姻待遇。

齐国女人的美貌与智谋（狡诈），连孔子都怕。

孔子被逼得弃官从鲁国出走，导火索就是齐国人一口气送了八十名美女到鲁国宫廷。孔子就唱了一首歌："彼妇之口，可以出走；彼妇之谒，可以死败。盖优哉游哉，维以卒岁！"①

"那些女人进谗言，把忠臣都赶走啦；那些女人说坏话，国家眼看不行啦！得啦，我不如找个地方终老！"于是带着弟子们跑路了。

鲁国女人则安静，贞顺，守礼，富于气节。

还是那位鲁国大夫公父文伯的妈妈，史书记载，她叫敬姜，本是莒国人，嫁到鲁国。

敬姜的丈夫死了，她早上哭；敬姜的儿子死了，她昼夜都哭。孔子说这真可谓"知礼"啊！为什么呢？因为死了丈夫，如果晚上哭，会有寂寞空床难独守的嫌疑；而儿子死了则不必避嫌。

她跟自己的侄孙说话，都隔着内室的大门，出了内室，就不跟侄孙说一句话了。这又是啥意思呢？原来是因为"男主外，女主内"。女人出了内门，再跟男人说话，那就是掺和外事，于礼不合。女人也不能跟丈夫、儿子之外的男人同处一室，以免瓜田李下，有损贞节。

为了贞节，连亲侄孙儿都避嫌，过分了吧？不过呢，考虑到当时的风气，男女关系之混乱——

比如宋襄公的夫人，是周天子的姐姐，出身可谓正统又高贵。六十多岁时，她爱上了自己的庶孙公子鲍。公子鲍"美而艳"，是

---

① 《史记》卷四十七，《孔子世家》第十七。

少有的美男子，更是罕见的君子，其人礼贤下士，乐善好施，深受国民的爱戴。对来自祖母的这份爱（非血缘上的亲祖母，但论辈分是不含糊的），公子鲍当然是拒绝了。然而，宋襄夫人微微一笑，就出钱出力，支持起公子鲍的慈善事业来。

这事直接的受益者是宋国的民众，民众得了她的恩惠，感激不尽，怎么报答好呢？便纷纷去游说公子鲍，百般撮合，各种助攻，终于叫夫人拥得美男归……

辈分都挡不住的爱欲之火，这种风气之下，敬姜"矫枉过正"的"守礼"，独具标杆意义。所以孔子非常欣赏她，只可惜这样的女性太少了，太不主流了，孔子感觉心好累。

鲁宣公的女儿宋伯姬，是历史上第一位公认的贞节烈妇。她被嫁给了宋共公。按照《周礼》，除周天子之外，娶妻当亲迎，就是丈夫要亲自到妻子的娘家把妻子接过来。宋共公并没有亲迎，她就坚决不跟他同床。好不容易才被她爹妈劝服了，共公又不幸早死，她守寡多年，心如古井。忽然一天夜里，宫殿失火。侍女们喊："夫人快跑！"伯姬岿然不动，道："我们妇人家，傅母不在身边，是不能够在夜间出门的。"傅母来了，伯姬还是不走，说："保母还没来。"最后，她就烧死在屋子里了。

傅母与保母，都是自小陪伴在贵族子女身边，负责养育与礼仪教养的老妇人，贵族女性出门，按礼必须有她们陪伴。《春秋·穀梁传》对此事大加赞美道："妇人以贞为行者也，伯姬之妇道尽矣。"

在鲁国，这种"死心眼儿"也不止伯姬一个特例，也不是女性专利。《庄子·盗跖》里写了一个故事，说鲁国有个叫尾生的男子，与姑娘约了在桥下相会，姑娘没来，洪水先来了，大家叫他上来，他坚决不干，就抱着桥柱子淹死了。鲁人把他当成"守信"的典型来纪念——说真的，姑娘们若碰到这样的男青年，感动是可以的，嫁不嫁还要慎重考虑。

鲁国的女性宜室宜家，贫穷、疾病、衰老、死亡都难以改变她们对家庭的忠贞。鲁国的公主出嫁到国外，也很少惹是生非，但因为拘泥于礼教，性格柔顺，加上国力不行，娘家撑不上腰，在礼崩乐坏的"虎狼之世"，又往往更容易成为政治斗争中的牺牲品。

齐国出才女美女，艳妻女杰；鲁国出贞女烈女，贤妻良母。齐国女人肆意自我；鲁国女人更愿意以自我奉献为人生价值。身为女儿、妻子、母亲，她们以不同的方式参与了社会发展，影响着文明的进程。

东州逸党与泰山学派

秦皇扫六合，中国进入大一统时代。列国纷争，都成了历史烟云。齐鲁之地，经过了一轮又一轮的文化裂变与融合，山水激撞，一代又一代出了许多人才。

汉魏时期，出学者，出文学家，出高官，出谋略家。

还是《汉书·地理志》上说的："汉兴以来，鲁东海多至卿相。东平、须昌、寿良，皆在济东，属鲁。"汉代儒学崛起，儒家经学人才往往能得重用，经学与仕宦从此结合起来，开启了"学而优则仕"的传统。西汉的丞相，按籍贯或出生地计算，大约有三分之二的人属山东。

硬币的另一面，是东方朔、左思、祢衡、诸葛亮，是"建安七子"中的四子——王粲、徐干、刘桢、孔融。和鲁地的学人达官不一样，这些文人与谋士们，发扬的是放诞多智的齐风。

到了隋唐，出"响马"，响马翻身就是开国元勋，草莽招了安就是国之栋梁。瓦岗寨中一炉香，凌烟阁上功臣图：程咬金、徐敬业、罗士信、单雄信、秦叔宝……我们儿时津津乐道的隋唐英雄，很多都是山东人。

经过五代乱世，到了宋代，不仅照例出文人、学者，也出好汉："闲言碎语不要讲，表一表好汉武二郎"，附带着还有西门庆、潘金莲两位大名人——武松刚直尚武，西门庆官商结合，潘金莲风流绝色，地域文化在他们身上打下了不同的烙印。武松上了梁山，好汉聚义，便要受招安，走曲线救国的道路……小说家言都有现实基础，这片土地上的人，无论贵贱，心中都有着强烈的家国执念与参政热情。

时间到了北宋，李清照生活的时代。

李清照是京东路齐州人。

齐州古属齐国，齐州是京东路一带的文化中心。齐州就是济南，李清照的家乡。

"齐故为文学之国，然亦以朋比夸诈见于习俗。今其地富饶而介于河岱之间，故又多狱讼，而豪猾群党亦往往喜相攻剽贼杀，于时号难治。"

以上是文学家曾巩在齐州当地方官时的感受①，他说：齐州自古是文学之国，然而热爱文学并不意味着就是谦谦君子，这里的人，文好讼，鼓唇摇舌打官司；武好斗，聚众斗殴，打家劫舍，真

----

① （宋）曾巩《齐州杂诗序》。

034

的很难管理啊！

以齐州人范讽为首，出了个叫"东州逸党"的诗派。东州逸党的诗歌特色有三点：曰豪，曰狂，曰逸。这帮人日常的作风是：聚众狂饮，喝醉了就写诗，说胡话，抨击时政，指点江山，视礼法为无物。①

东州逸党的党众还有石延年、刘潜、贾同、李冠、李芝、杜默、张方平等人。在朝和在野的，互相呼应，一人文坛掐架，众人纷起助拳，凶猛得很，所以这个诗疯子小集团，慢慢地，就很让正统文坛讨厌了。

颜回的四十六代孙颜太初写了一首《东州逸党》的诗，把他们臭骂了一顿，说这帮人放浪形骸，不知尊卑，无视纲常，呼朋结党，严重影响了社会风气，不能再放任了，必须统统抓起来，最好砍一两个脑壳，才能保证大宋长治久安。

"东州逸党"就是颜太初给该团伙起的名字，本意是批判的，结果竟成了这个诗歌流派在文学史上的正式名称。

该诗歌流派中，有一位叫杜默的，擅写古风歌行。学者石介是他的老师，老师欣赏学生，说："放眼我大宋文坛，石延年是诗豪，欧阳修是文豪，杜默是歌豪，是为三豪也！"杜默就把自己的诗集命名为《诗豪集》。欧阳修也很谦虚地表示，能够与杜默相提并论，真是光荣。结果有一天，苏轼就来拆台了，说："默之歌少见于世，初不知之。后闻其篇，云：'学海波中老龙，圣人门前大虫。'……吾观杜默豪气，正是京东学究，饮私酒，食瘴死牛肉，

---

① （元）脱脱等《宋史》卷四四二，《颜太初传》。"山东人范讽、石延年（曼卿）、刘潜之徒，喜豪放剧饮，不循礼法，后生多慕之。"

醉饱后所发者也。"①

　　"我听闻杜默的盛名，找来作品一看，都是什么'学海波中老龙，圣人门前大虫'……呵呵，依我看，他的豪气，就是京东路上的老学究，喝多了私酿酒，饱餐了疯牛肉之后的一通嚎叫吧！"不愧宋代"毒舌"第一人，苏大胡子这话太刻薄。不过，论起东州逸党的文学成就，也确实不算高。豪、狂、逸之余，或失之于粗率。成员们因为纵酒任性，蔑视礼法，仕途上也往往不如意，比如杜默就终生潦倒，直到晚年才弄到了一个小小官职。

　　杜默同时还是"泰山学派"的成员。

　　"泰山学派"是个很正经很严肃很高端的儒学团体。杜默的老师石介，就是"泰山学派"的创始人之一。

　　石介是兖州奉符（今山东泰安市）人。仁宗天圣八年进士，为人极是刚直，针砭时弊，无所讳忌，包括好脾气的仁宗皇帝在内，大家都不喜欢他那张嘴。所以仕途坎坷，死后还被政敌诬陷，说他是诈死，其实是要里通外国谋反。幸亏亲友弟子数百人联名以项上人头作保，才没被朝廷把棺材挖出来验尸。

　　与世多违的石介，却是儒家道统的最坚定捍卫者。他声称：尧、舜、禹、文、武、周、孔之道，是人世间唯一的正道。

　　泰山学派的另一位创始人是孙复。孙复是晋州平阳（今山西临汾）人，四次科举不第，隐居泰山讲学，天下学人士子翕然师之，世称"泰山先生"，学派由此得名。

　　程颐《回礼部取问状》记："孙殿丞复说《春秋》，初讲旬日

---

　　① （宋）苏轼著，李之亮笺注：《评杜默诗》，《苏轼文集编年笺注》，巴蜀书社 2011 年版，第 314—315 页。

间，来者莫知其数。堂上不容，然后谢之，立听户外者甚众。当时《春秋》之学为之一盛，至今数十年传为美事。"①

孙复师从一代名臣范仲淹。他的儒学研究，不再走汉唐学者章句训诂的老路，而是将关注点放到了内容本身，阐发经书中的义理内涵，以经世致用。他这种解读经典的方式，别开生面，带动了大宋学术界的新潮，特别吸引年轻人。

将"经世致用"的重要性，提升到博学与文采之上，这也正是北宋科举取士的变革方向。所以孙复等人的学术思想，根本上是和王朝的政治气候相洽的。

"虽未能深于圣经，然观其推言治道，凛凛然可畏，终得圣人意思。"②道学家朱熹曾这样评价孙复的学术。以孙复、石介为代表的泰山学派，当仁不让，自信传承着的正是古代"圣人"们的思想——"吾学尧、舜、禹、汤、文、武、周公、孔子、孟轲、荀卿、扬雄、王通、韩愈"③，是儒家道统的在世传人。

他们反对隋唐以来的词赋取士，认为读书人首要任务是遵循"仁义礼乐"，做儒家伦理的忠实卫士。他们讨厌佛教与道教的"虚妄"和"无君无父，无君臣之礼"，强调皇权神圣，上下尊卑等级不可触犯。

群儒奋起，扫旧出新，开两宋理学先河。泰山学派门下弟子，很多都成了当世的著名学者与未来的朝廷重臣，具有巨大的社会号召力与政治影响力。

和蔑视礼法的"东州逸党"相比，泰山学派实在是太正统、太

---

① （宋）程颐、程颢《二程集》卷八。
② （清）黄宗羲《宋元学案》卷二。
③ （宋）孙复《孙明复小集》。

主流、太政治正确了。奇妙的是，二者的成员却互相重叠，来往密切。看似水火不容，却彼此交融，共鸣为齐鲁大地上的文化脉动。

李清照就是在这样的文化背景下出生的。追前贤风骨文采，集天地灵秀之气，得齐风鲁雨之长而摒弃其短——

她学养深厚，诗文浑朴、雄奇，写下"至今思项羽，不肯过江东"的铿锵诗句，是典型士大夫的风骨；她写《词论》指点江山，在男性统治的世界里，以才华争锋，又分明是奇才异士的恣肆；她端庄自持，进退有据，是礼教培养出来的淑女；她聪明好胜，喜饮酒，擅博弈，又有着齐女的风流余韵。

不是古板的道统传人，亦非狂放的诗疯子，而是让两种文化气质在灵魂中达到调和与统一，最终绽放成这片土地上最美的一朵文学之花。

（三）她爸和她妈：科举新秀＋名门淑女

未曾婚配的新进士们，都顺顺当当地，本着"近水楼台先得月"和"谁官大谁女儿最美"的原则，被各位高官显贵捞回家了。

李爸爸得风气之先

李清照的老家之所以还没定论，是因为她爸李格非的籍贯问题。《宋史》上只记李格非是济南人，具体济南哪儿，有说是历城，有说是章丘，两地抢来抢去。在宋代，历城和章丘都是县制，属济南府，现在则都成了济南市的一个市辖区，坐坐公交车就到了。这点距离，我看也不必计较了。

一个人，重要的是他在世间的言行，并不是他出生的那间屋子。

古人云："立德、立功，立言"是一个人在时间中所能达到的"三不朽"①。一个人，但凡能有其中之一"立"，人们就会抢着与他攀老乡了。在群星闪耀的宋朝星空，李格非"德、功、言"并不突出，但他胜在生了李清照这个女儿，所以，他的不朽，我们不妨称之为"立女"——

李爸爸在天之灵莫要生气！虎女无犬父，李爸爸其实也是个很不平凡的人。

《宋史》上记载李格非自幼"俊警异甚"——不仅聪明，且明事理、识时势。

李氏家族世居山东，家境一般，地位不显贵，但很有读书人的声望。据李清照晚年回忆："嫠家父祖生齐鲁,位下名高人比数。

---

① 《左传·襄公二十四年》："豹闻之，'太上有立德，其次有立功，其次有立言'，虽久不废，此之谓三不朽。"

当时稷下纵谈时,犹记人挥汗成雨。"①

稷下,指齐国的稷下学宫。刘勰《文心雕龙·时序》云:"唯齐楚两国,颇有文学;齐开庄衢之第,楚广兰台之宫,孟轲宾馆,荀卿宰邑,故稷下扇其清风,兰陵郁其茂俗。"后人所谓"稷下风流"也,代表着齐地的文脉传承,显然,李清照是为自己家族的文化背景深感骄傲的。

但在李格非科举入仕前,李家也只是宋朝一个普通的读书人家。同时也是一个深具代表性的读书人家,是借由科举而崛起的寒门之一例。

当时面向大众的科举考试主要有两大项:一是进士科。这是宋人最重视的一科,主考诗赋、论、策,重点则放在诗赋上,对考生的文学素养要求很高。二是明经诸科。考的是帖经、墨义之类,主打儒学经典的各种默写,记性好就行了。论体面与含金量,却比不得进士科的才子们。所以广大学子,但凡有点野心,都会在诗赋上猛下功夫。

李格非却不一样,同学们写诗作赋,你唱我和,他却闷头研究"经义"。经义是啥?前面说过,即儒家经典的义理内涵。李格非天天捧着一本《礼记》,苦思冥想,一会儿喃喃自语,一会儿奋笔疾书,写满蝇头小字的纸堆积案头,埋住了年轻人单薄的身影……

终于,写下《礼记精义》数十万字。李格非把青春时光全花在这件事上,一是出于天性爱好,就跟我们讨厌的某学霸同学,把做枯燥的数学题当赏心乐事一样。另外,则应该是受到了"泰山学派"等新儒学风潮的影响。也就是说,这位看上去书呆子一样的年

---

① (宋)李清照《上枢密韩公工部尚书胡公》其一。

轻人，恰恰是一位得风气之先的时代弄潮儿。

话虽如此，当真把前途押在这个上面，还是很需要勇气的。

宋代的科举考试内容，有一个从诗赋、墨义，向策论与经义转变的过程。到仁宗朝的中后期，经义正式列入考试项目，朝廷开始有意识地鼓励考生在这方面下功夫，拿分数。但是，大家并不领情，因为根本没先例，没标准答案——圣人经典，您让学生大胆解读，谁知道解得合不合考官心意？不小心说错话了，会不会落个妖言邪说，当场拿下，流配千里？

开玩笑，市面上连模拟试卷都找不到的好吗？朝廷里还有很多人反对这个政策，一代文豪苏轼就曾是坚定的反"经义"派——那么，各位，不妨谨慎地想一想：谁知道新花样能玩多久？

大家都觉得，还是走老路保险。

时代车轮滚滚向前，变化说来就来。李格非参加科考的时候，已是大宋历史上最火热的变法时代。

宋神宗与王安石共同推动"熙宁新政"，在科举制度上的改革就是罢诗赋、帖经、墨义和明经诸科，进士科改试经义、论、策。

熙宁九年这一年的科举，得到了宋神宗的特别关注。皇帝亲自审阅每张试卷，然后御笔一挥，把李格非的名字，从第四甲的排名里，挪到了第一甲末——对于考生李格非，这是极幸运的一挪，是关乎其命运的最重大事件。

为啥这么说呢？要知道，宋代的科举，与前朝相比，它是个空前真实而且公平的人才选拔制度。

士农工商，绝大部分社会阶层都能参加，考中了就能做官，就能进入统治阶层。朝为田舍郎，暮登天子堂，这样一来就举国狂热了，人人向学，都要去书中觅那"万钟粟、黄金屋、颜如玉"①。百万小鱼跳龙门，活鱼挤成鱼罐头，难度很大的。唯其难度大，才有含金量。故而，时人如此说道："状元登第，虽将兵数十万，恢复幽蓟，逐强虏于穷漠，凯歌劳还，献捷太庙，其荣亦不可及也。"②

考个状元，比驱敌千里，辟土开疆还要光荣！

状元之下，又按照成绩，排出高低位次。这个位次，很有讲究。最多时，可以分成五个等级：一甲、二甲，称为"进士及第"，含金量最高，初授官职就比其他人高，升迁也通常会更快；第三甲，"进士出身"；第四甲、第五甲，"同进士出身"。这个"同进士出身"，打个比方，就像"金陵十二钗"的"副钗"，虽也成一册，到底只是香菱、晴雯之辈，人前尊一声"姑娘"，又岂能与正册中的"钗、黛"比肩？仕途就艰难了，基本上只能在底层公务员的位置上消磨一生。③

熙宁九年的政策，略有些特殊，凡中进士者，"分五等，第一、第二等赐及第；第三等进士出身，第四等同出身，第五等同学究出身"④。这第五等"同学究出身"，是变法派搞出来的新名堂，是专门留给从明经诸科转过来的考生的，据消息灵通人士分析，是为了怜惜他们十载寒窗死记硬背之辛苦……

李格非的排名从第四甲直升入第一甲，那是由铜变金，达到

---

① 语出宋真宗《劝学诗》。

② （宋）田况《儒林公议》卷上。

③ 宋初还只是分甲乙两档，后来变成三甲，再后成五甲，分得越细，等级差距就越严重。

④ （宋）李焘《续资治通鉴长编》卷二十二。

了质的飞跃，打了某些主考官的脸，彰显了皇帝的喜好与标准。宋神宗的标准是什么呢？他不要读死书的呆子，不要文采飞扬的才子，他要的是务实能干、锐意进取的青年俊杰。

一位贫穷且自律的青年官员

大宋规矩：什么样的青年俊杰，都要从下基层干起。

李格非的官场生涯是从搞基层教育开始的。他去做了郓州教授，即郓州官学的教师，这不是一般教师，是朝廷命官。该教师也非一般人能担任，必须品学兼优，还要再刷一轮资格考试。像李格非，就因为是一甲排名的进士，才拿到了这资格考试的名额。

"元丰召试学官六十人，而所取四人，皆知名之士，故学者厌服。"①这样严选出来的学官，是很能服众的，前途也是可期的，就是职称低了点儿，工资少了点儿。

此时李清照已经出生，携妻带女，工资不够花。太守就照顾他，说给你弄个兼职干干。李格非谢绝了。为什么呢？因为这个州学教授，学问还是次要，最要紧是品行，一言一行，堪为道德楷模。想那颜回身居陋巷，不废弦歌，我等读圣人之书，受君父之恩，当为一州学子做思想表率，现在为了点钱不务正业搞兼职——不合适吧？

不合适，但这事儿也相当普遍，上面也睁一眼闭一眼，因为有各种不得已的理由：穷，人手缺乏，等等。李格非不管人家怎样，

_____

① （元）脱脱等《宋史》卷一五六，《志》第一百九，《选举二》。

他反正不干。几年下来，考核优异，调回京城，就职国立最高学府"太学"，先后担任太学录、太学正、太学博士。

太学正和太学录，是管学风纪律的，比如逃课作弊、不敬师长、喝酒斗殴之类。太学博士负责教学，兼管德育。①不要以为是清水衙门，这两个职位，还是很有油水可捞的。

两三千名太学生，分上中下三等。每年按照德行和成绩打分，然后定等级，定待遇。优等生有超额奖学金拿，毕业后可以直接分配工作，差一点的，也能免去省试过程，在科举道路上先行一步。这分数谁来打呢？就是太学正、太学录和太学博士。

既然有权力在手，又无严格可执行的约束方法，你不想滥用职权，也会有人捧着钱来求你用，所以呢……

宋神宗元丰元年，爆出了"大宋最高学府潜规则"的系列丑闻。皇帝大怒，查处了一批营私舞弊的学官，又查处了一批为"犬子"塞红包、跑关系的家长。李格非就是在此次整风之后进的太学。当然，不整风，这些捞油水的事，他也未必肯做的，这样一来，经济收入又受到影响了。

童年李清照的住房条件

李格非在太学工作时，月薪二十贯，加上其他补助项，总共收入大约四十贯。

---

① （元）脱脱等《宋史》卷一六五，《职官志》五十五。"博士，掌分经讲授，考校程文，以德行道艺训导学者。正、录，掌举行学规，凡诸生之戾规矩者，待以五等之罚，考校训导如博士之职。"

据学者们研究，在宋代，一个人口不多，生活节俭的官员之家，每月的开销至少要二十贯。而如果要维持体面一点的生活，则每户需要一百贯。①

很显然，李格非带着一家人在京城生活时的经济状况，不富裕，甚至可说清贫。在样样都贵，房价尤其贵，寸土寸金②的开封城里，他买不起房子。

宋朝京城开封的房价，贵到什么程度呢？先说高档的，北宋初年，一座像样的豪宅，大约五千贯起步，顶级王侯宅第，五万贯而已。到北宋末年，同样的宅第，价格则涨了十倍以上，几十万贯只是起步价，加上装修，没一百万贯拿不下来。普通的民宅，在李格非驻京的时代，即使偏僻地段，陋巷窄屋，也要一百来贯才能买到。能住下一家老小，外加仆佣，客人来了有地方招待，能正经住个人家的房子，千贯足钱不能再少了。③

何况京城里人口众多，房子紧俏，有钱也未必买得到。

终有宋之朝，大部分在京的官员，都是没有私宅的"京漂族"，要么住衙门，要么租房子。在北宋前期，连宰相都租房子住，直到宋神宗年代，才给宰相们分了福利房。当然，中下层官员们没这等好事。所以著名的贤相韩琦，就谢绝了这个分房的福利，他说：

"自来政府臣僚，在京僦官私舍宇居止，比比皆是，兹乃常

---

① 数据参考黄惠贤、陈锋：《中国俸禄制度史》，武汉大学出版社2012年版；［日］衣川强著，邓梁生译：《宋代文官俸给制度》，台湾商务印书馆1977年版。

② （宋）王禹偁《李氏园亭记》。"重城之中，双阙之下，尺地寸土，与金同价，其来旧矣。"

③ 参考程民生：《宋代物价研究》，人民出版社2008年版。

事。若臣独被恩赐，岂得自安？"①

大家都租房子住，我搞特殊待遇，这怎么好意思呀！

另一位三朝元老、一代文豪欧阳修，二十三岁中了进士，二十六岁，已当上了人人向往的京官，却只能租住在穷街陋巷，屋子四面灌风，出门污水横流。混到四十多岁，当上翰林学士了，才在安徽阜阳买了属于自己的房子。相当于从北上广，跑到三四线城市去买房，负担一下子轻多了。

还有老苏家，在老家四川有屋有田有铺，日子超安逸的。老爸苏洵忽起雄心，带着苏轼、苏辙两儿子进京闯荡，一举成名父子都当了官，实为举世罕有光宗耀祖之美谈。谁料光鲜之下，是父子三人凑一块都买不起京城一套房子的残酷事实。老少三代人，拖儿带女，一会儿住驿馆，一会儿住公租房，一会儿又到朋友家蹭住。

老苏家最会攒钱的是苏辙。苏辙也是直到晚年，才在京城附近的许都买了房子，相当于在北京买不起房，跑到燕郊买。就这样，多年积蓄也一扫而空。

李格非一开始住的教职工宿舍。后来妻儿老小都来了，只能搬出去租房子。

这处房子是官租房，即北宋政府搞的廉租房。租金按当时的物价，大概在十五贯左右，那么，房租一项，就要占去月收入的近三分之一了。

这处房子，位置偏僻，地方狭小。春夏雨水一多，草木疯长，虫走蛇爬，到处结蛛网。李格非就在这种环境里，每天辛勤读书，狂热写作。还在屋头种了几棵竹子，对之反复吟咏。竹子很快被草

---

① （宋）韩琦《安阳集》卷三十五，《辞避赐第》。

木遮得看不见了，他还是坚持请朋友来家中"赏竹"，拨开野草与杂树，指给客人看这几棵心爱之竹，客人努力点头，表示欣赏。然后大家围炉烹茶，坐而论道。

这处房子，被李格非命名为"有竹堂"。

李清照在"有竹堂"中，度过了童年与少女时代。

从文学侍从到大宋提刑官

李格非在太学干了几年，调到秘书省。"秘书省"是元丰改制后的称呼，从前叫崇文院，其下分昭文馆、史馆、集贤院、秘阁，合称三馆秘阁，传统上就叫作"馆阁"。这是无限接近王朝政治中枢的所在，也是国家高级人才的储备库①，里面放着当世最优秀的学者文人，称"文学侍从"，又称"天子近臣"，前途不可限量。

宋哲宗绍圣元年，李格非离京，出任广信军通判。

广信军，并不是一支军队，而是一个地方行政区。宋代最高地方行政区是路，下设府、州、军、监。其中的"军"，一般是军事重镇或战略要冲。广信军，在今河北省保定市辖区内，当时与辽国接壤。

宋真宗时期，河东转运使鲍中和上表，奏称："河北、河东、陕西路供给边备，其知州、通判、幕职、州县官，望令审官院、吏

----

① 《曾巩集》卷四十九，《本朝政要策·文馆》云："悉择当世聪明魁垒之才，处之其中，食于太官，谓之学士。其义非独使之寻文字、窥笔墨也，盖将以观天下之材，而备大臣之选。此天子所以发德音、留圣意也。"

部铨选年六十以下强干者充。"①朝廷立刻采纳了这个建议。

像这种地方派驻官员，必须是年富力强、精明能干之辈。再说"通判"，名义上，是地方上的副长官，辅佐知州管理一州之事。同时，它还担负监察知州等地方官吏的职能，可直接向中央负责。宋代的核心国策是"抑制地方，强化中央"。"通判"这个岗位的特色在于，不仅参与治理地方，还要负责牵制、分化地方官员的实权。所以宋朝人不仅在朝搞党争，地方官员也经常互掐，这是制度的必然。在通判这个位置，可以充分了解民情，熟知官僚体系的运作，学习政治斗争的手腕。

李格非在通判广信军的任期里，显露了其文学家之外的另一副面孔：

该地有一位正当红的道长，据说道行高深，能预测人的生死祸福，因此粉丝众多，走到哪，都有群众追随。

这一日，道长又坐着马车出行，黄冠鹤氅，从者如云，远望如谪仙人。被李格非迎面碰到，一声令下，左右军汉扑上去，老鹰扑小鸡一般，将老仙长捆翻。李格非当街历数其招摇撞骗的事实，治其欺世盗名之罪，最后扒下衣服，狠打了一顿屁股，把他驱逐出境了。

边地之上，特别忌讳僧道之徒招摇蛊惑，容易造成动乱。然而胡汉混杂，民风悍黠，佛道二教又有广泛的民间信仰基础，处理不当，也会激起民变。李格非这一出手稳准狠，迅速地除去了隐患。

一年后，李格非应召回京，职业进入了平稳上升期。秘书省校书郎、著作郎、礼部员外郎……直到再受党争牵连，入"元祐党

---

① （宋）李焘《续资治通鉴长编》卷六十一，真宗景德二年。

籍"遭贬的时候，李格非已经干上了京东路提点刑狱的差遣。

京东路提点刑狱，又称"提刑官"。还记得电视剧《大宋提刑官》的主角：世界第一部系统法医学著作《洗冤录》的作者宋慈吗？和电视中的宋慈一样，李格非也是大宋提刑官。和电视中不一样的是，提刑官并非每天都忙着判案断狱，洗刷沉冤。除了掌管刑狱，这个职务还兼具治安、军事、财政、监察及部分行政职能——"提刑一司，虽专以刑狱为事，封桩、钱谷、盗贼、保甲、军器、河渠，事务寝繁，权势益重" ①，是个很有实权又事务繁杂的岗位。能胜任的，必须是法度严明、处事果决、具有丰富经验与洞察力的能臣。朝廷把李格非放在这儿，还是看好他的实干之才的。

李爸爸的文学人生：诚与横

虽富有实干之才，李格非的人生理想还是搞创作。他一生著作丰富，除了几十万字的《礼记精义》外，还有诗文四十五卷，不过大都没有留存下来。

他的诗文受到同时代人的赞赏，甚至有人把他夸成司马迁之后的文章第一人。②

李格非搞创作，态度特别认真。时人记载：

> 李格非善论文章，尝曰："诸葛孔明《出师表》，刘伶

① （元）马端临《文献通考》卷六十一，《职官考》十五。
② （宋）韩淲《涧泉日记》卷下。"巩丰仲至言：尹少稷称李格非之文，自太史公之后，一人而已。"

《酒德颂》，陶渊明《归去来辞》，李令伯《陈情表》，皆沛然如肝肺中流出，殊不见斧凿痕。是数君子在后汉之末、西晋之间，初未尝欲以文章名世，而其词意超迈如此！吾是以知文章以气为主，气以诚为主。"①

就是说，立意要诚，感情要深。最好的文章，是那些本心并不想当文人写美文的人写出来的，因为写的时候，根本没想到是在写，只是一股沛然之气，自发地流露。

李格非推崇的这四篇绝代雄文，《出师表》是为人臣者之至忠，《陈情表》是为人子者之纯孝，忠孝是儒家道德之根本。而《酒德颂》与《归去来辞》一旷达，一隐逸，则又是中国文人滋养心灵的清泉，栖息精神的寒枝。忠孝双全，存达向逸，正是传统文人士大夫的理想人生。

世人皆夸李格非"善论文章"，他的这段话，确实抓住了文学创作的根本，还接触到了士大夫精神的核心。

"诚"之外，李格非又推崇一个"横"字。

孟子之言道，如项羽之用兵，直行曲施，逆见错出，皆当大败，而举世莫能当者，何其横也。左丘明之于辞令，亦甚横。自汉后千年，唯韩退之之于文，李太白之于诗，亦皆横者。近得眉山《筼筜谷记》《经藏记》，又今世横文章也。夫其横乃其自得而离俗绝畦径间者，故众人不得不疑。则人

① （宋）释惠洪《冷斋夜话》卷三。

之行道文章，政恐人不疑耳。①

　　孟子论道，破绽百出，项羽用兵，倒行逆施，都不见什么章法，却无往不胜，这就是个"横"！还有《春秋左氏传》（即《左传》）的辞令，韩愈的古文，李太白的诗，苏东坡的某些文章，都是"千古横文"——

　　这是在技法之外，以"天赋、性情、气概"来论文学。李格非说的这些人，于文学都有着西楚霸王"力拔山兮气盖世"的天生神力，有"千万人而吾往矣"的率真自我。

　　这样的人，不拘泥于规范，不受世俗影响，故能成就一个文学的崭新世界，非庸众所能猜度也。

　　这样的人，不世出、不可摹效。

　　自李格非出此"横"论之后，又有如辛弃疾之词、关汉卿之曲、徐文长之画、傅青主之书法，都有这种不可一世之气概。

　　李格非自己写诗作文章，是"陵轹直前，无难易可否，笔力不少滞"②，奋笔而书，一往无前。他对文学的评判标准也是极高的，你看他评价左丘明与司马迁：

　　他说，司马迁的文章，如"丽倡黠妇"——聪明美貌，会打扮，会歌舞，会说笑逗乐，虽得众人欢心，却不如左丘明，一落笔，那才是绝代佳人，不事妆扮，独立高堂之上，最淫邪胆大之

----

①　（宋）张邦基《墨庄漫录》卷六。
②　（元）脱脱等《宋史·列传》第二百三，《文苑六》。

徒，也不敢对她多看一眼。①

这可不是一般的高标准，连太史公都掉到"文学金线"下面去了！

李格非这几句话表明了他的文学态度，也表明了他的史学态度：治史当巨笔如椽，烛照幽微，使忠臣良士得伸怀抱，使奸臣逆子心怯胆寒。而这，正是《左传》能独步古今的根本。

左丘明注《左传》，言近旨远，辞浅义深，持纲常大义，鉴治乱兴衰。司马迁著《史记》，成史家之绝唱，咏无韵之离骚，一篇读罢头飞雪，更多地灌注了文学激情。

《左传》是经义之史、王者之书，是帝王将相的政治教材；史记是文学之史，富于诗意和平民性，不辞为背德者、反叛者谱写传奇。

从文学角度看，《左传》用语极尽凝练生动，包涵无限未尽之意，勾得读者穷根究底、举一反三。《史记》铺陈烘托，起承转合，带来淋漓酣畅的阅读快感。若论耐读性，后者略逊于前者。

《左传》是千古文章之祖，叙事文学的高峰。中国第一部文学评论《文心雕龙》说："辞宗丘明。"正是武学至尊，宝刀屠龙。《史记》和《汉书》亦非同凡响，然而，"迁、固通矣，而历诋后世"——少林武当又如何？未必没有破绽。

李格非最有名的一篇文章叫《书洛阳名园记后》，"文字不过二百字，而其中概括无限盛衰治乱之变，意有含蓄，事存鉴戒，读

———————————

① （宋）张邦基《墨庄漫录》卷六。"司马迁之视左丘明，如丽倡黠妇，长歌缓舞，间以谐笑，倾盖立至，亦可喜矣。然而不如绝代之女，方且却铅黛，曳缟纻，施帷幄，裴徊微吟于高堂之上，使淫夫穴隙而见之，虽失气疾归，不食以死，而终不敢意其一启齿而笑也。"

之令人感叹。"①

在这篇短文中，他对大宋的前途发出了警示："呜呼！公卿大夫方进于朝，放乎一己之私以自为，而忘天下之治忽，欲退享此乐，得乎？唐之末路是已。"

诸公在朝堂上为私心私利打成一团，忘乎所以，眼看就要步唐亡的后尘了！后来，果然被他说中了……

"文章千古事"，鉴往知来，怀天下之忧，铁肩担道义，方是文人本分——这就是李格非最基本的文学态度。在他身上，少有浪漫的"文学青年"气质，更多的，是对理想的端敬态度和践行理想的强横之力。

"白富美"李妈妈，两位！

再来说说李妈妈。

李清照有两位母亲，一位是生身之母，一位是接管她青少年教育的继母。

二位母亲，都不是寻常人家女子。

生身之母是相府千金，"三旨相公"王珪之女。说到王家，那是北宋数一数二的科举豪门，清贵府第。

自北宋立国，王家便世代出进士，人家进士几代出一个，他家一窝窝地出，传到当宰相的王珪，已是历经四代，十榜登科。王珪的儿子、侄子都以科举入仕，还出了状元。王家招的女婿，统统都

---

① （宋）楼昉《崇古文诀》卷三十二。

是进士。到王珪的孙婿一代，又连出了两个宰相，其中之一就是秦桧。

秦桧夫人王氏，和李清照正是姑表姐妹，秦桧就是李清照的表妹婿。

王家在宋代被称为罕有的"华宗盛族"①，举世称羡。羡在哪儿呢？

唐、五代以来掌握着国家政治与经济命脉的传统世家大族，在宋代已然没落。至于"勋贵"与"外戚"这两个利益集团，又都是国策重点打压对象。站到时代舞台中央的，是新兴的科举世家：以科举起家，又以强大的文化与教育实力，培养出新的人才，继续科举入仕，一代代维持着家族的荣耀与地位。

任你家世显赫，聪明绝顶，不参加科举，就难有前途。李格非一个寒门子弟，能当上"华宗盛族"的女婿，凭的是他一甲进士的身份。天子重英豪，唯有读书高。但凡有条件，谁家有女不想嫁个新科进士？在宋代京城，便有了一独特风俗：每到进士放榜之日，便是贵家豪门榜下捉婿之时。

心急如焚的父母们，带着家丁健仆，备下宝马香车，一大早埋伏在皇榜附近，只等榜发出来，就冲上去抢人。有一位年轻英俊的新进士就这样给抢去了。一路无话。到了地方，家主上前笑眯眯道："某有小女，相貌颇不丑，嫁于郎君如何？"新进士深施一礼道："荣幸之至，岂敢不从。只是让在下回家与拙荆商量一下。"围观群众哄笑而散。年轻进士被抢光了，连七十多岁的老进士，都有媒人上门打听："可曾婚配否？"老进士泪流满面："你说呢？你

---

① （宋）庄绰《鸡肋编》卷中。

说呢！"

狗血事件还是少数。普遍情况是，未曾婚配的新进士们，都顺顺当当地，本着"近水楼台先得月"（门生天然是恩师的女婿）和"谁官大谁女儿最美"（人尖子留给宰相家）的原则，被各位高官显贵捞回家了。

官僚之家，需要不断吸纳新血，保证家族的世代稳固。科举新秀，需要丈人家的助力，为仕途做铺垫。自幼受到良好教育的宦门小娘子，就是最完美的贤内助。所以，宋代进士晚婚现象很普遍：结婚太早，娶不到门第好的，影响前程。学陈世美休妻吧，又成了士行有亏，这辈子都是个污点。

正所谓"金榜题名时，洞房花烛夜"，以联姻织就的关系网密布大宋官场，多少看上去你死我活的政治对头，彼此间却有裙带相连。

这个情况，让皇帝不开心：咦，你们这些为人臣子的，拉帮结派，沆瀣一气，是想架空朕这个孤家寡人么？

赵氏王朝美其名曰"与士大夫共治天下"，实际上，权力关系中凡有依从，则必有受制，与士大夫共治天下，比寄希望于世家、藩镇、外戚、宦官，确实安全很多，但也一直存在着皇权与官僚政治集团的角力。

"君臣相得"这种事，别天真了。

世家、武将、外戚、宦官一律不可用，皇帝只好自我修炼成戏精，一门心思玩权力制衡。从制度上对政治机构、职能部门各种强行分权，以求"上下相维""内外相制"，还时不时亲自出马，挑拨大臣之间的关系，打压这个，抬举那个，以防止出现"权臣"，防止某政治派系独大——这个呢，便叫"异论相搅"，都是赵氏王朝对付文官集团的祖传法宝。

"不杀士大夫"的太祖遗训反面，是"富贵不过三代"的阴影，始终笼罩在每个"簪缨之家"的头上。这种情况下，"华宗盛族"的王家，就很不寻常了。

李清照的外祖父王珪，少有奇志，文采瑰丽。举进士甲科后，一路磨勘，工作能力颇受领导同事好评。然而，自打登上相位，他就变了一个人。变成了一个尸位素餐的官僚，一个八面玲珑的琉璃蛋子。

《宋史》本传评曰："然自执政至宰相，凡十六年，无所建明，率道谀将顺。当时目为'三旨相公'，以其上殿进呈，云'取圣旨'；上可否讫，云'领圣旨'；退谕禀事者，云'已得圣旨'也。"

就这样混过了许多年。这些年，北宋政坛大乱斗，朝为股肱之臣，暮贬岭南吹吹风。同样一个宰相位置，多少人前脚踏上，后脚扑街，唯他屹立不倒。六十四岁病卒于相位，天子为其辍朝五日。

王珪为相，正值宋神宗在位。神宗皇帝是雄心勃勃的英主，和前任们不同，面对文官体系，他的态度和手段都是比较强硬的。尤其自他的变法搭档王安石下野之后，神宗皇帝更隐有乾纲独断之势。

而王珪能够在相位上屹立不倒，和他的识时务、明哲保身是很有关系的。在精英如云的北宋朝堂，他是个平庸无能之辈吗？不知道。但很显然，他是个聪明人。聪明，却心甘情愿做一个庸人。

李格非娶了王珪的长女，做了宰相女婿，对仕途显然大大有利。然而，王家女儿在李清照幼年时病逝。大约在李清照八岁的时候，李格非续娶了一位夫人。①

这位后妈，也姓王，是北宋名臣王拱辰的女儿。史称其"善属文"②，乃才女一名。

"嫡女斗后母"的脑补且慢来！像李家这样的家庭，人口简单，女儿迟早要出嫁，谈不上多少利益冲突，宅斗的戏码很难上演的啦！而童年李清照的文化教育，应该也少不了这位后母的辛劳。

后外祖父王拱辰，十九岁中状元，历事四朝，官运亨通，一度接近宰相之位。其人在政坛的主要特色是保守，北宋两次变法——"庆历新政"与"熙宁变法"，他都是反对派，奋力阻挠。然后呢，他和政敌欧阳修是连襟，都娶了宰相薛奎的女儿。这么一算，李清照和欧阳修之间，也能扯上一点儿远亲……

显然，李清照能够成为绝代才女，有其家学渊源。是这样的出身，这样的家庭环境，从物质与精神上都为她才华的发展创造了条件，预留了空间。

然而，这些并非必要条件，甚至也不是充分条件。

李清照的家世虽然优越，放眼同时代，也并不算稀罕。京城中这等出身的小娘子，比比皆是。能够在文豪井喷、才女如云的时代脱颖而出，于时代背景、家庭出身之外，最关键的是个人的天赋。

文学的天赋，似天女散下的花朵，飘落八方，有的不幸坠入盐碱而枯萎，有的只得一点生存空间，挣扎开放，瞬间光华，令世人艳之悼之。还有的便恰好水土得宜，加以强大的意志、不懈的努

---

① 本书关于李清照之年表，参考徐培均笺注《李清照集笺注》，上海古籍出版社 2002 年版。

② （元）脱脱等《宋史·李格非传》。

力，谁还能挡得住她笑傲群芳？

"说人话！"

"人家家世比你好，比你更努力。还是天才。"

（四）

彩蛋 1
揭秘李爸爸的政治真面目

揭密李格非的后台，以及全民偶像的苏轼及其小团伙，为什么会遭到大宋官场的集体嫌弃？

李格非的官运一直很好

李格非为"后苏门四学士"之一，又名列"元祐党人碑"，所以，历史上，李格非向来被算入元祐一党，也就是北宋中晚期党争中的"旧党"一派。

如果我们细看李格非的职场履历，会发现，事情并没有这么简单。

从熙宁九年，李格非高中进士的这一年开始说起。

这一年，王安石主动罢相，离开政治舞台中心。变法在其门徒的执掌下继续进行，党争渐起，改革派和守旧派捉对厮杀，其余人等，有劝架的、打太平拳的、浑水摸鱼的、骑墙的、无间道的、任逍遥的……

那么，深得宋神宗欣赏，亲手将名次从第四甲提升到第一甲的李格非，他在干什么呢？

不好意思，这几年，他官微言轻，按惯例，被送到基层锻炼去了。此刻正在地方上教书，娶老婆，生女儿，葬老婆，带女儿。

等到他可以回京的时候，已经是旧党天下。宋神宗去世，小皇帝宋哲宗登基，由太皇太后高滔滔垂帘听政，是为"元祐改制"。

李格非这时在太学工作，还是不起眼。直到元祐六年，他才从太学博士的任上，迁转"校对秘书省黄本书籍"，进入"馆阁"，成为中央青年干部储备团的一员。

元祐年间，也是苏轼一生最春风得意的时间段。他得意不忘好朋友，在做翰林学士期间，将秦观、黄庭坚、张耒、晁补之、廖正一这几位"苏门学士",都给弄进馆阁里来了。

不过,虽说李格非是"以文学受知于苏轼",苏轼确实欣赏李格非的文章,但他进馆阁,与苏轼没有任何明确关系。

把他和秦观、黄庭坚等人放在一起比较,就会发现,无论日常交往、书信来往、诗词唱和,还是政坛动向上,他与苏轼的联系都是稀少而平淡的。在苏轼"世间无人不可交"的庞大朋友圈中,他与苏轼的互动密切度,可以说是排到五环之外了。

也就是说,事实上,李格非跟苏轼的关系,远没有其他"苏门学士"那么亲近。

很快,大宋又变了天。高太后去世,年轻的宋哲宗亲政之后,第一件事,就是继承老爸宋神宗之遗志,将改革进行下去。

苏轼一干人等,统统贬谪出京,从此山长水远,或客死异乡,或跟蛮夷蹲在一起吃虾贝。秦观、黄庭坚、晁补之、张耒……一个没逃掉。很显然,如果曾经跟苏轼在政治上站了队,或者是由苏轼亲手提携上来的,李格非不可能逃过这次广泛打击。

新党上台,要整理旧党的黑材料,新党领袖章惇把任务交给了李格非,李格非拒绝了。

这种风头上的好事情,必定有人抢着干。务实又自傲的章惇却指派给李格非,可以说是明晃晃的招徕了,也兼是考验,相当于让他交一个入伙的"投名状"。

而李格非拒绝,也未必证明他就是苏轼一党。更可能的原因是他不愿意掺和党争,更不愿意用整人的方式去站队。

史书记载,李格非因此被贬去广信军当通判。听起来,好像是倒了霉。其实呢,按宋朝培养官员的惯例,所有"馆阁"内的储备干部,在中央待两年左右,都要再次外放,到地方上领实务,做亲民官。李格非去广信军，只能说是正常的迁转流程。如果非要找猫腻，也不过是相比普通的州府环境更艰苦，责任更重大，对个人的能力要求更高。

事实也证明，这次外放是给李格非的履历加了不少分的。仅一年，他就被调回了京城，从此，开启了他在"新党"当政期间一路绿灯的升迁。

一直到了宋徽宗登基，蔡京执政，宋徽宗要强化君权，蔡京要排除异己，君臣合伙，搞了个新旧两党"双杀"，正所谓"元祐奸党是个筐，看不顺眼往里装"，李格非才被翻了不肯参与"编类元祐群臣章疏"的旧账，流放广西。

"元祐党人碑"三百零九员名单中，不止苏轼、司马光等"旧党"明星，连"新党"党魁章惇、曾布，连"三旨相公"王珪，都赫然在列。所以，这个名单，对于给李格非划分阵营，并没有什么参考价值。

臭名昭著的"党人碑"，若不是阵营的标志，那它是什么呢？它是宋徽宗一朝君权与文官体系矛盾激化的象征，是"与士大夫共治天下"政治理想的破灭，是君臣们共同上演的内耗。它，预示着大宋气数将尽，仅此而已。

李格非的后台到底是谁

抛开晚年境遇，李格非的官运，无论是在新党还是旧党的天下，都还挺顺的。

仕途这么顺畅，让人不得不势利眼地想起了他的背景：两位泰山老丈人，在朝中都广有势力与人脉。尤其王珪这一支，名门大族，盘根错节。他当然可以不去倚仗这些，但有这层身份背景在，其他人就会考虑得到。只要他自己不去招惹是非，他的仕途，自然会比一般人平顺。

老丈人之外，另有一位在李格非仕途中很重要的人物，却是新党的领袖：蔡确。元祐四年，因高太后的厌憎，经吴处厚的挟私陷构，蔡确因"车盖亭诗案"，被流放岭南而死。

"车盖亭诗案"，是比苏轼的"乌台诗案"更狠毒的一次文字狱。"乌台诗案"中，好歹还有点儿实证，"苏大嘴"对新政确实做了一些攻击与嘲笑。但蔡确什么怪话、坏话也没说，就这么被坑了。

蔡确流放时，有一侍女愿意跟随。侍女擅长弹琵琶，又养了一只极聪明的小鹦鹉，会说话，会做门房——"丞相呼琵琶，即扣一响板，鹦鹉传呼之。琵琶逝后，误扣响板，鹦鹉犹传言，丞相大恸，感疾不起。尝为诗云：'鹦鹉言犹在，琵琶事已非。伤心瘴江水，同渡不同归。'"①

堂堂宰相，居然为一侍女的死，伤心得也死掉。死后，蔡确之母在京城击"登闻鼓"喊冤告御状，也没个结果。

蔡确倒台，高太后借此展开对新党的大清洗，包括旧党的鸽派、中立人士，都受到了牵连。李格非却在这个时候，公开为蔡确写悼亡诗，诗中有云："邛吉勋劳犹未报，卫公精爽仅能归。"表达了对蔡相知遇之恩的感激，为其遭遇大鸣不平。

蔡确之提携李格非，大概是李格非在太学的那段时间。蔡确

---

① 赵令时《侯鲭录》卷第二。

一生提携过的人很多，在他身死名败之时，为他唱挽歌的能有几个？这件小事，也正说明了李格非超脱于党争之外的那份耿直。

然后呢，据李清照在《上枢密韩肖胄》诗中的叙述："有易安室者，父祖皆出韩公门下。"韩公指的是韩肖胄的曾祖父韩琦。

韩琦当年与范仲淹一起镇守边疆，抗御西夏，时称"韩范"。边区之民唱歌道："军中有一韩，西贼闻之心胆寒。军中有一范，西贼闻之惊破胆。"仁宗嘉祐三年，升任宰相，是有宋的一代名臣。

李家与韩琦的交往，开始在李清照祖父这一辈上。庆历七年五月到十一月，韩琦担任京西路安抚使，郓州（山东东平）知州。作为普通士人家庭的李家，如果能够拜谒并受知于韩琦，这是最可能的时机。

熙宁八年，韩琦去世，这正是李格非中进士的头一年。那么仕途上，他对李格非应该不能提供多少帮助。但韩家一直很走红，韩琦之子韩忠彦，是宋徽宗朝的宰相。韩家门生故旧遍天下。李清照上诗于韩，说明两家的联系，一直没断过。

多元化的后台与背景，李格非却从未表现出与哪个派系更为亲密，也未曾积极参与到哪一次的朝堂争斗中。

论后台与背景，他有，论政治敏感度，他也并不亚于其亲家赵挺之，官升得却没人家快，爬得没人家高。很大一部分原因，可能正在这"不积极不亲密"上。他这一生，缺少了一些野心和欲望，又具备了太多的自知与自制。故而在纷纷乱象中，能看破，不掺和，只求尽职本分，无愧于心而已——而能做到这一点，也着实是不容易的。

李格非朋友圈的亲密好友

李格非与苏轼的私交，并不似后人想象的密切。那么，李格非与苏门学士呢？

关系最亲近的，是晁补之。晁补之是山东济州人，与李格非同年乡试中举，又同驻馆阁。同乡、同年、同事的三重关系，加上他本人才华横溢，性格随和，故而长年在李家出入，谈诗论文，喝点小酒，逗逗孩子。

张耒，也是李格非的同事。常与李格非、晁补之等人出游踏青、诗文唱和。张耒是个耿直的胖子，朋友中的诤友。李格非想给去世的兄长起个谥号，他直言相劝："没必要。"秦少游娶了富家小姐，日日泡青楼，还总抱怨没钱，他便道：你这是无病呻吟，为写文章装穷。①

张耒绍圣间跟着苏轼一起倒霉，因为平日人老实，政治上不活跃，所以霉倒得也浅一点，最远只贬到湖北。

然后是陈师道。陈师道性子刚直又清高，要不是苏轼提携他，这辈子不可能当官的了。元祐七年，李格非刚升了点官，他居然赠诗曰"说与杜郎须着便，不应濠上始知鱼"，劝李格非激流勇退，少热衷官场。这是什么话！

陈师道憎恨新法，热爱苏轼，对苏轼的政敌兼自家的连襟赵

---

① 《钦定四库全书·宋文选》卷二十九，张耒《送秦觏从苏杭州为学序》。"世之文章，多出于穷人，故后之为文者，喜为穷人之辞。秦子无忧而为忧者之辞，殆出此耶！"

挺之恨之刻骨。李格非后来与赵挺之结了儿女亲家，这事儿却没有影响两人的友谊。陈师道对姨侄子赵明诚也十分亲热，可见其人心怀坦荡。

新党之中，李格非与李清臣关系好。李清臣少小成名，人文皆雄，欧阳修认为其文章可与苏轼比肩，又被宰相韩琦相中当了侄女婿。官至高位，而一生清廉。这也是个很有政治手腕的人，绍圣元年，李清臣发策试进士，于是新党得兴，执政吕大防、范纯仁、苏辙一干旧党成员皆被罢免。

李格非对李清臣的人品与文品，都极为赞赏。李清臣去世后，他为其写祭文，道："绝驰者无遗影，适淡者有余味，如金玉之就雕章，湖海之失涯涘，云烟之变化，春物之秾丽，见之者不能定名，学之者不能仿佛。"夸得天上有，地上无。

再然后就是赵挺之了。嫁女儿，丈母娘眼睛是盯牢女婿，看性情，看人品，看相貌。老丈人审视更多的却是亲家翁。女儿嫁过去，要在别人家过一辈子，家和万事兴，后宅之安宁，首先要看这亲家翁有没有镇宅的权威。其次呢，要看亲家翁在外面混世的能力，官场凶险，若是个没本事的，难免带着全家小船一起沉。

所以呢，李格非若不看好赵挺之，嫁女儿给他家干什么？女儿是元宵灯会上捡的吗？

日常虽有联系，但比较平淡的，是黄庭坚与秦观。黄庭坚过世后，李格非为其作挽诗，写得很是应付，连人带诗，一句好话都没有。以至于很快就有八卦者发现了问题。

"挽鲁直五言八句，首云：'鲁直今已矣'云云，下六句亦无褒辞。文叔与苏门诸人尤厚。其殁也，文潜志其墓。独于山谷在日，以诗往还，而此词如此，良不可晓。"南宋刘克庄在《后村诗话》

中这样疑惑道。

跟秦观的往来，则几乎找不出文献记载。

为什么会这样呢？让我们再细看李格非的好友圈，会发现，他的择友，于才华之外，似乎更看重品性。他格外欣赏的，是老成持重、思想作风端正，有个性但不张扬的君子型人物。而秦少游与黄庭坚这对大才子，并不是这种人。

秦七（少游）、黄九（庭坚），风流浪荡，世人皆知。而这两人，恰好正是在朝堂上和苏轼站得最近的。

苏轼及其小团伙为什么讨人嫌

秦七黄九，好泡青楼，泡过了还要写艳词以记录之。

黄九写艳词，用语鄙俚，近乎小黄文。如《千秋岁》云："欢极娇无力，玉软花欹坠。钗胃袖，云堆臂。灯斜明媚眼，汗浃蓄腾醉。奴奴睡，奴奴睡也奴奴睡。"秦七长得帅，到处留情，连道姑都要挑逗。①给和尚写诗都要炫耀自家窑子逛得多，被时人目之为

---

①　（宋）胡仔《苕溪渔隐丛话前集》卷第五十。"畅姓惟汝南有之，其族尤奉道，男女为黄冠者十之八九。时有女冠畅道姑，姿色妍丽，神仙中人也。少游挑之不得，作诗云：'瞳人剪水腰如束，一幅乌纱裹寒玉，超然自有姑射姿，回看粉黛皆尘俗。雾阁云窗人莫窥，门前车马任东西，礼罢晓坛春日静，落红满地乳鸦啼。'"

"经常犯贱"①。

私生活不检点，乃京官之大忌，不知送多少条小辫子给别人抓。苏轼从不规劝他们，反而大加赞赏，觉得真有他年轻时候的风范呀！正所谓："回首长安佳丽地，三十年前，我是风流帅。为向青楼寻旧事，花枝缺处余名字。"②一行人等，甚至干出了结伴去观赏女人小脚的无聊事情。

"从其游者，皆一时轻薄辈，无少行检，就中如秦少游，则其最也。诸公见他说得去，更不契勘。当时若使尽聚朝廷之上，则天下何由得平！更是坡公首为无稽，游从者从而和之，岂不害事！但其用之不久，故他许多败坏之事未出。"

"但教东坡作宰相时，引得秦少游、黄鲁直一队进来，坏得更猛。"③

很多年后，古板刚正的朱熹，对苏轼这一伙人极为不喜，甚至说，若苏东坡得势，则必然为祸天下。对于喜爱东坡的现代读者，这是不可思议的论点。但这也并非朱熹个人的偏见，这是两宋朝堂上大部分人的看法。

元祐年间，苏轼受召为翰林学士，又任兵部尚书、礼部尚书，眼瞅着有望挺进相位了。

---

① （宋）胡仔《苕溪渔隐丛话前集》卷第五十。"参寥言：旧有一诗寄少游，少游和云：'楼阙过朝雨，参差动霁光。衣冠分禁路，云气绕宫墙。乱絮迷春闹，嫣花困日长。平康在何处？十里带垂杨。'莘老尝读此诗，至末句云：'这小子又贱发也。'"
② （宋）苏轼《蝶恋花·送潘大临》。
③ 《朱子语类》卷一三零，《自熙宁至靖康用人》。

翰林学士，号为"执政四入头"之一①。兵部尚书、礼部尚书，离宰相也就差临门一脚了。

然而就在此时，新党、旧党、无党派、不清楚背景人士，不约而同地对苏轼发起了攻击。似乎所有人都在阻碍他被"重用"，所有人都在说：苏轼"不堪大用"。

为什么？因为学士总是"一肚皮不合时宜"，还是"木秀于林，风必摧之"？

这得看他到底怎么个不合时宜，又是怎么个"秀"法。

举个例子。苏轼在为馆阁主持入职资格考试时，出了一道题，问："王莽和曹操这二位，谁抢天下更难一点啊？"

好家伙！所有的御史都蹦起来了：王莽与曹操这种众所周知的篡国大奸贼，你去问考生他们该怎么篡？这是要疯啊！其心可诛啊！

进而又牵扯到对苏轼政治主张与学术思想的攻击——苏轼实非一正统儒者，他的政治思想，更倾向于战国时的纵横家；他的学术思想，糅合了太多的佛、道，最终能达成一种纵横捭阖、圆融灵活的势态。然而，作为一家之言没有问题，如果当真被推行于天下，这绝对是一个成熟保守的儒教礼法国家不能容忍的。

君子先修身，才能齐家治天下。再从小节上，举个小例子：

嘉祐二年，苏轼参加礼部考试，文章深获主考官好评。文中用了一个典故，考官不知出处，皆自惭孤陋。放榜后，考官忍不住去问他，典出何处？答道："想当然耳！"

---

① （宋）洪迈《容斋随笔》卷三，"执政四入头"："国朝除用执政，多从三司使、翰林学士、知开封府、御史中丞进拜，俗呼为'四入头'。"

这个回答，真是十二分的洒脱俏皮可爱。但是，设想一下，作为朝廷重臣，这种"想当然耳"作风，是不是也相当地让人怀疑，觉得靠不住？

苏轼是可爱的，他好奇心旺盛、有生活情趣、亲民、善良、乐天派、好讲故事、好开玩笑、富于人道主义精神……两宋的名臣良相，全绑在一块儿，都没他一个人可爱。

然而，这只限于他是一个普通臣子的时候。当他手握权柄，宰执天下，这一切，都不再是优点，而被视为致命的缺陷。

臣子们都很担心，已经在变法与反变法斗争中元气大伤的国家，再让苏轼这样活泼轻佻、狂放妄为，且具备民间号召力的人上台，他会不会脑洞大开，胡作非为，折腾得更不成样子？

"文章学问中外所服，德业器识有所不足"[1]，当个文学词臣也罢，当个大宋全民偶像也好，总之不能让他再往上爬了——这才是朝堂上对苏轼的普遍看法。

再说李格非，是的，他喜爱苏轼的文章，但苏轼之文，天下无人不爱，这能证明什么？我们不如对比一下他们的学术思想和人生"三观"。

李格非以经义起家，而苏轼反对经义取士；苏轼心喜佛、道，又喜诸子百家，热衷战国纵横之术。而李格非做人做文，最讲究的是一个"诚"字，专注于圣人之道、先王之学。无视佛、道，对纵横家更绝无好感，他在《书战国策后》一文中贬斥道："战国策所载，大抵皆纵横捭阖、谲诳相轻、倾夺之说也。其事浅陋不足道。"

---

[1] 《续资治通鉴长编》卷三八八。

李格非是爱家好男人，生活作风端正。苏东坡才子风流，好喝花酒，侍妾也多。苏东坡身故之后，居然有大太监梁师成跳出来，自认是他流落在外的儿子……

各方面的格格不入，加上李格非本人不攀附、不站队的立场，都决定了，政坛上他跟苏轼其实撇得挺清，离得挺远。

第二章

少女时代的花影

一

那颗酸甜的小青梅是谁

我不是青涩可爱的小青梅，更不是任君采摘的娇花。

我也不是穿越女、反礼教急先锋。

我就是李清照。

好一位娇羞俏美的小少女

点绛唇

蹴罢秋千，起来慵整纤纤手。露浓花瘦，薄汗轻衣透。

见客入来，袜刬金钗溜。和羞走，倚门回首，却把青梅嗅。

这首词，写少女的娇俏极是生动，全程近身聚焦追拍，最后还来个余韵无穷的大定格——

瞧那女孩儿，慌慌忙忙，跑丢了鞋，只穿着袜子，跑丢了钗环，蓬松着头发，额头微汗，两腮飞红，却又忽然停下来，倚着门框侧身回首，汗湿的薄衣粘在身上，美好曲线展露。她一只手扶门，一只手攀弄门边的青梅树，将枝头半熟的果实凑到鼻端闻嗅，眼波含羞带好奇，偷把那身后的来人打量……

从文学角度，这首词写得很成功，也经常被当成李清照的代表作之一，词中的女主人公，也经常理所当然被当成李清照本人。

可惜，这一切，都只是读者的一厢情愿，一个并不美丽的误会。

为什么呢？首先，这首词，算不算李清照作品，一直都是存疑的。

李清照的作品，在宋代即有刊集，原有诗文十二卷，为《李易安集》。词集一卷，为《漱玉词》。大都散佚。现在我们所读到的易安词中，年代最早、来源最可靠的，只有二十三首，出自宋人曾慥于 1146 年编成的《乐府雅词》。

其余的，都是明清以来的粉丝、出版商们，从历代选本、笔记中百般搜罗、纂辑，逐渐丰富起来的。

明洪武三年（1370 年）的抄本《漱玉词》，仅收词十七阕。明万历十一年（1583 年），陈耀文编《花草粹编》中，收词四十四首。到了清光绪年间，王鹏运所辑之刊本，已收得五十首。但王鹏运自己也说了："五十首中，假托污蔑之作，亦已屡见。"①

——不保证五十首都是真的，而且有一些，很可能是坏人栽赃！

自古以来，文化名人的作品传播过程中，词句之出入只是小事，其他作者的作品误入，或有心人冒名假托，才是最讨厌的。

于女性作者，情况更复杂。从来良家女子的文字，大都不肯外传。由于男权社会中大众对"才女"过度的好奇心与消费心态，闺中文字，一旦流传，则必然会带来意淫、附会、假托。李清照作品的流传过程中，也不可避免这些事情。

这篇《点绛唇》，历史上的冠名作者，还有苏轼、周邦彦等，又或称其为"无名氏"。直到明代学者杨慎（升庵）的《词林万选》，才将其收为李清照词。

1931 年，学者赵万里编辑出版《漱玉词》，只选了四十三首原作，另存疑九首，辨伪八首。对于这一首，他质疑道："词意浅薄，不似他作，未知升庵何据？"

当代学者王仲闻编《李清照集校注》一书，也将《点绛唇》列为存疑。王仲闻更指出："杨慎《词林万选》误题撰人姓名之词极

① （清）王鹏运《四印斋所刻词》，跋文。

多，殊不可据，清《四库全书总目·词林万选提要》疑其书为后人所伪托。"①也就是说，不仅书的内容不可靠，连署名作者杨慎，都可能是假冒的。那么，这首词冠名李清照，从头到尾，就可能是个一错再错的误会。

学者唐圭璋说："且清照名门闺秀，少有诗名，亦不致不穿鞋而着袜行走。含羞迎笑，倚门回首，颇似市井妇女之行径，不类清照之为人。无名氏演韩偓诗，当有可能。"②

何止出处，连内容格调，都大有问题！所以唐圭璋主编的《全宋词》，干脆就不将此词归入李清照名下。

有反方，自然也有正方。学者徐培均说："此词写少女情怀，当为少年习作。似难与成年后词风相比。且王灼《碧鸡漫志》卷二称其'作长短句，能曲折尽人意，轻巧尖新，姿态百出'。证之此词，如合符契，似应为清照所作无疑。"③

又或以反封建为理由——

"有人大约就是以封建社会的深闺少女总是遵守'礼'的，温顺的，循规蹈矩的，羞答答的这个尺度来衡量李清照……我想，追求自由的李清照假如地下有知的话，她是会笑这些人未免太封建了。"④

总之，大家的矛盾主要集中在这两点：

一、一位词人，创作出风格与整体词风如此不一致的作品，是

---

① 王仲闻：《李清照集校注》，人民文学出版社 1979 年版。
② 唐圭璋：《读李清照词札记》，《词学论丛》，上海古籍出版社 1986 年版，第 620 页。
③ 徐培均：《李清照集笺注》，上海古籍出版社 2002 年版，第 2 页。
④ 马兴荣：《马兴荣词学论稿》上，上海古籍出版社 2013 年版，第 341 页。

否合理？

二、词中女主角的言行，是否符合李清照大家闺秀的身份？

这不是反封建，这叫没家教

我们不妨考察一下词中故事发生的现实可能性。

先说地点。出阁前的李清照，随父居京城，住"有竹堂"，地方狭小，怎么想，这个能打秋千的后花园子是没法安排的。

那外祖家呢？都是高官显贵，住房条件应该不错。王珪家是宰相府第，几世同堂，庭院深深。王拱辰呢，京城不提，在洛阳就还有一处私家花园，极具林园水竹之胜。①

另外还有一个山东老家，房价不高，一个花园子是能造得起的。少女时代的李清照，若回乡省亲，就可能住在这里。

好，地点是 OK 的。

人物：少女，十三四岁，豆蔻年华，不可能太小，太小一个毛丫头，憨吃憨玩。也不可能太大，否则不能有如此天真之态。

情节："见客人来"，一个小小少女，如果来的人是同龄人，大多是玩伴，用不着见了跑走。如果是亲友师长，就算以现代人的不拘礼节，但凡还能有点家教的少女，应该是走过去见礼。如果是偶尔来过家中的客人呢？不太熟，羞于见礼，掉头跑走是可能的，但也用不着又好奇地回首探看。

---

① 参见徐培均：《李清照集笺注》，上海古籍出版社 2002 年版，第 408 页。

既跑掉，又要好奇回望，那只可能是陌生人了。问题来了：一个陌生人，为什么会出现在闺秀玩耍的后花园？

就算放在现代社会，一个女孩子，在自家院子里，看见陌生人，是什么反应？当然是跑啦！并高喊"抓贼！"这是胆小的；或者"你是谁！怎么进来的，我报警了啊！"这是胆大的。无论如何，也不至于"和羞走，倚门回首"吧？

那么是家长带进来的陌生人？

倒有可能。如果来者是女性、老者、小孩子，也毫无理由要跑——礼貌呢，家教呢？只可能是男性，而且是礼教上应该回避的青壮年男性。问题又来了：诗礼传家的儒门，以李格非这等谨严君子，前外祖父王珪之华宗盛族，后外祖父王拱辰之保守家风，会发生家长带着陌生青壮年男性进入内院，而不事先叫内眷回避的事情吗？

宋代虽并不严禁女子抛头露面，但终归是男女有别，内外有别。尤其在士大夫阶层，很难想象，会发生陌生男性访客进入女眷生活区的事情。就算火星撞地球，当真发生了，作为闺秀，转身避走是应该的，但走得丢鞋落钗，欲去还留的，这有可能吗？

拿《红楼梦》所处的礼教更严苛的明清时代对比一下，看闺中女子遇见外男该是个什么反应。

大观园中的小姐们，才十来岁的少女，从不与外界接触，族中兄弟见得也少，一家子骨肉，男在外，女在内，泾渭分明。只一个宝玉成日混在园子里头，却是特例，年纪大些也要搬出去的。

贾府旁支子弟贾芸，进大观园做事，撞到十六七岁的丫头小红。"那丫头见了贾芸，便抽身躲了过去。"后面听说是本家的爷们，便立住了脚，大方交谈起来。袭人是自平民之家卖进贾府的，她回家探亲，宝玉去探她，一进屋，见袭人几个妹妹："房中三五个女孩儿，见他进来，都低了头，羞惭惭的。"

贾雨村住在乡宦甄老爷家里，隔窗看见甄家的丫鬟娇杏，看得呆了。娇杏一扭头发现陌生男子——"这丫鬟忙转身回避，心下乃想：'这人生的这样雄壮，却又这样褴褛，想他定是我家主人常说的什么贾雨村了，每有意帮助周济，只是没甚机会。我家并无这样贫穷亲友，想定是此人无疑了。怪道又说他必非久困之人。'如此想来，不免又回头两次。雨村见她回了头，便自谓这女子心中有意于他，便狂喜不尽，自谓此女子必是个巨眼英豪，风尘中之知己也。"

侯府家的丫鬟、平民家的碧玉、乡绅家的使女，见了陌生男子，都会守礼回避，但动作、态度大方自然，绝不似词中少女那般夸张。她们尚且如此，闺阁千金又可想而知。

诗礼之家对女儿的行为规范，虽未必要时刻"行莫回头，语莫掀唇。坐莫动膝，立莫摇裙。喜莫大笑，怒莫高声"①，人前的进退有据，稳重大方，必然要从小教育的。

古之"大家风范"，今人所谓好教养、好素质、好风度。人的气质、习惯、爱好，接物待人方式，具有牢固的阶层性。一个人的思想可能会背叛他的阶层，一个人的行为举止，却很难背离他的出身。

以现代人眼光看，词中摹写的少女情状，似无伤大雅。但在李清照那个时代，在她所属的阶层，无疑是极失态、极不得体的。

这一首词的创作意图，当然不是为了教育女孩子何为"得

---

① （唐）宋若莘《女论语》。

体"，它的实质，是在摹写一种女性之"羞"的情趣。

羞，有几种。

一是羞畏，胆小畏人。这显然不合此词的语境。

二是混沌未开、天真未凿的野性之羞，如山林中未见过人的小鹿，如沈从文《边城》中的湘女翠翠，羞涩中带有赤子的好奇。但词中少女穿纱衣，戴金钗，在人工花园里玩耍，是俗世中人无疑。

三是娇羞，建立在青春性萌动上的羞涩，夹杂着对异性的好奇，故而慌乱，故而欲走还留，其情态，具有美妙的戏剧性。这才是词作者要表达的微妙情愫。

但是李清照平日与父亲的诗朋文友相唱和，族中也有兄弟，出门玩耍，满街都是男人，她又不是没见过异性，怎么会突然犯娇羞呢？还犯得着赤脚蓬头，撒丫子飞跑，忘了基本的礼节，其表现连三等丫头小红都不如，这是想把家长气死一个算一个吗？你这不是反封建，显然是缺家教啊！

有论者以女主人公的娇羞含情之态推论出，来者正是赵明诚，说是李格非亲自带赵明诚来和女儿相亲。

这就更可怪了。谁家女儿相亲，是在女儿毫无准备的情况下，带小伙子直入后宅，打女儿一个措手不及的？就算在现代，凡脑子拎得清的家长，也不能这么干呀！一家有女百家求，令千金是有多嫁不掉，留在家里成祸害，才能把父母急成这样！

古礼虽云男女婚前不见面，但为女儿幸福着想，婚前相看通常还是有的。

唐代，是把小伙子叫进会客室，老爸陪着喝茶、聊天，让女儿、老妈、姐妹以及七大姑八大姨们，躲在屏风后头观察，等男方走了，大家一涌而出，亮出评分。

宋朝相亲则有一整套仪式。南宋吴自牧的《梦粱录》记载，先要媒人说合，交换八字，问明各自家中财产，大方向上没问题后，才让一对小儿女相看，主要是测测眼缘：

"男家择日备酒礼诣女家，或借园圃，或湖舫内，两亲相见，谓之'相亲'。男以酒四杯，女则添备两杯，此礼取'男强女弱'之意。如新人中意，即以金钗插于冠髻中，名曰'插钗'。若不如意，则送彩缎二匹，谓之'压惊'，则姻事不谐矣。"

相见地点要么是人家园林，要么是湖上游船，环境清幽，是委婉而有礼、庄重而浪漫的一个过程。相形之下，所谓带赵明诚回家相看，后花园遇见爱女娇羞逃跑——于女方，这也未免太草率，太自我轻贱了！

呃，还有人说，女主跑得那么慌张，是因为"衣服汗湿了怕走光呀！"那你就一个劲儿跑啊！回啥头，摆啥造型，是怕对方看不清楚你美妙的曲线么？更不像话了。

这满满的男性视角！

《点绛唇》的女主角，不仅不可能是李清照。就连摹写的所谓少女情怀，也只是男性审美视角中的"伪少女情怀"——

通篇，充满成年男子对少女带有性意味的赏玩之情。

通篇，是男性第三者视角。我们且看他这一路的视线迁移：纤手、汗湿的衣裳、只穿了袜子的脚、坠地的金钗、凌乱的头发……最后凝固在一个侧身回首、悄然窥视的姿态上。那颗青梅，小巧的、圆润的、水嫩的、半成熟的果子，悬在少女的纤手和枝梢之间，成为观看者目光最后的焦点。

目光灼灼，一点美妙的细节都没放过，生动，如画，技巧不可谓不高明，正因为如此，也就充满着浓厚而真切的暧昧气氛。

这绝对不是闺中女儿自写自画的神气。宋词女作者，无论风格是直抒心臆，还是曲折委婉，无论性子是热烈，还是内敛，她词中的自我形象，总是发自主观的，带有深厚的情感色彩和自我期许。她不会用如此玩味的第三者视角来书写自己，更不会直白地描写自己的身体。只有男性，才会对少女有着这样的视角与口吻。我们看他运用的词句：

"袜划金钗溜"，参见南唐李后主之《菩萨蛮》：

花明月暗笼轻雾，今宵好向郎边去。划袜步香阶，手提金缕鞋。　　画堂南畔见，一向偎人颤。奴为出来难，教郎恣意怜。

李后主此词写与小姨子（就是后来的小周后）半夜里在宫中偷情，女方怕被人听见脚步声，便脱了鞋，只穿袜子行走。

脱鞋只穿袜子，本来就是颇富香艳气息的一种行径。比如秦少游也写过这样的事情：

河传

恨眉醉眼。甚轻轻觑著，神魂迷乱。常记那回，小曲阑干西畔。鬓云松、罗袜划。　　丁香笑吐娇无限。语软声低，道我何曾惯。云雨未谐，早被东风吹散。闷损人、天不管。

词中情事露骨，男女光天化日庭院中纠缠，直缠得头发乱了，鞋子踢掉了。

光脚穿着袜子，蓬乱的头发，遗失在地上的发钗，在男性的笔下，从来是带有明显性意味的。

这首词究其根源，演绎自晚唐诗人韩偓《偶见》："秋千打困解罗裙，指点醍醐索一尊。见客入来和笑走，手搓梅子映中门。"此诗收入韩偓的《香奁集》。《香奁集》流传广，名气大，不是什么好名气。写的是作者冶游青楼的事，主角大都是烟花女子。①陈寅恪先生直称其为倡伎文学："以故唐代进士科，为浮薄放荡之徒所归聚，与倡伎文学殊有关联。观孙棨《北里志》，及韩偓《香奁集》，即其例证。"②

《偶见》写的就是一位唐代倡家少女，整个场景和《点绛唇》雷同。论艺术水平，却是后者胜出。"和羞走，倚门回首，却把青梅嗅。"跌宕有致，反衬得原作面目呆板了。

诗词用典，或化用前人，文字上当然要化旧如新，这是文学性的讲究。另外呢，还要注意思想性的讲究，用典要与用典的对象身份相洽。比如写武人，可以把他比成飞将军李广，拿霍去病、卫青的事迹不要钱地往上贴，但你不能拿李陵的典故来比他——多大仇多大怨，咒人家叛国灭族？写美女，尽可以祭出董双成、许飞琼、

---

① 沈括在《梦溪笔谈》里说，这本集子其实是和凝年轻时写的。和凝当官发达了，怕人揭老底，就先下手栽赃，署上韩偓的名字给出了。又是一个被坏人栽赃的悲伤故事。

② 陈寅恪：《元白诗笺证稿》，上海古籍出版社1978年版，第86页。

嫦娥、观音……各路神仙姐姐，但你不能比她是妲己，找揍么不是？

其实，自汉唐以降，描写良家女子的文学作品就越来越少了。

大家都有妻子，都有夫妻生活，就是很少有人写。就算写，也只是夸赞她的德行——而且多半在她死了之后。至于家中的女儿、姐妹，更少有人着墨了。

为什么呢？因为礼教，因为闺誉。妻子是庄严贞洁的，负有传宗接代、奉敬翁姑、育子持家的重任。女儿是孝顺温婉的，纯洁无瑕，深藏闺中。她们的生活，她们的容貌，不宜写入诗词传扬，叫普天下男子都能诵念、遐想。如果她们不得不出现在笔端，也往往是附丽于家族和亲情的形象，而不会是充满女性魅力的。

但男人么，恋爱还是要谈的。他们的绮思爱欲、生花妙笔，便寄托在了青楼女、歌女、舞伎、酒家女，甚至是女道士（历代都有借女道士身份而操风月营生的女性），以及各家的美婢艳妾身上。她们的共同点是身份微贱，人身所有权处于公共地带。

这种情况下，如果要描写良家女子，大家落笔就会更加地谨慎，避免语涉轻浮，不可乱用典故，以维护尊卑良贱之别。而像《点绛唇》中这样，脱胎于青楼艳词，运用香艳典故的写法，只能指向一个可能性：

词中女主角，正是一风月中人，一青楼雏妓。如此，前面的种种疑惑，迎刃而解。

为什么看似大户人家，内外之防形同虚设？

为什么陌生男人堂而皇之出现在内院，少女却只羞而不惧？

为什么少女行动之中，全无一般人应有的礼教约束？

因为时时都有陌生男人出入，夜夜都有笙歌风月，她知道这男人来的目的，在男欢女爱的环境中耳濡目染长大，她虽未经人事，却也比良家少女懂得太多。因为懂得，所以娇羞，所以欲拒还迎、半藏半露。一半是未经人事的天然羞态，一半是对姐姐们撩人姿态的下意识效仿。一半儿懵懂一半儿大胆，正如梅子一半儿青一半黄，最诱人是将熟未熟时。

唐圭璋评价这位女主人公："含羞迎笑，倚门回首，颇似市井妇女之行径，不类清照之为人。"

什么是市井妇女呢？明代世情小说《醒世姻缘传》中有个活灵活现的例子。

却是一个小皮匠妻子，借帮佣的机会，和有钱的晁员外好上了。书中写二人勾搭的情状：

> 那唐氏果肯心口如一，内外一般，莫说一个晁大舍，就是十个晁大舍，当真怕他强奸了不成？谁想这样邪皮物件，就如那茅厕里的石头一般，又臭又硬。见了晁大舍，故意躲藏不迭，晁大舍刚才走过，却又掩了门缝看他，或是在那里撞见，你就端端正正的立住，那晁大舍也只好看你几眼罢了，却撩着蹶子飞跑。
>
> 既是这等看不上那晁大舍，就该合他水米无交，除了打水掏火，吃了饭便在房里坐着，做鞋缉底，缝衣补裳，那一院子有许多人家，难道晁大舍又敢进房来扯你不成？他却与晁住、李成名的娘子结了义姊妹，打做了一团，只等晁大舍略略转得眼时，溜到厨房里面，帮他们擀薄饼、涝水饭、蒸馍馍、切卷子，说说笑笑，狂个不了。

可不正是"和羞走，倚门回首，却把青梅嗅"的成人、通俗版本么？

《浣溪沙》，谈的就不是个正经恋爱

另一首归入李清照名下又众说纷纭的作品，《浣溪沙》：

绣面芙蓉一笑开，斜飞宝鸭衬香腮。眼波才动被人猜。
一面风情深有韵，半笺娇恨寄幽怀。月移花影约重来。

人们对这一首的质疑，也是集中在词意和词风上，比如精于校勘之学的目录版本学家赵万里就说："然如《浣溪沙》'绣面芙蓉一笑开'一阕，虽又引见《古今词统》《草堂诗馀续集》诸书，顾词意僿薄，不似女子作，与易安他词尤不类。"①

这是一首明明白白写女子与情郎私会密约的词。

"半笺娇恨寄幽怀。月移花影约重来"，姑娘干这事，不是头一回了。如果说"和羞走，倚门回首"的少女是情窦初开，这位则是熟谙风月。良家女子偷情的事自古有之，比如著名的"韩寿偷香"——西晋权臣贾充的女儿，让身手敏捷的情郎韩寿夜夜翻墙头来会。宋代话本小说中，也有不少女孩儿先上车后买票，气得爹妈跳脚的故事，但是，这首词，它描述的，并不是良家少女生活的环境。

---

① 赵万里《校辑宋金元人词》，《漱玉词序》。

什么样的环境下，一个少女，才转动一下眼珠子，就会有人在旁边瞎猜猜？

猜什么？难道还能是猜今天午饭吃啥，给老太太做寿是绣个屏风还是做双鞋吗？当然是猜恋情。

恋情能时刻被身边的人疑猜，说明：第一，她生活的环境中，有多种发展恋情的可能性，有频繁接触，有不止一个的人选。第二，她身边的人，不避讳对女儿家大谈男女情事，反而八卦心炽盛。

良家女子，生活场景单一，接触的人少，有父母管教，有礼教规范，怎么可能呢？空气中弥漫恋爱的滋味，人人都在猜测你我的事……这样开放的环境，纵容的气氛，只能出现在风月行业，又或者，如《金瓶梅》中道德观念松散的市民阶层。

创作于明朝中晚期的《金瓶梅》，还真的引用过这首词。时间上，比它被署名为李清照作品更早。

这首词出现在《金瓶梅》第十三回《李瓶姐墙头密约，迎春儿隙底私窥》的篇首。中国的古典章回小说，每一章节，通常以诗词开篇，用来概括本回目内容。这一回呢，讲的便是有夫之妇李瓶儿与西门大官人偷情之事。

虽然不能据此认为，这首词写的便是有夫之妇红杏出墙。但《金瓶梅》作者对这首词的定位是准确的，它所描写的，与西门庆与李瓶儿之偷情相仿佛，也是一场不正经、不对等的"恋爱"。

中国古典诗歌审美语境中，谈情说爱，是被允许的。孔子编诗，三千首，删到三百，都没有思想健康问题，合乎诗教之旨①，然后孔子满意地说："诗三百，一言以蔽之，曰'思无邪'。"但我们看到：《诗经》中，其实有很多的爱情诗篇，包括写野合的，写私奔的……为什么能被孔子质检合格呢？

因为心思单纯，态度端正，感情真挚——

爱情诗可以写，但要写得真诚，要心存忠厚，尊重对方，也自重。还要哀而不伤，乐而不淫，懂得情绪与文字上的节制。做不到这些的，便可以算作不正经的恋爱。前面赵万里所说的"词意俦薄"，也是这个意思。

"俦薄"者，轻佻无行也。

回头来读这首《浣溪沙》。从一开始，女主人公就处在被窥探、猜测的暧昧气氛中。然后，她对情郎的心思也没那么有把握，所以要写情书倾诉"娇恨"，招情郎来。夜半情郎离去，又殷切地约他下一回。

既显出情郎那一面的游移，也显出女子这一面的痴缠。正常情况下，于一女子，偷情密约本已冒天下之大不韪，又为了维系这段恩爱而撒娇卖痴，双方感情姿态之不对等可知。作者却对之欣欣然，可谓心性凉薄。

凉薄轻佻的态度，以及贯穿全词对于女性玩赏的视角，可见作者不仅是男性，而且是一恋爱老手，于女子们的"娇恨""幽怀"司空见惯。反过来，也可怀疑，词中女子的表现，或正是风月场中笼络恩客之惯技。

---

① 《史记·孔子世家》："古者诗三千余篇，及至孔子，去其重，取可施于礼义，……三百五篇孔子皆弦歌之，以求合《韶》《武》《雅》《颂》之音。"

描写青楼女子，或描写男女偷情，本来也非大问题。这首词的问题，在于它所展现的爱情观和对女性的态度。拿其他的诗词作品比较一下：

> 子惠思我，褰裳涉溱。子不思我，岂无他人！《诗经·郑风·褰裳》
>
> 蒙羞被好兮不訾诟耻，心几烦而不绝兮得知王子。山有木兮木有枝，心悦君兮君不知。《越人歌》
>
> 皑如山上雪，皎若云间月。闻君有两意，故来相决绝！《白头吟》
>
> 昔为娼家女，今为荡子妇。荡子行不归，空床难独守。《古诗十九首》
>
> 春日游。杏花吹满头。陌上谁家年少，足风流。妾拟将身嫁与，一生休。纵被无情弃，不能羞。《思帝乡》
>
> 娇痴不怕人猜，和衣睡倒人怀。最是分携时候，归来懒傍妆台。《清平乐·夏日游湖》

有调情的，有分手的，有暗恋的，有明恋的，有人大言不惭发花痴，有人光天化日秀恩爱。然而，这些文字读来荡气回肠，不雾数，不糟心，能感觉到情爱的美好与真诚。

这些诗词的共性，便是个"真"字——真情、真性、真心。虽只是小儿女情爱，却是郑重的、坦荡的，充盈着生命之力，闪烁着人性的光芒。

而这一阕《浣溪沙》，缺少的正是这些。

别扯了，这也不是角色扮演！

既然《点绛唇》与《浣溪沙》中的女主角，是青楼女，或市井女子，不可能是李清照本人自我写照，那么，这两篇作品，有没有可能是戏仿呢？

作者在自己的作品中来个角色扮演，是太常见了！很多男作者都以女性的口气写出过美妙的诗文，为什么女作者，就不可以去扮演另一个身份呢？为什么当我们读到女作者的作品，就要下意识将她笔下的形象代入她本人呢？这难道不是一种偏见吗？

没错，女作者当然可以戏仿，女作者当然不必契合她笔下塑造的形象，问题在于，她戏仿的是什么，她能够仿得成功吗？

中国的男诗人们，为什么擅长以女性的口吻创作，去扮演女性？因为在纲常伦理中，臣子之事君主，与女子之事男子，是质性相通的——

"男女有别，而后夫妇有义；夫妇有义，而后父子有亲；父子有亲，而后君臣有正。"①

"女正位乎内，男正位乎外，男女正，天地之大义也。家人有严君焉，父母之谓也。父父，子子，兄兄，弟弟，夫夫，妇妇，而家道正，正家而天下定矣。"②

这就形成了一个诗歌传统：以男女之情，比拟君臣关系（包括

---

① 《礼记·昏义》。
② 《易经·家人》。

师生、上下级等一切尊卑关系），以女子之侍奉丈夫，象征男子之侍奉主君。这样一来，不受重用啦，想升职加薪啦，许多不便直言的事情，就可以委婉地表达了。

比如某人要参加科举了，心里没底，就写一首诗问考官，您看我有戏吗？诗云："洞房昨夜停红烛，待晓堂前拜舅姑。妆罢低声问夫婿，画眉深浅入时无。"

考官一看，这考生有才！会说话！便回一首道："越女新妆出镜心，自知明艳更沉吟。齐纨未足时人贵，一曲菱歌敌万金。"姑娘你这么好看，歌喉又这么出众，放心吧！

比如某人写一首闺怨词，虽然是替一位歌伎写给她那薄情郎的，但如果写得够含蓄，够文艺，大可以在被人批评的时候，严肃地说：这可是表达了我对朝廷的一片孤忠之心啊！

在这样的权力结构中，男性要往下走，去模仿女性写作是顺理成章的。而反过来，女性想要模仿男性的心理与视角，便名不正理不顺了。这是文学语境中性别权力不对等所造成的必然事实。

谈到宋词女作者的戏仿，可以作为标本的，是与李清照同时代的魏夫人。魏夫人曾模仿男子的口气，思念一个远去的姑娘：

减字木兰花

西楼明月，掩映梨花千树雪。楼上人归，愁听孤城一雁飞。

玉人何处，又见江南春色暮。芳信难寻，去后桃花流水深。

她这一首仿得像，是因为同题材的作品太多了。而且词中虽写男女，却并没有太强的性别对立、权力压制关系。抛开文字的暗示，细思量，这个"玉人"甚至是可男可女的。

她还角色扮演过天涯歌女。看这一首《定风波》：

> 不是无心惜落花，落花无意恋春华。昨日盈盈枝上笑，谁道，今朝吹去落谁家。　　把酒临风千种恨，难问，梦回云散见无涯。妙舞清歌谁是主，回顾，高城不见夕阳斜。

以落花比喻身世飘零的歌舞伎，在人间四处讨生活，今天在这一家的深宅大院里表演过了，陪笑一场，明天又不知要去向哪里，纵使曾经被人留恋，终究要沦落天涯。

宰相夫人，为什么能在词中戏仿歌女？首先，同为女性，无论身份贵贱，情感与心理总有共通之处。其次，她能接触到这些女性。歌儿舞女与娼妓不同，她们是可以出入后宅献艺的。在接触中，被某位姑娘的身世触动，让她写出这样的词作，是完全可能的。

宰相夫人，为什么敢于戏仿歌女？因为她写的是歌女的身世之悲，表达了她们不甘沦落的心愿。有悲悯，有同情，态度庄重，吐词委婉，堪称雅正之声。

作家最擅长的是写熟悉的生活与人物，于不熟悉的，则需要付出更多的观察与体验。李清照对当时传唱的柳永、秦观等人的冶游之作，当然耳闻。于《香奁集》这类少男少女不宜的作品，也有机会接触。戏仿男子口吻，于她应该不是难事。难的是风格可以模仿，情感与细节却不好把握，尤其是——青楼女性？怎么观察与体验，穿上男装逛青楼吗？就算她才华大到可以无缝衔接，请问，一个名门闺秀，又为什么要去戏仿青楼女的卖俏呢？

这个玩笑就开大了。欧阳修写"艳词"，被政敌整到狼狈。柳永、秦少游写艳词，严重影响仕途，这还是在道德体系中占了优势的男性，何况李清照一女子，一闺秀，一官家夫人？女性作者的身份也注定了，她创造的女性形象，必不可免在读者心中与她本人重合。她又该如何面对尊卑良贱的误解与倒置？

闺誉，家声，都不要了吗？帝都之内，狼行虎伺，作为朝官之女，宰相之媳，如此作为，也必将影响到两家仕途。可谓匹马挑战整个社会伦理秩序，凡神智正常的人，都不可能这么干吧？

不应脱离历史环境去评价古人，不必拿现代思维方式与价值观去想象古人，即便是天才绝艳的李清照，我们也不要指望她做出完全脱离时代的事情。

最后，才是词风问题

李清照的词作，具有鲜明的个人风格，被称为"易安体"。在她的现存词作中，大部分的风格是统一的。而上述两首词的词风，被公认为与"易安体"大相径庭。那么，"易安体"到底是怎么样的呢？我们将在后面结合实例细加说明。

（二）

我是云中折桂人

　　是什么纵容了她？不是出身，不是容貌，是才华。
她早早了解到自己的天才，也确信，这个世界，终会承
认她的天才。

"秀女"狂魔李格非

也不过是几回端阳，几回中秋，采了几回上巳的柳，看了几回元宵的灯，"有竹堂"内，李家的一对姐弟，就长成了少女与少年。像阶前白胖的小笋，几场春雨，便长成了秀挺的竹。青翠的叶片在眼前招摇，叫人好生欣喜。

于是，在文学创作这个平生癖症之外，李格非又发展出了一项新爱好：朋友圈里秀女儿。

李爸爸的朋友圈，是一个自成天地的小文化沙龙。大概有这么些人：晁补之、张耒、李清臣、廖正一、毕仲游、陈师道……俱是文学之士，好多还是李格非在馆阁的同事，身份、地位、爱好都相当。虽然政治立场各异，但李格非只以诗文相交。所以，李家人过着的，就是一个普通京官温馨又文艺的小日子。

风花雪月夜，有客上门，主人殷勤劝酒，主妇当炉烹茶，张罗得一桌精致小菜，去街市上叫些时兴果子，举座陶然。又有一对稚龄小姐弟，在大家眼皮底下来回地跑，少不得要被老爸揪住，当众考校些四书五经、联诗对句。很快，做姐姐的，便以博闻强记，才思敏捷，兼勇于表现的个性，成为众人目光的焦点。弟弟倒相形失色了，成了长姐身后的跟屁虫一只。

自古老父多怜女。又是长女，又年纪小小便丧了生身母亲，又冰雪聪明，李格非再严肃，也不由得飘飘然了。但有客人来，便不厌其烦地把女儿叫出来秀一秀，表演些过目不忘之能、七步成咏之才，听了大家的连声惊赞，不怎么老的"老怀"，欣然大慰。

女儿开始作文了，女儿会写诗了，女儿闲来填词了，老父亲便是第一读者，读完了，便拿出去显摆。

女儿也经得起这显摆：

"自少年时便有诗名，才力华赡，逼近前辈。在士大夫中已不可多得。"①

"赵明诚妻，李格非女也。善属文，于诗尤工。晁无咎多对士大夫称之。"②

小小少女，以诗才闻名京城。"以诗名世"，这确实是很值得老爸骄傲的事。但李清照后来，却是以词作而名垂青史的。她人到中年，漂泊流离之际，在其词作名篇《渔家傲》中感叹："我报路长嗟日暮，学诗谩有惊人句。"

可见，清照一生潜心贯注于诗，最自恃的还是那份惊世诗才。天意弄人，她的诗，如今存留下来的太少。最完整的一首，还是她少女时代初试啼声的作品：《浯溪中兴颂诗和张文潜二首》。

这是张耒名作《读中兴颂碑》的唱和之作。元符二年（1099年）左右，张耒写下了《读中兴颂碑》这首古风长诗，传诵一时，友朋多有唱和。全诗如下：

玉环妖血无人扫，渔阳马厌长安草。潼关战骨高于山，万里君王蜀中老。金戈铁马从西来，郭公凛凛英雄才。举旗为风偃为雨，洒扫九庙无尘埃。元功高名谁与纪，风雅不继骚人死。水部胸中星斗文，太师笔下蛟龙字。天遣二子传将

---

① （南宋）王灼《碧鸡漫志》卷二。
② （南宋）朱弁《风月堂诗话》卷上。

来，高山十丈磨苍崖。谁持此碑入我室？使我一见昏眸开。百年兴废增感慨，当时数子今安在？君不见，荒凉浯水弃不收，时有游人打碑卖。

这首诗写的是什么呢？写的是安史之乱。

唐玄宗天宝末年，安禄山、史思明起兵叛唐，安史之乱起，烈火烹油、万邦来朝的大唐帝国，大厦将倾。太子李亨即位，是为唐肃宗，在其手上，终于平息了内乱。

唐肃宗上元二年（761年），眼看胜利在望，诗人元结撰《大唐中兴颂》一文，歌颂肃宗皇帝荡攘群凶的"中兴"伟绩，表臣民欣喜若狂之情。又十年，文章由颜真卿书写，刻于湖南浯溪的石壁之上。

元结，诗文俱佳，在安史之乱中立有战功，唐肃宗时，升任水部员外郎，故世称"元水部"。颜真卿，大书法家，大唐铁杆忠臣，曾聚义兵三十万，力阻安禄山于潼关。后拜为太子太师。这两位，既是风雅骚人，又是板荡忠臣，这文与字的搭配，真个是星斗其文，蛟龙其书，立于浯溪的明山秀水之中，是青史绝唱、文明瑰宝无疑。

当张耒面对碑文的时候，时间已经过去了四百年。元结为之欢欣鼓舞的大唐中兴，早成历史云烟。现时，是于党争中动荡不安的大宋，是山雨欲来风满楼的危机前夕。

所以，张耒诗中的情绪，是沉郁的，苍凉的。他发出了沉重的兴废之叹，叹王朝倾覆之急速，叹风雅凋零之空无。有人将这碑文拓了来，带给我，那文字的光芒，如闪电劈进我的房间，但是，又怎么样呢？

人人皆知"以史为鉴"，但今日之人，对昨日之史总是漠视的，总是一而再、再而三地犯着同样的错误。"荒凉浯水弃不收，时有游人打碑卖。"什么历史的见证，文明的瑰宝，不过是让无知后人多了条生财路。

这是张耒作为一个人到中年的官僚，一个士大夫，一个诗人，抚古思今的感伤。

壮哉！少年李清照！

那么，及笄之年的少女李清照，关于这段历史，她的诗又是怎么写的呢？

其一

五十年功如电扫，华清花柳咸阳草。五坊供奉斗鸡儿，酒肉堆中不知老。胡兵忽自天上来，逆胡亦是奸雄才。勤政楼前走胡马，珠翠踏尽香尘埃。何为出战辄披靡，传置荔枝多马死。尧功舜德本如天，安用区区纪文字。著碑铭德真陋哉，乃令神鬼磨山崖。子仪光弼不自猜，天心悔祸人心开。夏商有鉴当深戒，简策汗青今具在。君不见当时张说最多机，虽生已被姚崇卖。

其二

君不见惊人废兴唐天宝，中兴碑上今生草。不知负国有奸雄，但说成功尊国老。谁令妃子天上来，虢秦韩国皆天才。花桑羯鼓玉方响，春风不敢生尘埃。姓名谁复知安史，健儿猛将安眠死。去天尺五抱瓮峰，峰头凿出开元字。时移势去真可哀，奸人心丑深如崖。西蜀万里尚能返，南内一闭何时开。可怜孝德如天大，反使将军称好在。呜呼！奴辈乃不能道，辅国用事张后尊，乃能念："春荠长安作斤卖。"

人家写一首，她能和两首，一首诗的容量，简直装不下她的感慨万千。几个气势凌厉的"君不见"下来，势如破竹，然后，就生生地把一篇怀古之诗，写成了一段史政之论。

一开头，她就指出安史之乱的原因：执政者荒淫误国，宠信奸佞，矛头对准唐玄宗本人。并肯定了反派的实力——安禄山之辈，绝非寻常妖魔小丑，而是具有奸雄之才。两军鏖战，生灵涂炭，唐军为何总打败战呢？"传置荔枝多马死。"打败战是因为战马少，战马少是因为给杨妃千里送荔枝而累死的马太多，好辛辣的讽刺！

更辛辣的是，她对建有中兴之功的唐肃宗也没看好，对刻石碑歌颂功德之事，更嗤之以鼻。"尧功舜德本如天，安用区区纪文字。"如果真是尧舜那样的贤君，根本不需要勒石纪念自己的功德！立下赫赫之功的中兴名将郭子仪、李光弼被猜疑，张说那样工于心计的人，还会被姚崇在死前算计，①世道人心之险恶，祸国奸徒之狡诈，实在值得警惕。

在第二首中，她接着指出，如果真的以青史为鉴，中兴碑上就

---

①　出自《明皇杂录》载"死姚崇算生张说"。唐玄宗时的宰相张说与姚崇，素来不对付。姚崇先死，临终前知道张说将会谋害姚家，遂定下计谋，嘱咐家人以珍奇古玩诱惑张说，让他为自己撰写墓志。张说在墓志上写了一堆美言后，果然后悔了，但想翻脸来不及了，碑文已经刻好并进奉给皇上了。这样，张说再在皇帝面前诋毁姚崇，就不能够了。

不该只歌颂胜利，而更应该铭刻那些失败的教训。唐玄宗一代英主，自恃盛世万年，不料窜逃西蜀。乱平之后，唐玄宗回到长安，又与唐肃宗父子反目，幽居深宫，若非高力士有急智，老头几乎就死于太监李辅国之手了。此后，张皇后又与李辅国勾结，把持朝政，架空肃宗皇帝。唐室又陷入危机。

人们只知责备唐玄宗宠信高力士，宠爱杨妃，导致安史之乱，却不知道号称"中兴"的肃宗皇帝，正犯着同样的错误啊！

李清照的这两首诗，在当时，在后代，都赢得了极高的评价。

有人惊诧作者居然是女流之辈，有人赞美诗风有似诗仙李白。直至明朝，陈宏绪还称李清照这两首诗"奇气横溢，尝鼎一脔，已知为驼峰、麟脯矣。"①

从技术角度看，这两首诗，其实不及张耒原作的圆熟浑成。它们的好处，在于恣肆、无忌，在于见识的犀利，可谓激扬文字，口角生风。

穷兵黩武，民族政策，藩镇势力，以及经济危机，这些都是唐王朝衰亡的原因，并不能完全归因于统治者的昏庸。李清照将矛头对准唐朝君臣，当然有道理，"真尧舜岂用勒石记功"的思想，更是真知灼见。但是，若说深刻，透彻，还是不够的。

毕竟，她只是个十六岁的少女。而正是这样的年轻，才会有眼眸中的黑白分明，肝胆中的犀利无畏。

而这，正是许多老于世故的士大夫，万不能及的。

与其说，这一首诗，是少女李清照的诗，倒不如说是"少年李清照"的诗。"少年"者，是少年不识愁滋味，少年意气当拿云，

---

① 褚斌杰等编《李清照资料汇编·三》。

是梁启超的《少年中国说》，是八九点钟的太阳，一个时代的希望，一个国家的未来……

张耒的诗，则是中年人的诗，千言万语，化作一声讪笑，一声叹息。张耒在苏轼的朋友圈，在李格非的文化沙龙，都是最长寿的那个。生命的晚年，故人陆续离世，为他们写墓志铭，在新一代文学青年的簇拥中，他，成了那个"闲坐说玄宗"的白头人，一代精英的守墓人。

谁能想到呢？在感慨过唐王朝的衰败之后，不到三十年，便迎来了北宋的覆亡。此时，张耒已身故，几个儿子俱死于乱军。而李清照，这位当年的天才少女、奇崛少年，也已步入中年，踏入了后半生的颠沛流离。

她们走上不属于女性的路

鹧鸪天·桂花

暗淡轻黄体性柔，情疏迹远只香留。何须浅碧轻红色，自是花中第一流。 梅定妒，菊应羞，画阑开处冠中秋。骚人可煞无情思，何事当年不见收。

这首词语气严肃，笔法略显稚嫩，当为少女时代之试笔。

所谓咏物，总是咏作者心中之物，每一个意象，都附着了作者的价值取向，寄托了心目中的理想人格。在这首词中，色泽淡雅、体态轻柔的桂花，气质很少女，外表略平淡，有点像学生时代那种不起眼的女生：容貌平凡、成绩好、个性温和，老师喜欢，家长省心，却从来不是同学目光的焦点，尤其不是男孩子追逐的目标。她好像也不在乎这些，女生们喜欢的衣着啊，追星啊，受异性欢迎度啊，她都无动于衷，因此更显得无趣了。

有一天，她的名字，震响为时代的传奇，你在记忆中辛苦搜寻她的模样，才醒悟她那平淡外表下的巨大能量，后知后觉她朴素中的高调、谦逊背后的骄傲。

你听，她小小年纪，就非常自信地说：梅花要嫉妒我，菊花看到我要含羞。不是寻常花草，而是梅与菊——高士与君子的象征。是啊，跟普通人有什么可比的，要比，就比人中龙凤。

简直能想象出来，作者那高高昂起的清秀脖颈。她还质疑当年的屈原，为什么没有在诗中赞美桂花，想来是缺少了一点儿情思吧！

口气太大了吧小姑娘！

这种傲气与自信，李清照保持了一生。

这种保持一生的傲气与自信，才是李清照真正不同流俗之处。

在她的身上，谈不上有意识地反礼教、反传统，她也不曾刻意挑战社会规范，但是，在礼教、传统、社会规范的容许范围内，她罔视荆棘，陵轹直前。

是什么纵容了她？不是出身，不是容貌，是才华。她早早了解到自己的天才，也确信，这个世界终会承认她的天才。

写点男性视角的艳词，密期暗约，追求恋爱自由，这些，不是她的风格，更确切地说，这些，从未进入过她的意识。她的思绪，在浩瀚的学识之海遨游；她的梦想，是要登顶文学的巅峰。

她扬眉远眺，瘦如菊，修如竹。她内心企盼的，并非一段爱情、一个男人，而是要独占鳌头，直上云霄，做那云中的折桂人。

而最妙的是，这个世界，虽颇有微词，却确实承认了她。

我们还可以用一位因早夭而埋没姓名的女子来作为辅证：

理学家程颢之女，程颐的侄女，在程氏家族中排行第二十九，称二十九娘。她的父亲与叔父，这著名的理学"二程"，幼年即双双以神童闻名。到了这第二代，遗传发挥强大作用，女孩子聪慧异常，不教而自能学，早在少女时期，就发育出了一种堪称完美的人格。

叔父在墓志铭中赞美她："幼而庄静，不妄言笑；风格潇洒，趣向高洁；发言虑事，远出人意；终日安坐，俨然如齐。"这样的形容，用在男性身上，都已经是完人了，何况是一女孩儿。故而举族之人，对她都是又喜爱，又敬重。

结果呢，这姑娘就找不着对象了。不是没人追，追她的人太多了，二程的名气与地位放在那儿，程颢又只有这一个养大成人的女儿，爱若珍宝。无数青年才俊，趋之若鹜。然而，姑娘一个也瞧不上。要命的是，她爸，她叔父，这二位，挑来挑去，也觉得，天下没有人配得上咱家闺女！

有亲友急了：男大当婚，女大当嫁，人伦天理，凑合着嫁一个不行吗？二程大怒："我兄弟两个，平生以圣贤为师为范，就这样，还常常自愧言行，配不上拥有这样的好女儿（侄女），世间寻常男人，没的辱没她！"

二十四岁，女孩子因为母亲去世，哀痛太过，一病身亡。世人都可惜，说好一位才女，到死连婚都没结一个。二程回答说："以二十九娘的脾气，如果凑合着嫁一个人，一定会羞愤而死，还不如顺她的心意。我们所悲悼的，是她的离世，而不是她有没有嫁人。"

"是虽女子，亦天地中一异人也。如其高识卓行，使之享年，足以名世励俗，并前古贤妇，垂光简册。不幸短命，何痛如之！"①在墓志中，叔父程颐这样说道。

程二十九娘，很明显不是一个符合"三从四德"的传统女性，她参与家族事务，富于远见卓识，个性坚强，婚姻要求自主。而以继承儒家道统自命的"二程"，竟然包容了她，支持了她。是盲目溺爱吗？不，是因为对女儿"高识卓行"的认同。是这种认同，使她得以超越世俗社会对于女性的要求，而反过来成为俗世仰望的榜样。

程二十九娘未留下任何文字。和下定决心以文章名世的李清照相比，她走的是中国传统士人的另一条路：贤者，或曰隐士。

这些路，本来都不曾开放给女性。是她们用非凡的才华与强大的人格魅力，获得了知识精英阶层的认可。所以，李清照们能够脱颖而出，是与整个宋代士大夫阶层——这个知识精英群体"重才学、重品性"的价值取向密切相关的。

这样的女性，不是平民世界可以养成的。如果程二十九娘的父母是寻常市民，她可能被迫早早嫁人，不是郁愤而亡，就是饱受摧残。如果李清照不是出身于诗礼名门，没有李格非给她创造的文化环境，她可能会成为另一个朱淑真，早早陷入情爱陷阱，在爱与恨中消耗青春。

这就是我们在了解李清照时不可回避的阶级属性。她和她的成就，从来不属于世俗平民社会。她的一切审美情趣、价值取向，都属于知识精英阶层。

---

① （宋）程颐、程颢《孝女程氏墓志》，《二程集》卷十一。

士大夫文化在宋朝得到了长足发展，展现出全新而积极的面貌。科举制度的成熟，读书人地位的空前高涨，皇权对知识阶层的倚重，不仅带来文化艺术上的一代骚雅，更带来士人精神上的蓬勃自信，滋生与王朝共治天下的雄心，培育以天下为己任的胸襟。成长于这种文化氛围中的李清照，从精神气质上论，她是他们中的一员。

三

青春美如梦，短促如一首小令

　　殊不知，世间女子最高级的风情，最极致的妩媚风流，是并不需要男性在场的。

李清照醉闯荷花阵

如梦令

常记溪亭日暮，沉醉不知归路。兴尽晚回舟，误入藕花深处。争渡，争渡，惊起一滩鸥鹭。

如梦令

昨夜雨疏风骤，浓睡不消残酒。试问卷帘人，却道海棠依旧。知否，知否，应是绿肥红瘦。

这两首《如梦令》，是李清照最脍炙人口的代表作。带着浓郁的青春气息，让我们能够看到，少女李清照日常生活中的性情一面。

第一首明媚、爽朗。词中的记事，发生在"溪亭"——可以泛指溪边的小亭子，也可以是实指。北宋时，济南城西就有个叫"溪亭"的地方。

时间上，荷花开放，是盛夏。

人物，开篇一个"常记"，明明白白表示，这首《如梦令》的女主人公，就是李清照自己以及她的玩伴们——家族兄弟姐妹或闺中好友，一起去郊游。

大家带了酒菜，边玩边吃，应该是无长辈在旁监督，故放开酒量，喝到酩酊。直至日暮，方尽兴而回。走的是水路，大家迷迷糊糊的，将小船划到了荷花阵里。想象一下，暮色四合，霞光正在天边一缕缕地回收，现出墨蓝色的天幕，水面上起了凉风，水温渐低，小船儿迷了路，在纵横的水汊中转来转去，大如车轮的荷叶碰撞着人的脑袋，荷花一朵朵，就在手边，因暮色笼罩显出异样娇美，大家也顾不上欣赏了——

"快点划，回去再晚要挨骂了！"

"你们看前面那片黑影子里藏着个什么？可别是个水怪吧！"

"就六姐姐惯会吓人，别理她，哪里有什么水怪，看我来打它一下子。"

"哈哈哈，原来是个鹭鸶！"

在回家的心焦与探险的刺激中，大家爆发出快乐的大笑，小船莽撞地向前冲去，白鸥啊，鹭鸶啊，成群的水鸟，被他们从栖身的地方惊得飞起来了，愤怒地鸣叫着，在空中盘旋。

这一首词的气质，非常可爱、活泼，又带着股少年人的豪气。这一首词的气质，让人想起，红楼大观园中的一位女儿：史湘云。

史湘云，好扮成小子，好打抱不平，拥有不亚于钗黛的才情，虽自幼父母双亡，寄人篱下，却豁达大度，从不自怜自艾。判词云："幸生来，英豪阔大宽宏量，从未将儿女私情，略萦心上。好一似，霁月光风耀玉堂。"

她是红楼女儿中最好打交道的。宝钗纵好，心机深，黛玉率真，却敏感。三春各有别扭处，唯湘云是既通情达理，又爽朗豪迈。她并不如凤姐那般擅长迎合逗乐，贾母见到她，却每每像得了开心果——喜人的正是那光明的心地、天然的娇憨。

《红楼梦》中，作者将大观园中最快乐最诗意的情节，都分配给了她。

芦雪庵赏雪联诗，亲手割炙鹿肉下酒，笑骂黛玉等人是"假清高"，得意地自称"真名士自风流"，"我们这会子腥的膻的大吃大

110

嚼，回来却是锦心绣口。"豪迈又可爱。

然后宝玉与平儿过生日，她一个贺寿的，居然喝到醉卧芍药茵。"四面芍药花飞了一身，满头脸衣襟上皆是红香散乱。手中的扇子在地下，也半被落花埋了，一群蜜蜂蝴蝶闹嚷嚷地围着。又用鲛帕包了一包芍药花瓣枕着。众人看了，又是爱，又是笑，忙上来推唤挽扶。湘云口内犹作睡语说酒令……"豪气中，又带出了无限的女儿家妩媚。

对照李清照之醉闯荷花丛，是不是有很多奇妙的吻合点？

谁是卷帘人

宋朝酿酒业高度发达，酒的种类繁多，又以低度数为主。不论男女老少，大都爱饮。从这首小词中，我们可以发觉：从少女时代，李清照就已经很爱喝酒了，未来的女"酒徒"，正在成长中。

第二首，你看她果然又喝醉了。是个风雨飘摇的春夜，也许是家宴，也许闲来独酌。反正一杯一杯地喝着，喝出一场酣眠。直睡到次日上午，起来犹有宿醉。我们知道，宿醉是很伤人的，头又痛，身上软，只想瘫在床上，心里空落落的茫然，望着窗外——什么时辰了？昨天晚上，记得一直在下雨，雨是停了吧，天光这么明亮……

遂有了对"卷帘人"的一问。问的是句闲话："看看外面的花，是不是都被雨打落了？"虽是闲话，对于有着敏感、诗性心灵的人来说，却是句极重要的话。故而听到"卷帘人"憨直的回答后，作者的反应是很不以为然了。

"没事儿，海棠花还是老样子。"卷帘人是没有这种惜春情绪的，奉命观察事物，也观察不到点子上，只见阶前一盆海棠花，开得茂盛，看不出与昨日有什么区别，便欢喜地回禀："好得很！"

这位卷帘人，一般都认为是随侍的丫鬟。替小姐打帘子，陪小姐聊闲天儿，小姐明慧善感，丫鬟烂漫天真，对撞中便生出许多趣致来，这样的模式，中外文学作品中比比皆是：比如杜丽娘和其丫鬟春香，史湘云与其丫鬟翠缕，唐·吉诃德与其侍从桑丘。

但也有学者认为，该卷帘人是赵明诚。这首词，是写他们新婚之后的日常，词中"绿肥红瘦"，实乃女性自比为春花，伤年华之易逝。这种说法，我是不敢苟同的。

唐诗中有"谁家女儿楼上头，指挥婢子挂帘钩"之句，宋人词中亦有"卷帘人睡起，放燕子归来，商量春事""卷帘人出身如燕，烛底粉妆明艳"等句。辛弃疾更有《生查子》云："去年燕子来，帘幕深深处。香径得泥归，都把琴书污。今年燕子来，谁听呢喃语。不见卷帘人，一阵黄昏雨。"

可知"卷帘人"者，向来指的是女性，而且多指身份较低的丫鬟、舞女。

词中的交谈语气，在女主角这边，也是带着一些居高临下意味的，并不似夫妻间对话。而最重要的是，原词的互动，若发生在两个青春女子之间，便是全然无心的一个场景，只见一片浑然的伤春情绪，真可称"思无邪"。若被理解为夫妻对话，女主角明为伤春，实为自怜，不仅字面意思转换得牵强，连作者的境界、词的格调，都被拉得低了。然而世间男性读者，大多是喜欢女作者使用这种调调儿的，读后心头酥软，以为是难挡的风情。

殊不知，世间女子最高级的风情，最极致的妩媚风流，是并不需要男性在场的。

她爱一切精致美丽舒适的事物

场景回放一下，大概是丫鬟说了这话，李清照听了，只是不信。懒懒地起了床，踱到帘前，看着风雨过后的花叶狼藉，叹道："傻丫头，这是绿肥红瘦啊！"

"大娘子，我只知道牛羊有肥瘦，人有肥瘦，怎的这颜色也有肥瘦呢？"

李家大娘子"扑哧"笑了："你不懂，先不跟你说了。"一边命其快去打水梳洗，心里面，便有一首小词酝酿出来了。

这首《如梦令》，论气质，却又有些似林黛玉了。黛玉的争强好胜，牙尖嘴利好炫才，也与李清照颇有神似。但黛玉终究是悲剧意识浓烈的，她的诗词中，总是有浓重的身世之感，有一个强烈的自我在吞没外物。

李清照的这首词，却是于物我之间有很好的平衡。

全词化自韩偓《香奁集》中的诗句："昨夜三更雨，今朝一阵寒。海棠花在否，侧卧卷帘看。"原诗水准平平，到了李清照手中这么一翻，点铁成金。原诗中隐约的香艳气氛，也被淘洗干净，显现出一种明快清丽的色调，一种绰约而深婉的情思。

整首词给人的感觉，像是一个不识愁的少女，因天赋的浪漫诗性与生命痛感，在这无忧无虑的春天里，发出了初次对生命的感喟。

它的妙处在于率真自然，好像无心而出，读来却灵秀美好，滋味无穷。这正是李清照"易安体"的特质之一。"易安体"者，又常熟用白描，以浅易的家常话语入词，化平淡为神奇，使格调清新不俗，造就委婉深沉的意境。正如明代李攀龙所言："语新意隽，更有丰情。"①

现代词学家唐圭璋则说："'绿肥红瘦'与孟浩然诗同妙……一样浓睡初醒，一样回忆夜来风雨，一样关心小园花朵，二人时代虽不同，诗与词体格虽不同，相互与凝练之表现手法虽不同，但二人爱花心灵之美则完全一致，宜乎并垂不朽云。"②

即使在词坛高手林立的宋代，此词一出，亦是"天下称之"，获得广泛好评。③

考察其口吻，这首词的创作时间，应是在李清照还年轻的时候。古时妇人，婚后按礼法住在婆家，上有公婆，旁有姑嫂妯娌，晨昏定省，想关起门来，宿醉扶头地睡个懒觉，怕是不可能了。所以大概率是待字闺中之时。

不似现代女性晚婚晚育，年过三十，照样自称"宝宝"，嘟嘟嘴剪刀手扮可爱，理直气壮，青春期无限延长。古人寿命短，青春也短。结婚早，女孩子二十岁，便可称之为"绿叶成阴子满枝"了。在这样短暂的青春里，李清照的生命已经闪现出耀眼光芒。在谈不上大富大贵却充满诗书气息的环境中，她有长辈宠爱，有众多玩伴。她的天才得到亲友的鼓励，尽情享受阅读与创作的快乐。

---

① （明）李攀龙《草堂诗馀隽》卷二眉批。

② 唐圭璋：《读李清照词札记》，《词学论丛》，上海古籍出版社1986年版，第621页。

③ （宋）陈郁《藏一话腴》："李易安工造语，故《如梦令》绿肥红瘦之句，天下称之。"

而且，她也不是只会埋首书中的女学究。她热爱生活，爱笑，爱美，爱自然，爱酒，爱一切精致舒适的事物……

这真是，如诗如梦一般美好的日子。

（四）

彩蛋 2

揭秘裹小脚的那些事儿

本为了舞蹈设计的弓鞋，以及为了穿弓鞋，奋力将脚用布条缠紧的措施，以时尚潮流的形式，进入了宫廷，进入了上流阶层。在这个穷奢极欲又以四体不勤为荣的顶层小圈子内，渐渐发生了质的转变。

太长不看版

缠足，兴起于北宋中后期，推广于南宋末、元代，盛行于明清。

在李清照生活的时代，缠足还只是一种从舞蹈中发展出来的女性美体风尚，暗涌于皇宫、高端风月场所、某些豪富之家的后宅，是少数人穷奢极欲生活的点缀。因为矫揉造作和与之相伴的奢靡之风，被正统的儒者厌恶。

缠足的技术也尚未成熟。一般情况下，是以布条裹束脚掌，使足掌变窄，不求弓弯，只求纤直。基本保留有正常的足部形态，并非后世那种骨断肉腐的半残疾式"三寸金莲"。

进入南宋，缠足之风才开始向民间流布，技术开始提高，脚越来越小，至元朝乃有大成，在明代兴盛，到清代中晚期，登峰造极。

综合李清照的年龄、出身环境、教育背景、经历、个性，可以确定：她缠足的可能性，是微乎其微的。

如果您有耐心，那么，在下面这篇长如裹脚布的文章中，你还会读到这些"惊悚"的内容——

揭秘中国男人的裹脚布

她，中国的原生芭蕾之母

朱熹的黑锅从何而来

母爱之痛，原生家庭之罪

等等

我们先说说"男用裹脚布"

关于缠足的起源，国人论事，向来有"古已有之"的倾向，加上曾是民族流行时尚，审美深入人心，难免造成一种奇怪的脑回路：

脚小才美，脚大必丑，所以古人但凡咏女人脚美，必定是因为其小，必定是因为她裹了脚。

这种观念，在缠足盛行的明朝，就被人反驳过了。晚明博物学家谢肇淛，曾说道：

"而世犹以乐府有'双行缠'之语，李郢'明金压绣鞋'之语为疑，不知古人但不弓弯耳，未尝无缠终日跣足也。如今男子皆有裹脚，岂得为缠足左券哉？至于女装既异，则弯靴绣履，亦取其异于男矣，何以必其短小乎？"①

谢肇淛说的"如今男子皆有裹脚"，是什么东西？

此物古语为"偪"，又名"行縢""行缠"。

在上古时代，这是正装中的一部分。《诗经》中有《采菽》一篇，讲诸侯朝见天子，打扮得整整齐齐："赤芾在股，邪幅在下。"

《毛诗郑笺》释说："邪幅，如今行縢也，偪束其胫，自足至膝，故曰，在下。"

《康熙字典》曰："偪，所以自逼束。今谓之行縢，言以裹脚，

---

① （明）谢肇淛《文海披沙摘录·缠足》。

118

可以跳腾轻便也。"

通俗介绍一下，就是一块布条，从脚底板到小腿，一路斜着裹上去，裹得紧实利落，便于跑路。比如当年墨子听说公输班造了云梯，要帮楚国攻宋，急怒之下，遂"裂裳裹足，日夜不休"——当场撕裂碍事的下裳，拿布裹了脚，日夜赶路，赶去游说楚王罢兵。

六朝乐府诗云："新罗绣行缠，足趺如春妍。他人不言好，独我知可怜。"这是一位女子正在裹行缠。唱这首歌的人，是位"恋足癖"前辈，别人不觉得脚有什么好看的，独他觉得美死了，迷人死了！

北宋年间，苏轼要到户外自助游，事先置办了一套装备："我游兰溪访清泉，已办布袜青行缠。"有如现代驴友出行前，必备冲锋衣、溯溪鞋。

南宋王明清之《挥麈余话》云："建炎时，枢密计议官向宗厚缠足极弯，长于钩距。"有一位姓向的官员，脚上的缠布与众不同，超出脚掌长度，布团向前弯曲，像根钩子。因此被同事嘲笑。

这个东西，在后代有个更通俗的名字："裹脚布"。

意大利传教士利玛窦，在其中国札记中，谈到明万历年间女人的裹小脚——"她们从小把脚用布条紧紧裹住以防止它长大，走起路来会使人觉得她的脚是被截去了一块"之后，又提到男人的裹脚布："他们习惯于在脚和胫上缠很长的布条，看起来像是很松大的袜子。"

明代小说《金瓶梅》第五十回："玳安不由分说，两步就撞进里面。只见灯也不点，月影中，看见炕上有两个戴白毡帽的酒太公——一个炕上睡下，那一个才脱裹脚，便问道：'是甚么人进屋里来？’”

清代小说《飞龙全传》中，讲后周世宗柴荣初遇大将郑恩，见好一条长大汉子，却周身穿得破烂，便去店里替他买衣服："拣了一条布裤、一双布袜、一双布鞋，讲定了四钱银子，一面交银，一面收了物件。又到布铺子里，剪了一双二丈长的白布裹脚。"次日，郑恩起身，"接过手来，把中衣穿了，盘了裹脚，套上鞋袜，立起身来，往下一看，便是十分欢喜。"

这些都说明了男用裹脚布的使用方法。一直到近现代，它都存在于人们的生活中。

幼时，我看见曾做过黄山挑夫的外公使用它：是一块有系带的粗麻布，以这块麻布衬于脚底，左右交叠，盘裹上去，紧紧地裹至小腿肚子，用带子固定。然后再穿上布袜，穿上外婆手纳的千层底布鞋。这样，走一天的路，腿脚也不会肿胀起泡。

看上去很像现代军人的绑腿，不过绑腿的布带是从脚脖子处打起的，更便于紧急行军时的穿脱。

当然，它的作用还不仅于此。清代医书《急救广生集》中有一道方子，专治割喉自杀但未伤及气管的人："杉木皮烧灰，柿饼嚼烂，同灰捣成一处，先缝好皮，将药敷上，用男人臭裹脚布紧缚扎，勿令伤动，即瘥，屡验。"

不仅指定要男用的裹脚布，而且必须是原味未洗……

在交通不便的古代，宽袍大袖之文人，出远门不免都要老实裹上脚。所以"裹足"二字，在宋元之际，又成了"路费"的代称。宋神宗时，党争纷起，人人站队。有一个叫唐坰的官员，先是想依附王安石被拒，遂投奔了对手，上书攻击王安石。

上书之前，唐先生找大臣曾公亮借了三百贯钱，理由是："以言荆公了，必见逐。贫，用以作裹足。"①

骂完王安石，肯定要被贬谪，家里穷，所以先借点路费。唐先生，你的脸好大！

总之，我们大致明白谢肇淛的意思了：古代人不分男女，都用裹脚布的，看看我们男子脚上，不也还包着块布头子？大家不要一看到"缠"啊"裹"的字样就兴奋。女人穿鞋，当然和糙老爷们不一样，要绣花，要镶宝石，要做得弯弯的好看，你们这些没文化的，不要大惊小怪，看到"绣鞋"，就想起小脚！

窅娘之舞与现代芭蕾

摆脱了"古已有之"派，真正的女子裹小脚，起于何时呢？现存最早的文献记录，是在宋代。

两宋之交的文人张邦基，在《墨庄漫录》中记载：

"妇人之缠足，起于近世，前世书传皆无所自。《南史》：齐东昏侯为潘贵妃凿金为莲花以帖地，令妃行其上，曰'此步步生莲华'，然亦不言其弓小也。如《古乐府》《玉台新咏》，皆六朝词人纤艳之言，类多体状美人容色之殊丽，又言妆饰之华，眉目、唇口、腰肢、手指之类，无一言称缠足者。如唐之杜牧、李白、李商隐之徒，作诗多言闺帏之事，亦无及者。惟韩偓《香奁集》有《咏屧子诗》云：'六寸肤围光致致。'唐尺短，以今校之，亦自

① （宋）黎靖德编：《朱子语类》第一百三十，中华书局 1986 年版，第 3100 页。

小也，而不言其弓。"

南朝齐的皇帝萧宝卷，为他敬爱的潘贵妃定制了金质莲花，请妃子行步其上，赞曰："步步生莲。"南齐时佛教流行。佛经上说，佛祖出世，周行七步，步步生莲花。他玩这个，是角色扮演，把爱妃当尊大佛供着。跟脚小不小，是没关系的。

唐诗里多有歌颂女子赤足的诗篇，比如李白诗云："一双金齿屐，两足白如霜""屐上足如霜，不着鸦头袜。"女孩子光明正大，赤脚在外面跑。诗人们很不正经地写了许多闺房之事，却从来没人说过缠足的事情。

偶尔有人说某美人脚小，那也是正常的天足，并非后天缠出来的。

另一本南宋人的笔记野史《道山新闻》中说道：

"李后主宫嫔有窅娘，纤丽善舞。后主作金莲高六尺，饰以宝物，细带璎络，令窅娘以帛绕足，令纤小屈上，作新月状，素袜舞莲中，回旋有凌云之态……以此知扎脚五代以来方有之。如熙宁、元丰前，人犹为者少，近年则人人相效，以不为者为耻也。"

这就说得很详细了。

宋神宗在位的北宋中期，缠足还十分少见（参见这一时期绘画、雕刻等艺术作品中大量的女子天足形象）。一直到了北宋末年、南宋初期，它方才成为一种社会现象，被文人们注意到，并视为一种"怪现状""新事物"而记录下来。

像历史上许多的新事物一样，缠足，并不是立刻就被社会接受，也不是迅速就发展成熟的。

作为一项对女性肉体长期的生理改造，缠足要做到使脚骨断裂，肌肉萎缩，又不伤及性命，保留少许的行动能力，是一个精密工程。必定有一个从创意到实验、推广、改进、再完善的过程。

始作俑者，被指认为南唐李后主。

但是，李后主家窅娘的一双脚，是成为舞姬之后才缠的，已非幼女，已过了缠足的黄金时期。如果按明清时期那种缠法，不仅痛苦，还没啥用，还容易搞成残疾。李后主的设想，本来也只是便于在金莲花中舞蹈，取其轻巧灵动，并非热爱小脚，不惜致残也要弄出一双来。窅娘缠完脚之后，犹能穿素袜，作回旋之舞，力量与轻盈俱在，说明足部并未受到太大伤害。

于金莲花中起舞，落脚点狭小，则必然要踮脚尖，于舞者足部的支撑能力与身体平衡性要求很高，同时，还要保证足够的灵活性与弹跳力，否则不能回旋如意。窅娘将脚缠成"新月状"——足背隆起，加大足弓的弧度，这是很符合人体力学的。

弧度自然、肌肉强劲的足弓，是腿部支撑力与弹跳力的保证。现代芭蕾号称"足尖上的艺术"。芭蕾舞者都有强壮而柔韧的足弓，而足部动作经常呈现类"新月状"的变形——

窅娘的金莲花之舞，以及她为了这种舞蹈而在脚上动的脑筋，与现代芭蕾正有奇妙的相似。

缠足之起缘，未必一定要落实在窅娘身上，不过，她这精妙一舞，带来了一个很大的可能性：

弓鞋——足底下弯如弓的鞋子，在舞蹈界流行起来。毕竟，比起仅着素袜起舞，穿上弓鞋，舞者要省力得多。而这种舞用弓鞋，和芭蕾舞鞋一样，会比寻常鞋子紧小，为了能把脚挤进去，则必然要狠狠地勒紧缠足之布。

别有用心的人们，由此揣摩到了使女性天足变小的妙招。

被别有用心者盯上的"弓鞋"

精通女性美的清代才子袁枚，写过一篇《缠足谈》的论文。为了搞清缠足的来龙去脉，他查找了很多资料，其中有这样一条：

《宋史》："治平元年，韩维为颖王记室，侍王坐，有以弓鞋进者。维曰：'王安用舞靴？'"

韩维是北宋大臣。颖王，就是后来的宋神宗（1067—1085 年在位）赵顼。韩维在他还没登基时就跟他了。这天，侍者给赵顼拿来了一双弓鞋，韩维在旁边看到，就说："王爷干吗穿舞靴？"

关于这件事，朱熹在《宋名臣言行录》中也做了记载："一日内侍以官样靴进，维曰：王安用舞靴。神宗亟令毁之。"

这件小事里，透露了很多消息。

第一，弓鞋，又曾被称呼为官样靴，在北宋中期，已经是男女皆穿的款式。

韩维说："王爷不跳舞，穿这个干吗？"又说明了第二点：这种鞋，本来是（男女）跳舞时候才穿的。但是！架不住时尚的风胡乱吹，现在已经成了潮人必备款，被京城名士名媛们追捧。

韩维的潜台词是：您是皇储，各方面盯着呢！注意形象，要低调、朴素、端庄！身上别穿这些时新玩意儿。

那么，这一双弓鞋，又怎么从舞鞋、男女通杀的流行爆款，演变成后来被裹足女性专用了呢？人们又怎么会变得以女性脚小为美了呢？

与宋代越来越孱弱的女性审美有关系，与男性文人的推波助澜有关系。

苏轼有一首词，是目前保留下来最早也最完整的咏女人"足小"的诗词。

菩萨蛮·咏足

涂香莫惜莲承步。长愁罗袜凌波去。只见舞回风，都无行处踪。　　偷穿宫样稳，并立双趺困。纤妙说应难，须从掌上看。

苏轼是大宋的好奇宝宝，但凡发生点新鲜事，没有他不赶来参观的。

这位舞伎，起舞时回风舞雪，有如飞仙，然而她试穿了宫中式样的鞋子，发现还是太紧，穿上去路都走不了啦。苏轼惊叹说，穿这样的鞋子，应该能像赵飞燕那样在掌上起舞吧。

与苏轼同时的词人赵令畤，到大将刘光世家做客，得以欣赏到刘家的"四绝"家伎，哪"四绝"呢？脚绝、歌绝、琴绝、舞绝。赵令畤是皇室子弟，袭封安定郡王，论奢华见识，还是不如这些手握兵权的武将们。

浣溪沙

稳小弓鞋三寸罗，歌唇清韵一樱多。灯前秀艳总横波。
指下鸣泉清杳渺，掌中回旋小婆娑。明朝归路奈情何。

词中舞女的脚已经小到只有"三寸"了。
可见当时男人对于女性的身体审美，已经趋向于纤小、瘦弱。

而苏、赵二人如此大惊小怪，也说明，这种小脚，在社会上还很少见。

没错，这正是宫中流传出来的新玩意儿。

南宋罗大经《鹤林玉露》记：北宋灭亡后，宋徽宗（1100—1126 年在位）之女柔福帝姬，从北国逃亡，回到南宋宫廷。宋高宗"诏遣老宫人视之，其貌良是，问以宫禁旧事，略能言仿佛，但以足长大疑之。女子颦蹙曰：'金人驱迫如牛羊，跣足行万里，宁复故态哉？'"

写于两宋之交的笔记《枫窗小牍》中则记载："汴京闺阁，宣和以后，花鞋弓履，穷极金翠。今虏中闺饰复尔，瘦金莲方，莹面丸，遍体香，皆自北传南者。"

连公主都把脚缠得小了。后来赤足行万里，把脚又走大了，可见其缠法，对天足的损伤还不是太严重。

京城的贵女们，开始在脚上猛下功夫：穿弓鞋，饰以花绣珠宝，极尽奢侈。靖康之变，金人入侵，处在金国统治下的北方贵族之家，浮华依旧，还出现了许多扮美秘方，一直流传到南边来。其中就有一种"瘦金莲方"，顾名思义，当是为了使脚变小的秘方。

本为了舞蹈设计的弓鞋，以及为了穿弓鞋，奋力将脚用布条缠紧的措施，以时尚潮流的形式，进入了宫廷，进入了上流阶层。在这个穷奢极欲又以四体不勤为荣的顶层小圈子内，渐渐发生了质的转变。

人们发现，自幼女时，便用布条拼命勒脚，坚持穿弓鞋，可以使成年后脚变得纤小。这个"发现"，迎合了日渐病态纤弱的女性身体审美，遂形成了"缠足"这一时代现象。

悄然流行起来的"闺中风尚"

跨入南宋，缠足的风慢慢吹，逐渐从宫廷豪门、花街柳巷，蔓延到了普通的士绅家庭。

历史文献与考古发现中，关于女性缠足的资料变多了，文人们描述妇人小脚的作品也多起来。

我们不能错过辛弃疾的这首小词：

唐多令

淑景斗清明，和风拂面轻。小杯盘、同集郊坰。著个篸儿不肯上，须索要、大家行。 行步渐轻盈，行行笑语频。凤鞋儿、微褪些根。忽地倚人陪笑道，真个是、脚儿疼。

是写一个陪客郊游的青楼女子，因为脚儿小，走得慢，便对客人撒起娇来。

还有这一首，南宋高官史浩的作品：

如梦令

罗袜半钩新月，更把凤鞋珠结。步步著金莲，行得轻轻瞥瞥。难说，难说，真是世间奇绝。

这些令男性文人品咂得津津有味的小脚，其拥有者，都是青楼女子、侍妾之流，本来就是供男性狎玩的身份。那么，良家女子的脚，又怎么样了呢？

望着刚出生女儿粉嫩的小脚丫，一些母亲暗暗地痛下了决心。

既然小脚讨男人喜欢，果然女孩子还是应该有双小脚吧？民众间最可怕的是攀比之风，为了一脚更比一脚小，原来的"平缠法"势必不能满足需求，终于有一日，将脚趾与脚骨折断的"粽子形"缠技被发明出来，从此开启新纪元。

有出土文物可以作为佐证：去世于1243年的福州官家女儿黄升，墓内有陪葬的女鞋，长十三点三厘米至十四厘米不等。黄升去世时十七岁。十四厘米的脚，按今尺不过四寸多一点，即使考虑到布料萎缩以及鞋子式样的影响，也是够小的了。

去世于1274年的江西周氏，墓葬内的七双小鞋子，长十八厘米至二十二厘米，宽五厘米至六厘米。二十二厘米长，相当于女鞋三十四寸，这是正常的天足尺寸。而五厘米到六厘米的宽度，则比一般天足要窄，正好可以和这一条记载相印证——

宋理宗在位时（1224—1264年），官女皆"束足纤直，名'快上马'"①。

"快上马"之名，大概是取意于纤直的脚板，可以快速塞入马镫。这种缠法，是只裹脚掌与脚趾部分，只求窄与直，并不影响脚的长度，对足部伤害也不严重。

元末明初陶宗仪《辍耕录》记载了一个故事，说有一个叫程鹏举的人，在南宋末年被蒙古人俘虏为奴，并分配给他一个妻子，妻子也是被俘的官家女儿。程鹏举后来逃跑，妻子用自己穿的鞋和他交换，作为别后念想。

---

① 《宋史·五行志》。

女鞋可以与男鞋对换，可见这位女士的脚，是未曾缠过的。

这些关于女足大小差异性很大的资料，说明了一直到南宋末年，社会上对于女子要不要缠足，该缠成什么样，尺寸大小，都没有普适性的标准。

在不同地域、不同阶层，甚至不同的家庭，人们对缠足的态度和热衷程度，都是不一样的。

缠足，仍然没有获得名正言顺的地位，而只是以一种女性风尚的形式，以施行者的心知肚明，悄然在各处传播着。

朱熹的飞来黑锅

那么，社会上有没有人反对缠足呢？有，而且很出人意料。

当包括苏轼、辛弃疾在内的才子们，都在歌颂女子的小脚之美时，愤然提出反对意见的，居然是两宋最正统的儒家学者，理学的大家——也就是当代人心目中形象不佳的"道学先生"们。

北宋理学家程颐的家族，世代遵守祖训，女子不许裹脚，不许扎耳眼。①

朱熹的徒孙、南宋末年的理学家车若水，在著作《脚气集》中批判道："妇人缠脚，不知起于何时。小儿未四五岁，无罪无辜，而使之受无限之苦。缠得小来，不知何用！"

那么，朱熹本人呢？

----

① （元）白珽《湛渊静语》。"伊川先生六代孙淮，咸淳间为安庆倅。明道年五十四卒，二子相继早世，无后。淮之族尚蕃居池阳，妇人不缠足、不贯耳，至今守之。"

朱熹背上还真有一只黑锅——民国胡朴安辑《中华全国风俗志》一书中，录有福建漳州的风俗一则，叫"漳州杖林"："漳州女皆小足，必倚杖而行，凡遇庆吊之事，女子偕往。每人皆持一杖，相聚成林。盖初时民俗，淫奔者众，朱文公守漳时，立法命之缠足极小，使不良于行，藉革其浇俗，故成今日之现象也。"

这则记载，来自胡朴安所看到的近代报刊或杂著，原作者应是晚清至民国初期的人，反映的也正是这个时间段的情况。

该文指认，眼下缠足如此盛行，是因为朱熹在当漳州地方官时，见民风奔放，遂下令女子必得裹小脚，好叫她出不了门。从此形成"良好"风气，延续至今。

就是这一条记载，成了朱熹支持裹小脚的罪证。

但事实上，这件事，在所有其他的正史野史上，都没有相应记载。这来自近代不知名作者的叙述，只是一枚无从采信的孤证。

我们把时间往回推，清顺治年间，王胜时的《漫游纪略》中"闽游"一章，说福建人多穿木屐，盖气候使然也，"至泉、漳之间，弓步绝迹，殆南越之余俗欤？"当时在泉州与漳州，根本看不到小脚女人。

往上再推到明朝，福建人谢肇淛在《五杂俎》中记载："今世吾闽兴化、泉、漳三郡，以屐当屩，洗足竟，即跣而着之，不论贵贱男女皆然，盖其地妇女多不缠足也。"但凡是个人，都光脚踩着个木屐，女子没有几个缠足的。

可以发现，漳州的裹小脚风气，是在中晚清乃至近代才盛行起来的。你说，这跟远在宋朝的朱熹怎么扯得上关系？

抬杠的人又会说：也许是朱熹将缠足教给了漳州女性，因某些原因（气候、风俗等）传承断裂，直到晚清才回潮呢？

好，我们看看历史上，朱熹在漳州到底干了些啥？

朱熹他老人家，拢共在漳州只待了一年时间。宋光宗绍熙元年（1190年）到任漳州，次年离任。说是儿子死了，回家治丧，真实原因，是在当地打击土地兼并，被土豪反击，遭报复出局。

除了打击土地兼并，他还干了这些事：减轻民众赋税、兴办学堂、劝农劝学、劝出家人还俗、告诉大家少搞封建迷信，有病看医生，别喝香炉灰。另外还教大家按儒家的礼仪祭祀祖先，学习一些办红白喜事的礼节。

原来漳州这地方，古属南越、闽越，号为"南蛮"的原住民多。民风淳朴，也比较原始。人们特别迷信，拜巫医，搞巫术，还全民信佛。朱熹在漳州收的弟子、后来闽学的代表陈淳曾说："举漳州之产七分之，民户居其一而僧户居其六。"①

漳州的地产，七分之六都归于寺庙。老百姓呢，都不耕不织，不婚不育，一窝蜂去当和尚、尼姑。

土地归了寺庙，百姓都出了家，就没人创造经济产值，国家没有赋税收。不祭祀祖先，不懂得婚丧礼仪，不读书识字，都跟野人一样，政府怎么好管理呢？人民要么信巫，要么信佛，朝廷的权威又在哪里呢？

所以朱熹一来，就要"敦风俗、播儒教"，搞了这么些措施出来。这些事情，一桩桩，他都向百姓发布了晓喻的文告，明万历《漳州府志》上，都录有原文。其中并没有教导女子缠足的。

教女子缠足这么重大的事情，怎么会府志上都没有记载呢？

---

① （宋）陈淳《北溪大全集》卷四十三，《拟上赵寺丞改学移贡院》。

而朱熹所有的著作包括其弟子记录的语录中，也从未提过此事，甚至，关于女子缠足的话题，都未曾有过，不是很奇怪吗？

然后我们再讨论一下，就算朱熹他有这个推广缠足的心思，在当时，有可能实现吗？

漳州地方，气候湿热，男女都无穿鞋袜的习惯。这时候，突然来了一位长官，下令女子们不仅要穿鞋着袜，还要痛加自残，人人缠出一双"极小，不良于行"的小脚来。

女子缠足是闺房秘事，更须数年如一日地坚持，才能完成。内外有别，人手有限，政府也不可能一家家去监督。而占人口绝大多数的社会底层女性，日常要出门干活的，都是家中劳动力，你让她们把脚缠起来，这日子还怎么过？

用脚指头想也知道，这种事情，既折磨肉体痛苦，又压迫家庭经济，根本推行不了啊！

朱熹的徒孙车若水，在南宋末年，都还不能理解，不晓得这些女人把脚缠起是干啥？那么更古早的朱熹，他怎么可能想到用缠足来叫女子守贞——他要是能体悟这层宇宙大道理，又怎么会秘而不传，连徒子徒孙都没学到其精神？

朱熹的时代，缠足还只是流行在豪富之家，风行在青楼中，是一种取媚男子的秘术。那么作为清贫又迂直的学者，朱熹哪里能懂得这些？就算懂，他也只会斥为邪魔歪道，怎么会拿来教给良家妇女？

就算他非要教，那技术，他也掌握不了啊！想想看，为了教会全州女子缠足，他得找多少个精通缠技的"容嬷嬷"来做助手？

就算真教会了，一年之后，他就走了，五年之后，就被批倒批臭了。其学说被斥为"伪学"，全国封杀，本人罢官，门人或被流放，或坐了牢。在这种情况下，你说漳州的女性，是中了什么邪，还会忍受着脚气与剧痛，去坚持执行一个"国民公敌"当年的裹脚命令？

如果朱熹真有这种妖言惑众的本事，朝廷砍他一百次脑袋都不冤。

于情于理，这事儿都纯属胡说，绝无可能。那朱熹怎么还会背上这口黑锅呢？很简单，他死后出名了，发达了。

朱熹这个人，擅长的不是做官，而是搞教育。他在福建这一带，收了许多学生。薪火相传，熬到南宋后期，理学终于翻身，从此成了显学、官学。福建呢，也就成了理学大省。漳州呢，也从南蛮之地，演变成了文化重镇。

漳州人感念朱老夫子，朱夫子学术上封了圣，他在漳州民间就被封了神。

朱熹平生最讨厌怪力乱神，但漳州人民太崇拜他了，封建迷信又一直破得不彻底。所以在漳州的民间传说中，朱熹就成了"朱半仙"，能掐会算，降妖伏魔，看风水、斗恶霸，业余兼搞小发明……

总之只要有好事，都是他干的。那么缠足是"好事"吗？是啊！缠足在咱这历史悠久吗？不悠久……那请朱老圣人再来站个台吧！

清中叶之后，缠足在漳州兴起，伴随着的是好事者对缠足的道德美化，对女性变本加厉的礼教约束，而作为理学圣人、礼教护法，朱熹被献上这一顶"缠足发明兼推广者"的高帽子，也是很自然的事情。

拉圣人的虎皮，裹女人的小脚——谁之恶？

署名"元代伊世珍"而实际上可能是明人伪托的《琅嬛记》一书中，有一则记载：

> 本寿问于母曰："富贵家女子必缠足，何也？"其母曰："吾闻之圣人重女而使之不轻举也，是以裹其足，故所居不过闺阃之中，欲出则有帷车之载，是无事于足者也。圣人如此防闲，而后世犹有桑中之行，临邛之奔。范睢曰'裹足不入秦'，用女喻也。"

这段文字，引自失传的一本女德教材：《修竹阁女训》。这些话，出自一位母亲之口。她说，女人裹小脚，是因为上古之时，"圣人"为了让女子们守男女之大防，特意制定的规矩。

历史上哪位"圣人"都没说过这种话。这一段信口开河的胡话，其实揭示了一个事实，关于女子缠足，在元明之际，已经发生了质的变化——

缠足，这件很私人的事情，正在被刻意地上升到礼教的层次，从女德上，被赋予了合理性。三寸金莲，从宋代儒者们鄙夷的"无聊无益之事"，转变成了女人身份地位的象征、贞洁美丽的标志，成了她们在婚姻市场上的重要筹码。

这一切，是与元代社会女性的人身权与财产权从制度上全面被削减，以及政府出面对女性贞节的大力鼓吹同步出现的。

对于缠足的狂热，在清朝中晚期达到顶峰，渐渐地，虽村妇亦不免矣。

清咸丰年间，汉军镶黄旗人福格，谈到汉人女子缠足风俗时说道：

> 今举中夏之大，莫不趋之若狂，唯有八旗女子，例不缠足。京师内城民女，不裹足者十居五六，乡间不裹足者十居三四。东西粤、吴、皖、云、贵各省，乡中女子多不缠足。外此各省女子无不缠足，山、陕、甘肃此风最盛。至以足之纤巨，重于德之美凉，否则母以为耻，夫以为辱，甚至亲串里党，传为笑谈。女子低颜，自觉形秽，相习成风，大可怪也。①

越到北方，缠足之风越炽，甚至脚的大小比女子本人的品德还重要，这让不缠足的满族人难以理解。而马背上得天下的清政府，入关后，多次下令禁止缠足。然而收效甚微，连一小部分满族女子也跟风缠将起来。垂帘听政的孝庄皇太后大怒，拟旨："有以缠足女子入宫者斩。"才刹住了歪风。②

缠足这件事，历史上，从来没有获得过政府的支持。根据福格的书中引证，在明代，凡宫女入宫后，是小脚的，都要放足，换上宫中式样的鞋子，以便于奔走服役。③南明弘光帝大婚，甚至下了

---

① （清）福格《听雨从谈》。

② （清）徐珂《清稗类钞·宫闱类》。

③ （清）沈德潜《万历野获编·妇人弓足》。"向闻禁掖中被选之女，入内皆解去足纨，别作弓样。后遇扫雪人从内拾得宫婢敝履，始信其说不诬。"

明诏："皇后人选必须天足。"①

不是朝廷，不是官员，不是某远古圣人的遗训，那么积极推行缠足的，是谁呢？说出来很悲哀，正是每个家庭里的母亲。

正如非洲某些部落的女性割礼，是由女性长辈操刀，缠足这残酷的折磨，也是由母亲为女儿亲手施为。

这种病态的情况，甚至引起了男性中一些有识之士的批判。

清代才子袁枚就曾说道："女子足小，有何佳处？而举世趋之若狂。吾以为戕贼儿女之手足以取妍媚，犹之火化父母之骸骨以求福利。"②

母亲为女儿裹小脚以献媚男子，就好像子女烧掉父母的尸骨谋取福利一样，都是那么荒唐，那么地罔顾人伦！

道光年间的名医王秉衡，在其医学论著《重庆堂随笔》中，更是对缠足提出了健康与人道上的双重控诉：

> 母毒其女以为慈，姑虐其妇以为爱，遂造亿万世、亿万人无穷之孽。或曰不然，古人为此，非饰美丽也，为拘游走也。呜呼，岂理也哉！未嫁则父母拘之，既嫁则丈夫拘之，谨其闺门，严其出入，养其羞恶，课其女红，于以拘游走也何难之有？而顾为此戕贼形躯之事，忍莫甚矣！拙莫甚矣！戒邪视而凿其目，戒邪言而截其舌，岂理也哉？况古来贞静者，岂尽由步之纤？淫奔者，岂尽由履之巨？奈之何如就三木，如受刖刑，遂令髫龄弱质，罹鞠凶于早岁，遭荼毒以终

---

① （明）黄道周《三事纪略》。"弘光选婚，懿旨以国母须不束足。"
② （清）袁枚《牍外余言》。

身。每见负痛饮疼，因是而瘵病者有之，由是而夭亡者有之，幽闺暗狱，魄滞魂冤，哀乎哉！

他说，缠足之事，惨痛无比，然而母亲偏要如此残害女儿，婆婆如此勒逼媳妇，还说是爱她们，这根本就是女孩子们的生生世世活地狱！

为了不让女人乱走，把脚弄成残疾，好比眼睛乱看挖眼睛，嘴巴乱说割舌头，世间哪有这等野蛮的道理？史书上的贞妇，难道都是因为脚小？跟男人私奔的，难道都是因为脚大？

是啊，比如潘金莲女士，裹了一对人人称羡的小脚，也没碍着她红杏出墙。青楼中的姑娘，个个缠了好小脚，不还是在辛勤地接客吗？就别拿贞节说事儿了！

就连这些男性，都能感受到缠足的残酷，那么，本应是最爱女儿的母亲，为什么会无视女儿的哀求与眼泪呢？

无他，"为你好"也——只有缠了足，你才能嫁得出去，才能得到夫家的尊敬，获得幸福的人生。

"为你好"——故而以母亲之权威，强迫女儿去适应社会，去迎合不公正的法则。

男权社会的法则，男性掌握着对女性身体进行定义的权力，女人美不美、性不性感，只能男人说了算。

一部分"聪明""适应性强"的女性，便假意迎合，不惜自我摧残，借此从男性手里换取最大化的利益。

一代代男性的审美与性癖，一代代女性的自我奴化，裹挟着一代代女孩子的血泪，形成一股强劲的缠足意志，大致从元明之际开始，逐渐和儒家礼法的"严内外之防"接轨，形成了对女性肉体与精神的双重禁锢。

但是，要知道，这种接轨是牵强附会的。

它自残身体的行为，并不符合"身体发肤，受之父母，不敢毁伤，孝之始也"的儒家孝道。它展现出来的强烈"性"意味，有辱斯文，不合礼法。它所代表的奢靡生活方式，更是齐家治国的大忌。

所以，它在传统儒家的思想体系中，并不能得到理论支撑。这也正是它从来没有被官方正式支持过的原因。

本质上，它只是对儒家礼法一种投机主义的、庸俗化的再演绎，是拉圣人之虎皮，包装"一己之私癖"。

正如清代另一位女性美的研究专家钱泳老先生所说："稽之三代，考之经史，无有一言美之者，而举世之人皆沿习成风，家家裹足，似足不小，不可以为人，不可以为妇女者，真所谓戕贼人以为仁义，亦惑之甚矣！"[①]

这些假仁义，伪道德，迷惑不了有识之士，迷惑的正是那些三家村的腐儒，人云亦云的庸众。男人的私欲，得到了冠冕堂皇的理由。女人呢，以虚假的道德感，将自身遭受的痛苦合理化。

当然，并不是所有女性都吃这一套。袁枚的《随园诗话》中，就记录了一位激烈的女性反抗者：

杭州赵钧台买妾苏州。有李姓女，貌佳而足欠裹。赵曰："似此风姿，可惜土重。"土重者，杭州谚语：脚大也。媒妪曰："李女能诗，可以面试。"赵欲戏之，即以《弓鞋》命题。

[①] （清）钱泳《履园丛话》。

女即书云："三寸弓鞋自古无，观音大士赤双趺。不知裹足从何起，起自人间贱丈夫！"赵悚然而退。

女子有才，果然很不好糊弄啊！

那么，李清照到底裹不裹脚？

李清照出生于宋神宗元丰七年（1084 年）。在她出生之前，社会上女子缠足的情况还极为少见。

她的童年与少女时代，是在宋哲宗治下（1085—1100 年）度过的。苏轼写那首"咏足"词的年代，大致是在哲宗元祐年间（1086—1094 年）。苏胡子见多识广，家中也颇有些妾侍歌女，却对此啧啧称奇，可见这种小脚，还只出现在京城的娱乐场合与皇宫内院，是极少数人穷奢极欲的象征。而"小脚"上带有的明显供男人狎玩的性意味，也决定了它还不可能被允许进入良家。

李清照的父亲李格非，如前所说，是典型的儒门君子，秉性端方，对京城中这些轻浮的新鲜花样，必然不会接受。李清照的两位母亲，也都是名门闺秀，她们培养女儿，毫无疑问走的是淑女路线，而不是邀宠卖俏的美人路线。

那么，在最适合缠足的年龄，李清照被迫"缠足"的可能性是非常小的。

宋徽宗时代（1100—1126 年），尤其宣和年间（1119—1125 年），也就是北宋末年，缠足的风气，已经在京城的上层社会与娱乐场所流行起来。贵女们竞相仿效，都在脚上做文章。可以作为参考的是出生于 1111 年的柔福帝姬，她在被金人掳往北方时，年仅十六岁，已经缠过足了。

这也是李清照的中年时期，人呢，是住在山东青州——这个年纪，骨骼定型，想赶京城的这个潮流，也来不及啦。就算来得及，比如得了游方和尚的奇方，可缩骨化肉，以李清照自信洒脱的性情，以李清照高远的人生与文学追求，她也不会为了夸炫闺房、取媚男子，而跟自己的一双脚过不去吧！

第三章

昨夜星辰，与生欢喜

合二姓之好，
宦海多浮沉

赵挺之有这么个胳膊肘往外拐，坚决不肯"愚忠愚孝"的儿子，也没办法。只道娶妻生子就成熟了，谁料这儿媳一样地叫人不省心。

门当户对的一次联姻

建中靖国元年（1101年），李清照嫁给了赵明诚。这一年，她十八岁。他二十一岁。

关于他们的婚配，后世有一个传说。说赵明诚将要说亲的前夕，做了一个梦，梦里见到一本书，书上写着几行字道："言与司合，安上已脱，芝芙草拔。"他爸知道了，就给他解梦：

"这是拆字谜，合在一起就是'词女之夫'的意思，儿子，看来你注定要找一个大才女为妻呀！"后来，果然，就娶到了李清照。

梦兆之说荒诞，不过，赵明诚慕李清照才华而求娶是有可能的。而在李家这边，男大当婚，女大当嫁。到了年纪，李爸爸再疼爱女儿，也得把女儿嫁出去。嫁谁呢，老夫妻二人扳起手指，在一堆适龄男青年里仔细寻摸——

家世不能差得太多，嫁得不能太远，不然生活习惯不一样，麻烦。男孩子除了人品相貌，还得有职业前途，不然女儿跟过去喝风么？等等。

赵明诚也确实是个不错的人选。首先，赵家祖籍山东密州诸城，这算是老乡了。其次，两家都是寒门，通过科考实现了阶层上升。这家庭背景也就一致了。再次，二位家长都是在京城做官。论嫁之时，李格非任礼部员外郎，赵挺之任吏部侍郎。李格非当太学博士的时候，赵挺之是国子司业，是李的上级。现在呢，李爸爸的官阶是正七品，赵爸爸是从三品。很显然，赵家的官势大一些。正所谓"抬头嫁女，低头娶妇"，嫁女儿一般选择比自家高些的门第，一来保证女儿婚后的生活水准，不至于比在家时差。二来呢，娘家地位低些，理论上更能约束女孩儿的"娇、骄"二气，让她更能孝顺公婆。

赵家总共三个儿子，两个哥哥都已有了进士出身，读书上进的家风是有的。老三赵明诚，此时是太学生，前途妥妥地放在那里。人呢，有目共睹的老实青年，爱好文学与考古，无不良癖好，年纪上也只大女儿三岁——行，就他了！

李格非被划入"元祐党人"，赵挺之是"新党"干将，这两人怎么会结成亲家呢？

很简单，朝堂之上，势无常势，文官体系内不管怎么斗，却有一个基本共识：在上对皇权、下对庶民的时候，大家还是自己人。人情往来，缔结两姓之好，还是要正常进行的，并不是很考虑"政治立场"这种缥缈易变的东西。

但婚姻幸福与否，是个复杂的事情。像王安石的大女儿，嫁到了新法的反对者吴充家里。吴家儿子凉薄，让大女儿受尽委屈。小女儿则嫁了新法的拥护者蔡卞，后世皆道他是"小人"，此"小人"偏偏爱妻如宝，言听计从。

赵明诚的姨父陈师道，和赵挺之都娶了提刑郭概的女儿。陈师道痛恨王安石的学说，不肯参加科举，穷到把妻子儿女送去给岳父养着。亏得后来苏轼在朝中得势，拉了他一把，才当上了官。他对苏轼有多敬爱，对苏轼的死对头赵挺之，就有多痛恨。

某一日，寒潮来袭，气温骤降，陈师道出门未带棉衣，他妻子就近到赵挺之家借了一件。陈师道听说是赵家的衣服，坚决不穿，生生冻出病来，竟然就此去世了。陈师道这样的性情中人，真的不适合当官。女孩儿嫁了他，也是受罪。

可见女婿不好挑，不仅要看家世，看前程，看才华，看人品，还要看性情，老丈人务必要把好第一关。

而李格非，作为一个端方君子，一个宠爱女儿的父亲，一个在政治上特别警醒的人，他会选择赵明诚，那么，他对赵明诚本人，以及赵家的门风、政治前途，都应该是仔细考量过的。

是非功过，赵爸爸的复杂人生

亲家赵挺之，出身寒门，神宗熙宁三年的进士。这一年的进士，多尊崇王安石新学，赵挺之也不例外。

宋神宗元丰八年，赵挺之在德州任通判，为推行新法，和同事黄庭坚发生矛盾，从此反目。

神宗过世之后，八岁的小皇帝宋哲宗登位，太皇太后高氏垂帘听政。高氏以母亲的身份，将宋神宗的新政一律推翻。曾因反对新法而遭驱逐的苏轼，回到中央，倍受重用。而黄庭坚也由于苏轼的援引，进入了秘书省。

赵挺之呢，也回来了，在参与职官考核选拔时，一头撞上了翰林学士苏轼。苏轼当场怒斥赵挺之："聚敛小人，学行无取，岂堪此选！"但苏轼不能一个人说了算，赵挺之还是通过考试，与黄庭坚成了同事。

黄庭坚呢，文采上面，那是高过赵挺之太多了。便恃才傲物，常戏弄赵挺之。比如赵挺之是山东人，讲话带土音；家境又贫寒，打小没吃过好东西，只爱吃几块山东大饼。每次小厨房来问，各位官人明天想吃点啥？赵挺之就答："来日吃蒸饼。"一日同事聚餐，行个饭令（有酒令自然也就有饭令了），黄庭坚便说，各人举五个字，从首至尾四字合成后面的一字——实际上就是个拆字游戏。

赵挺之想了半天，道："禾女委鬼魏。"黄庭坚早等在这里了，应声便道："来力敕正整。"——正是"来日吃蒸饼"的土音。举座哄笑。如此不一而足，赵挺之受了他几回气，说不怀恨在心，也没人信啊！

整个元祐时代，中央政策上也分阶段性，考虑到各种现实问题，并非所有曾经的"新党"成员或同情新法的人，都会被排斥在朝堂之外。这里有一个中和、调停的过程。赵挺之就是在这种权力夹缝里，左右拼杀，很快得到尚书左丞刘挚的举荐，迁监察御史，当上"台谏"了。

台谏者，为皇帝"耳目之司"①，责任就是纠察百官，自宰相之下，都受到御史台的严格监视（挑刺找茬），是一个理论上完全服务于皇权，百官中独立性最高，拥有最大话语权的机构（只管找茬，错了也没关系）。这个机构，在宋代政治影响力巨大，故有"宋之立国，元气在台谏"②的说法。

当了谏官后，赵挺之的矛头对准了苏轼、黄庭坚一伙儿，隔三岔五，就参他们一本。老实说，这也不能完全算私怨（虽然苏轼坚

---

① （宋）李焘《续资治通鉴长编》卷一七九。"今御史台，陛下耳目之司，当是职者既能言之，又不失其当，则陛下固宜听之不疑，断之不惑。"

② （元）脱脱等《宋史·列传》第一百四十九。"尝考宋之立国，元气在台谏。崇宁、大观而后，奸佞擅权，爵赏冒滥，驯至覆亡。"

147

定地认为是"私怨")。因为当时苏轼与他的门下士们，即所谓的"蜀党"，就是众矢之的。以程颐为首的"洛党"，以刘挚为首的"朔党"，以及各种说不清背景的人士，都在围攻苏轼。

而赵挺之作为新法的拥护者，传说中程颐的学生，"朔党"可能的成员——就算没私怨，他与苏轼等人的政治观点与立场仍然是对立的，该参他们多少本，一本也不会少。

当然，如果没有私怨，矛盾大约也不至于激化到不可收拾的地步。

元祐四年，前宰相蔡确的"车盖亭诗案"发作，朝廷风向一变，带起了处置"熙丰"旧臣及"新党"同情者的高潮。赵挺之就此贬为徐州通判。元祐五年，改知楚州。

云卷云舒，到了元祐六年，赵挺之迁国子监司业，又回到中央来了！过了两年，又出为京东路转运副使——这是个好岗位，责任大，有实权。苏门学士晁补之曾作诗为其送行，诗中有"清时忧国事，白首问民风"之句，表达了对赵的赞许之情。

晁补之这个人，虽算是苏轼一党，但和个性激烈的黄庭坚、陈师道等人不同，他性格平和，故能抛弃门户之见，与赵挺之保持着良好的私交。学术上，晁补之属于不偏科的类型，既才气飘逸，又深通经术，为人呢，是通达世务，谦逊宽和。少女李清照的才华，最初就是他一个劲儿到处赞扬的——能揄扬后辈而不计较性别，这也是极难得的。

起起落落，进进出出，不知不觉，赵挺之已积累了许多的政治资本。

等到高太后去世，宋哲宗亲政，年轻的天子受够了祖母的管束，又极崇拜父亲宋神宗，现在当家做主，便立刻恢复新法。史称

148

"绍圣绍述"。

绍圣元年，新法领袖章惇回朝，赵挺之受其荐举，复为国子监司业。从此，放开手脚，大干快干，历经哲宗、徽宗二朝，仕途一路向上，直到登上相位。

赵挺之一生中，先被划入"王安石党"，后又被列入"刘挚党"，也就是"朔党"。绍圣之后，又陆续被视为章惇党、曾布党……所以后来修《宋史》的人，就将他鉴定为精于攀附、排挤君子的"小人"。

修史者坚持君子、小人之分，视"新党"皆小人，故新党发动攻击，便是排挤君子。殊不知旧党攻击起政敌来，也是凶猛。比如苏轼大胡子那支笔，便得战国纵横术之真传，雄辩滔滔，杀人不用刀。但因为是"君子"，所以他做起来，便成了"除恶务尽"。

再说精于攀附，细察赵挺之这一路的足迹，会发现，不管他出没于谁的门下，政治原则是一直没有变过的，那就是奉行王安石的变法路线。

即使《宋史》编写者对其百般厌恶，也还是记载了他临危不乱平息军队哗变，出使辽国捍卫国家尊严的事迹。

《宋史》列传又云："魏境河屡决，议者欲徙宗城县。转运使檄挺之往视，挺之云：'县距高原千岁矣，水未尝犯。今所迁不如旧，必为民害。'使者卒徙之，财二年，河果坏新城，漂居民略尽。"可见是一个富有洞察力且能够为民着想的官员。本人能力放在那里，并不是谄附幸进之徒。

到了徽宗时候，也是北宋气数已尽之时。宋徽宗为政轻佻多变，着意加强君权，又好大喜功，刚愎自用，穷搜天下以自奉，旁有蔡京等人逢迎弄权，王朝迎来伪币驱逐良币的时代。长年党争，让一代精英消耗殆尽。文豪、名臣、才子、能吏，纷纷死于贬谪路上。

赵挺之先是与曾布等共同倡言"绍述"，恢复熙宁旧政。曾布被蔡京排挤出局之后，赵挺之又依附蔡京，打击元祐党人。最后登上相位，对蔡京发动进攻，指斥其假借新法以实现个人野心，劝皇帝废除蔡京的系列"恶政"。然而，蔡京受到徽宗皇帝的重用，是因为他擅长理财，他设计的"变法"措施，很替国库挣钱。又能体贴上意、承担舆情（替皇上背锅），比起僵化且自以为是的文官系统，比起吵嚷着要与天子"共治天下"的士大夫们，那可是好用多了。所以很快皇帝又起用了蔡京，赵挺之也一病身亡了。

蔡京立刻打击报复，指使党羽，罗织罪名，将赵氏族人下狱，不料查无实据，家中也没抄出什么不义之财，便给赵挺之安上了个"包庇元祐奸党"的罪名。

赵挺之一生，并未做过祸国殃民的事情，他的官声，是干净的。南宋楼钥在《跋赵清宪公遗事》中说："党论虽兴，犹有如公者，屹立于诸公中，谗谤竞起而主意不移，维持国是，尚有赖焉。"把他看成是忠诚于国家，不计毁誉，而坚持着内心正道的人。

朱熹则感叹说，我无意中得到赵公的手稿，上面记载着和蔡京交往争斗的始末。读过之后，不禁再三感慨赵公之何其不幸，而国家又何其之大不幸！

"夫以赵公之自言，下不欲结怨于百官，则必不肯肆行烦苛争夺之横政。中不欲得罪于士大夫，则必不肯唱为禁锢忠贤之邪说。外不欲失信于北朝，则必不肯妄起开拓燕蓟之狂谋。而考其平生质厚清约有过人者，则又知其必不肯为蔡京之淫侈导谀，以蛊上

150

心而纳之于有过之地也。"①

朱熹对变法持否定态度，但仅凭赵挺之手稿上的自白，便把他从党争里摘得干干净净，又未免理想化了。

其实赵挺之的身上，具有从王安石一路下来改革者的特质：理性，务实，为了认定的目标，无论如何都会走下去。然而世事如棋，人心难测，当理想与现实背离，各种左右为难，身不由己，甚或不择手段。

作为成熟的政治生物，赵挺之的一生信仰坚定，而姿态多变，心思机敏，富有才干，又擅长弄权，必要时极其冷酷。从青年时怀理想而来，本可一展身手，却深陷党争泥沼。这不仅是他一个人的悲剧，也是时代的悲剧。

好一对不省事的子女

李清照是爸爸的优秀女儿，天才少女，意气风发，茁壮成长。

赵明诚则是个逆反青年，不哼不哈，肚子里自有主张。虽然宰相之子，仕途上是不愁的，但他并不热衷于官场，他的主要兴趣放在哪儿呢？图书、书画、文学、金石，尤以金石为痴迷。

何谓金石？金，钟鼎彝器。石，碑碣石刻。收藏这些青铜器皿和石头玩意做什么呢？研究，著录并考证上面的文字资料，以佐证经典，补充史籍，基本上就是古代人的考古学、文献学。

赵明诚年幼时随父游宦，九岁时便开始接触金石收藏，发展

---

① （宋）朱熹《晦庵集》卷八十三，"题赵清献（宪）事实后。"

为终生爱好。并成为中国金石学史上的标杆人物。

此外，他还热爱文学。他爸，在外头天天跟苏轼、黄庭坚斗得不亦乐乎，他呢，对苏、黄崇拜得不得了，但凡见到苏、黄的诗文，残章断句，也要快乐地捧回家。

他姨父陈师道，跟他爸关系恶劣。他呢，三天两头往姨父家跑，结忘年之交。就为这些事，在家里被老爸训了不止一回两回了。他爸烦得都不想理他。

老爸在外面，被人家当众戏弄，当众斥骂了。现在双方掐得火热，每天都在上折子互相辱骂。你不帮老子忙就罢了，反而去跟那些人热情地交好。赵挺之有这么个胳膊肘外拐、坚决不肯"愚忠愚孝"的儿子，也没办法。只道娶妻生子就成熟了，谁料这儿媳一样地叫人不省心。

崇宁元年（1102 年），"元祐党人碑"立 119 人之名，御笔亲书刻石，立于端礼门（两年后，党人扩充到 309 人）。李格非因为当年没肯参与编写《元祐诸臣章疏》的旧账，名列其中，被贬到了广西象郡。

赵挺之这时候，倒是青云直上。李清照便上诗，求公公搭救自家老爸。全诗不存，只余断句："何况人间父子情"，尤可感知为人子女者之哀情。赵挺之没理她。世人都同情李清照。不过呢，也不妨试着想想，赵挺之他搭救得着吗？

赵挺之依附蔡京以进，但"元祐奸党"的名单又不是他定的。元祐奸党的名单是怎么定的？ 谁定的呢？据《续资治通鉴长编拾补》，是根据历年来的群臣奏折等文字档案，由蔡京安排儿子蔡攸以及门客强浚明、叶梦得三人拟定的。《宋史》中则说是强渊明、强浚明兄弟，外加一个叶梦得。①

做这种事情，当然要安排自己的亲信死党。就算赵挺之有心插一脚，也轮不到他。

名单出来以后，由皇帝御书刻石，石碑竖在那儿，又立遍全国，这是铁板钉钉，誓要叫众人遗臭万年，永世不得翻身。赵挺之现在伸出手来捞自己的亲家——这是逆龙鳞，摸虎须，想要挑战天子的尊严吗？

"皇上，我亲家是冤枉的……""能否看在老臣面上，放我亲家一马？"很好，这顶"罔顾国法，包庇姻亲"的帽子，自个儿麻溜地戴上吧！

利用职权，暗搓搓把亲家从贬谪地往回调呢？那也得看机会。

便是这一年，章惇、吕惠卿、曾布、陆佃、李清臣、张商英等新党风云人物已陆续出局，蔡京一头独大，成为北宋立国以来权相第一人，还俨然成了变法的唯一领袖。说是尊先皇遗志，秉承王安石的路线，实则已是另一套矣。赵挺之势单力薄，不管他是志在谋权夺利，还是心系国是，想要力挽狂澜，如果他不能站到那个位子上，一切免谈。

他选择了利用蔡京的能量往上爬。爬到一半，如援绳登山，上有多疑多变的徽宗皇帝，旁有精明狠辣的蔡京，这时他不会分心，把手段用在搭救亲家上。即使有万分之一机会，他也未必会冒这

① 《续资治通鉴长编拾补》卷二十："《宋编年通鉴》云：上以元符末群臣所上书疏付蔡京，京以付其子攸与其客强浚明、叶梦得看详，第为正上、正中、正下、邪等尤甚、邪上、邪中、邪下七等，计五百八十二人。《宋史·强渊明传》云：渊明与其兄浚明及叶梦得，缔蔡京为死交，立元祐籍，分三等定罪，皆三人所建。"

个险。

好友邹浩被蔡京设计陷害，贬窜岭南，也是一心盼望赵挺之搭救，不料，赵挺之一声不吭，一动不动，气得邹浩写诗发泄怨愤，诗云：

闻赵正夫迁门下

促膝论心十二年，有时忠愤泪潸然。不闻一事拳拳救，但见三台每每迁。天地岂容将计免，国家能报乃身全。它时会有相逢日，解说何由复自贤！

听说你又升官了，呵呵，想当年，你天天跟我谈心，说怎么感怀国事，说得眼泪横流。现在呢，我被小人暗算，你连手都不肯伸一下……什么忧时报国？你就是全部心思只想着升官发财吧！老天有眼，哪天让我再看见你，我倒要听听你怎么自圆其说！

李清照："没错，我那尊敬的公公，就是这么冷酷无情的人！"

赵挺之："……"

时光匆匆，崇宁四年（1105年），赵挺之官拜尚书右仆射，成为右相。这一年，李清照再次献诗救父。其中有句云："炙手可热心可寒。"玩其词意，已经出离愤怒了。

其实崇宁四年，是局势发生微妙变化的一年。朝廷对元祐党人的态度放宽松了。从年初开始，陆续解除对他们的监管，实行救免。到了年底，宋徽宗降下手诏：除个别人之外，都叫亲戚作个保，让他们回家吧。所以李清照写不写诗，结果都是一样的。

这一年的赵挺之，突然大动起来。他翻出历年藏下的小本本，一条条地控诉蔡京的罪状，无奈皇帝不置可否。他心知不妙，便称了病，求告老还乡，打点行李，要带全家回老家避难去也。谁料天助我也！隔了年，崇宁五年（1106 年）的正月，天上出了一道拖尾巴的彗星。迷信的徽宗皇帝，吓到了，开始怀疑是不是自家统治哪里出了错，上天示警，遂下诏，令官员可以直言朝廷过失。

赵挺之抓住了时机，再次联合谏官，声泪俱下，猛攻蔡京误国。这时，同样曾依附蔡京得以晋升的刘逵，发起了助攻，一力劝皇帝说："皇上圣德，怪只怪蔡京专横，欺君误国，请皇上不如大施恩德，把那块党人碑也给废了吧！"皇帝说，"哼，那就依卿等之见吧。"

终于，元祐党人碑被毁，元祐党人皆受赦免，撤销所有对党人的禁令。蔡京罢相——

宋徽宗："他们说天谴要来了，蔡卿替朕挡一下先。"

蔡京下来，朝政无主。遂委事于赵、刘二人。于是着手废除蔡京施行的"害民"政策。赵挺之多智而谨慎，常在背后谋划，刘逵直率有锐气，经常被哄着去打冲锋。可惜二人都不如蔡京善揣摩迎合圣意，结果，都在宋徽宗心中落下了不良印象：一个鬼鬼祟祟，一个专横犯上，都不是好臣子。

过了几天，彗星又没了。皇帝想起还是蔡京好用，心中暗悔。于是刘逵被罢免，蔡京再次上台。赵挺之晓得大势已去，便自求罢相。罢相后五日，病卒。

扳倒了蔡京，想救谁都容易，扳不倒蔡京，救谁都白搭。亲家也好，老友也好，反正一时半会也死不了，先放着吧。以赵挺之一贯冷酷的理性实用主义，大概是这么想的。

对于赵挺之在人生晚年的这一套连环组合拳，如果你认为他是奸臣，那就是争权害国。如果你觉得他是好人，他就是筹谋救国。也可能二者都非全部的真相，政治并无绝对的忠奸，人性多的是灰色地带，而北宋即将迎来它突如其来又在意料之中的灭亡。赵挺之的是非功过，也很快就做了落日铜驼，衰草连天。

这些惊心动魄，风云剧变，李清照与赵明诚，这一对文艺夫妻，是不晓得的。这二位，都继承了老爸的文艺爱好，老爸的政治素养，却都没学到多少。

李清照只知道，老父亲一把年纪被流放到岭南那样荒蛮地方去了，心中惊痛万分。而公公此时是宰相，一人之下，万人之上，却不肯伸手救一下亲家，实在是无情、无义、无理。

她只怪公公不救父亲，但是，李格非是两位前宰相的女婿，朝中亲友众多，谁又伸了援手来？比如时任中书舍人的郑居中，也是王珪的女婿，李格非的连襟。郑居中还是正得宠的郑贵妃之表兄弟，皇帝面前颇有体面。他不仅对连襟不闻不问，还帮助蔡京，把刘逵给干下台了。

李清照还太年轻。她在安乐窝里长到这么大，和风细雨，一帆风顺，才气纵横，敢作敢为。她写咏史的诗句，慷慨激昂，她写诗救父，情足以动人，理亦占了全……恕我直言，都是文人气焰，没什么实际作用的。

倒是她老爸，孤身待在象郡，情绪保持稳定。广西生活环境差了些，但山水好呀，先逛着吧。并且写诗："从来坚道念，老去倦形役。天其卒相予，休以南荒谪"——像我这么问心无愧的人，居然还能躺枪，也算是命中该有一劫，相信老天总会保佑的吧！

至于她老公赵明诚，这叛逆孩子，向来是看自己老爸远不如看苏大胡子顺眼。妻子写诗救父，对公公冷嘲热讽，他肯定知道，不仅知道，大概率还要举双手赞同。只可怜赵爸爸，老谋深算，碰上儿子儿媳这一对儿，无话可说。①

<hr>

① 有人说李格非出事后，李清照被赶回娘家，这并无史料根据，且极不合情理。按宋代司法，妇女出嫁后便是夫家人，娘家谋反，也牵扯不到她头上。夫家完全没必要与她划清界限。京官之间裙带联结极广，若如此就要离婚，那就剩不下几个完整的家庭了。

帝里风流，
细雨湿流光

　　许配了如意郎君，赶上了一个盛世狂欢的尾巴尖儿，
这便是李清照作为女人的锦绣华年，细雨湿流光，日子
如散珠碎玉，不经意地滑落指间，心情如溪水明澈，偶
生浪花，终是叮咚前行。

我们是葛天氏之民

李清照嫁了赵明诚，要说婚前，两人大约没多少实际接触。

如果写小说，当然可以安排些偶遇、恋慕的桥段，比如正月灯会，火树银花中，被人流挤到一处，看个对眼。又或者春日金明池上，万众赏关扑（一种以各种物品为赌注的流行赌博方式），李清照赌性发作，赢得赵明诚一众小舍人面如土色；又比如某日赵明诚到樊楼赴宴，席中有人诋毁李家才女，遂慷慨陈词相护，不知才女与闺蜜便在隔间喝茶，听个正着……

不过，人生真正的戏剧性，难道不是即使媒妁之言、父母之命，先结婚后恋爱，这对新娘新郎，居然也一拍即合了？

和谐的婚姻里，夫妻间连爱好也会传染，迅速地，李清照也变成了一个搞收藏的"玩家"。

搞收藏那就是个金钱的无底洞呀。

赵家人口多，共有三子四女。两位兄长，必然比弟弟早成家，父母在，不分家，大概率是与妻儿住在家里。四个女儿，至少赵明诚的一位小妹，也还待字闺中。

旧时大家庭，子女随父母居住，在自己当官有了俸禄之前，不蓄私产。日常衣食住行，自有公中分配，然后各人手头能动用的，就只有按月领的那点"月例钱"。

赵明诚与李清照小两口，想要满足搞收藏的烧钱爱好，靠月例钱，肯定是不够的，只能另外想办法。他们的办法就是上当铺。

每个月的初一、十五，赵明诚从太学里放了假出来，就拿了自家的衣服去典当，当出五百文钱来，便到大相国寺去购物。

那大相国寺既是寺庙，也是东京城内最繁华的一处游玩所在。每月初一、十五，并逢"八"之日，便要办庙会。寺中庭院、走廊、各处空地，变成天南地北大卖场，八方客商云集，海内外珍奇陈列，又有做手艺的、玩杂耍的、赌关扑的，人堆里唱叫卖点心、水果、小食的……百艺百工，三教九流，各显神通，男女老幼游人，尽情逛吃逛买。

孟元老《东京梦华录》对此有详细介绍：

> 相国寺每月五次开放，万姓交易，大三门上皆是飞禽猫犬之类，珍禽奇兽，无所不有。第二三门皆动用什物，庭中设彩幕、露屋、义铺，卖蒲合、簟席、屏帏、洗漱、鞍辔、弓箭、时果、腊脯之类。近佛殿，孟家道院王道人蜜煎，赵文绣笔，及潘谷墨，占定两廊，皆诸寺师姑卖绣作、领抹、花朵、珠翠头面、生色销金、花样幞头、帽子、特髻、冠子、绦线之类。殿后资圣门前，皆书籍、玩好、图画，及诸路散任官员土物、香药之类。后廊皆日者、货术、传神之类。

进了大门往里走，经过了宠物市场、日用百货与食品市场，走近佛殿前头，除了驻扎在此的特色小吃，便是卖文房用具的，几个大品牌占了显眼位置。大殿的走廊上，经营的是手工服装饰品，卖家是各寺的尼姑。转到殿后，就到了文化商品区了，各种图书字画真假古董，专候文人雅士。又及香料、土特产——土特产是地方官员来京述职时顺手倒卖的。再往后走，廊下便坐着些相貌清奇古怪的先生，干着些算命、测字、卖祖传偏方、代客写信、写真描容之类的营生。

李清照与赵明诚小两口携手而来，先奔到殿后的文化商品区，淘到心仪的宝贝，又掉头回去，采购些瓜果糕点，满载而归后，便快乐地享用战利品了。

"每朔望谒告，出，质衣，取半千钱，步入相国寺，市碑文果实，归，相对展玩咀嚼，自谓葛天氏之民也。"

很多年后，李清照在为夫君著作《金石录》撰写的后序中，这样回忆着。

大嚼着点心水果，一边展玩收获的碑刻文字，这种精神与口腹双重满足的快乐，读书人，应能会心一笑。我们不也经常这样吗？当收获一本心仪已久的好书，在咀嚼那些甘美文字之前，也会先去冲一壶咖啡或茶，洗一些爱吃的水果，或抓一把零食，放在手边，方才满意地坐下来……

什么是葛天氏之民？陶渊明《五柳先生传》有云："'不戚戚于贫贱，不汲汲于富贵。'其言兹若人之俦乎？衔觞赋诗，以乐其志，无怀氏之民欤？葛天氏之民欤？"

上古帝王无怀氏、葛天氏统治下的人民，其民皆不慕名利，与世无争，享受人生。

诗酒趁年华，那是他们最纯粹的快乐时光，青春年少，容光焕发，手执盛满美酒的生命之杯。

趁年轻，买买买！玩玩玩！

过了两年，赵明诚因父亲的恩荫，得授官职。小两口名正言顺有了私房钱，可以不这么节俭了。又两年，赵挺之登上相位，皇帝赐下来一座宰相府。赵明诚也水涨船高，升任正六品鸿胪寺少卿（鸿胪寺副长官，管理些接待外宾、百官丧葬的事务，清闲而待遇优厚）。

这一年，是赵挺之政治生涯中最惊险的一年，一边跟蔡京开掐，一边对皇帝宣称要告老还乡，宋徽宗说好好的爱卿走啥，难道是嫌朕慢待了你家？便把赵家三个儿子全安排了好职务。赵明诚一个二十五岁青年，就做到了正六品。看看他老丈人李格非，进士一甲出身，中央地方来回折腾，磨勘了二十多年，才做到了正七品的礼部员外郎——这还有天理吗？没天理。所以皇帝扔下来这一份厚赐，赵挺之肯定得表示不能要，但不要也不行。

家中这一对年轻的"上古遗民"，只感觉经济上一下子宽裕多了，便快乐地买买买起来。

> 便有饭蔬衣练，穷遐方绝域，尽天下古文奇字之志。日就月将，渐益堆积。丞相居政府，亲旧或在馆阁，多有亡诗、逸史，鲁壁、汲冢所未见之书，遂尽力传写，浸觉有味，不能自已。后或见古今名人书画，一代奇器，亦复脱衣市易。

两口子节衣缩食，把钱都花到收藏上。又借老爸与亲友们的职务之便，接触到了许多皇家秘藏图书。原来还只是买些碑刻文字，现在是图书珍本、名人书画、古器青铜……统统买起来！大不了再脱衣服去当嘛。

这里算一笔小账：赵明诚当太学生时，一件衣服当了五百文，与当时京师贵族的消费水平相比，委实是很寒酸的。

宋仁宗景祐三年（1036年），有臣子进言："京师，天下之本。而士民僭侈无法，室居服玩，竞为华靡，珠玑金翠，照耀路衢，一袭衣其直不翅千万，请条约之。"①京城的有钱人，所穿一件衣服价值万贯。

到宋徽宗建中靖国元年（1101年），又有大臣进言："贵介之族与夫兼并之家，燕饮之物、歌谣之具，穷奇极巧，以相倾胜。销金铺翠，旬翻月异，一领之细至有千钱之直者"②，仅衣服上的一个领子，价值就抵得上赵明诚两件衣服。

到了全家搬入宰相府，租房这个大头花销免掉了，加上赵挺之的俸禄有了质的飞跃，各种福利与朝廷赏赐中，又有置装费，以及四季衣料、男女成衣、女眷首饰。赵李小两口虽不好打扮，日常衣着档次也能水涨船高了，否则，凭这些新添的爱好，把全身衣服脱光送去当铺，怕也是不够的。

可以作为例证的是，李清照在这段时期，写有一首词《蝶恋花》，其中有句道："乍试夹衫金缕缝，山枕斜欹，枕损钗头凤。"思念出门在外的郎君，无情无绪地试着新做的衣服——

"夹衫金缕缝"，这是什么式样呢？

宋代女性服饰中，有一种大袖衫，对襟，宽袖，衫身肥大。据《朱子家礼》称："大袖，如今妇女短衫而宽大，其长至膝，袖长一尺二寸。"不像新兴的"褙子"那般各阶层通行，大袖衫是五代时的遗风，作为一种贵族礼服，仅用于宫廷及富贵之家。一家之中，也只允许正室夫人穿着。

---

① （宋）李焘《续资治通鉴长编》卷一一八。
② 《宋名臣奏议·陈次升·上徽宗论豫戒六事》。

大袖衫华贵富丽，置办起来耗资不小，故又常于两家结亲之时，被隆重地放在男方的聘礼单子中。如《梦粱录》中便道："且论聘礼……更言士宦，亦送销金大袖、黄罗销金裙、缎红长裙，或红素罗大袖缎亦得。"

袖子太大，一幅布不够宽阔，需要用两幅来拼接。拼接的袖子上，就会留下一道接缝，为了美观起见，就会用一条镂金花边镶嵌，将接缝藏起来。这就叫作"金缕缝"。

这种金缕缝的大袖衫，拿到当铺，是能换很多钱的。

两口子之中，从童年时就埋首古文字的赵明诚，应该是比较闷的那一个。李清照则更活泼，爱热闹。

李清照不是个女书呆子——这一点，也跟简·奥斯汀小姐有些相似。简年轻时，活泼俏皮，热爱跳舞，专心时尚，与英俊男士调情。李清照呢，鉴于国情不同，她对男女交际不感兴趣，她感兴趣的是玩，除了一位志同道合的夫君，这京城中，她还有一大群妯娌、姐妹、闺蜜呢，京城人也特别爱玩，会玩儿——

正月里头要观灯，头上戴着镶翠嵌玉的冠儿，云鬓上斜插捻金的雪柳，打扮得分外齐整，各呈争芳斗艳心思，姐妹们结伴去看那鱼龙狂舞，火树银花不夜天。一路罗绮香风，归来笑语盈盈。

二月里大地回春，集体出城探春。帝京城外，皆是大好园林。皇家禁苑，私人胜地，一律对大众开放。春容满野，暖律暄晴，万花争出，对着好风景吃吃喝喝，一醉方归，归来的车轿边上，都满满地插了鲜花与柳枝。

三月里，到顺天门外金明池游玩，先去打关扑，赢些好彩头，再去看水军操练。高官显贵早已在池畔占据了好位置，搭了彩棚，放眼望去，碧波掀浪，龙舟竞赛，又有"水傀儡""水秋千"等各种惊险的水上杂技。

清明、端午、七夕、中秋……时节相次，各有观赏。太平日久，人物繁阜。垂髫之童，但习鼓舞；斑白之老，不识干戈，只知道，四时佳兴与人同，谁又肯，辜负了青春年少？

许配了如意郎君，赶上了一个盛世狂欢的尾巴尖儿，这便是李清照作为女人的锦绣华年。细雨湿流光，日子如散珠碎玉，不经意地滑落指间，心情如溪水明澈，偶生浪花，终是叮咚前行。

轻解罗裳，独上兰舟

明诚出仕，在鸿胪寺少卿之前，未知何职，可能是在外地任职，也可能虽在京城，偶尔也有些外差。无论如何，他只要有机会出门，便孜孜地寻访心头好，沙成塔，腋成裘，蚂蚁搬家，一点点丰富他的收藏。而留在家中的李清照，小别胜新婚，便生出了少妇的轻愁薄怨来。

李清照严格地遵守"诗"与"词"这两种文体界限。干正经事，比如"救父"，自然是写诗。那不够正经的事呢？就得填词了。什么是不够正经的事？当然是"明诚走后的第一天，想他，明诚走后的第二天，想他……"

一剪梅

红藕香残玉簟秋，轻解罗裳，独上兰舟。云中谁寄锦书来，雁字回时，月满西楼。　　花自飘零水自流，一种相思，两处闲愁。此情无计可消除，才下眉头，却上心头。

这是一首彻头彻尾的闺怨词，从头到脚，带着顶级的"婉约"气质，浑身上下，都是独属于"易安体"的聪明灵秀、蕴藉风流。

"闺怨"这种题材，写的人多，胡子拉碴的大男人，也能写得极好。但李清照的这一首，怨得诚挚，怨得轻灵，怨得高贵，怨得清澈，怨得"吞梅嚼雪，不食人间烟火气象"①，就不是一般人能做到的了。

词中句子，几乎没有一句无来历，前人诗篇里，都影影绰绰地似曾见过，偏偏给她写出来，叫人耳目一新。比如"红藕香残玉簟秋"这句，也不过是前人眼中景，心中事，如五代顾敻之《浣溪沙》："红藕香寒翠渚平，月笼虚阁夜蛩清"，顾氏又有《虞美人》："绿荷相倚满池塘，露清枕簟藕花香，恨悠扬"——

晚唐五代之花间艳词，有玲珑清艳的好句子，也有庸俗的话语与庸俗的感情，李清照读之甚熟，往往随手拈来，便脱胎换骨，骨秀神清。"红藕"这一句，改得干净爽利，七个字，便把顾敻两首词里的意思都交代清楚了。

池中荷花已凋残，身下的竹席触之沁凉，故知秋意已至。

陶渊明有诗云："风来入房户，夜中枕席冷。气变悟时易，不眠知夕永。"在没有城市热岛效应、没有空调病的时代，人们于时节变化，有着及时、敏锐的感应，瞬间从肉体直达心灵。

何处合成愁？离人心上秋。眼前之"秋"景，体感之"秋"意，传导到"心"头，便成了一个大写的"愁"字。秋士悲，秋女思，高洁孤介的陶渊明秋夜要失眠，明媚爽朗的少妇李清照，也不

---

① （清）梁绍壬《两般秋雨庵随笔》。

肯睡觉，要跑到荷塘中荡舟。

"轻解罗裳，独上兰舟"——解罗裳，在古典的文学语境中，往往是脱衣就寝的意思。兰舟者，船也。南朝梁任昉《述异记》卷下记："木兰洲在浔阳江中，多木兰树。昔吴王阖闾植木兰于此，用构宫殿也。七里洲中，有鲁班刻木兰为舟，舟至今在洲中。诗家云木兰舟，出于此。"

那么这两句就有点奇怪了，脱了衣服不上床，反倒去上船？为了解决这个疑惑，有人便将"兰舟"生硬地解释为"床"——无视全词语境，忽略前后词意的衔接，叫人不能苟同。

那么，要知她为何"解裳"，我们先看看"裳"是怎么穿的：古人上衣下裳，裳即裙，是男女皆穿着的正式下装。古代女子，裙中又穿着长裤，宋代以后，长裤外又往往系一条半截子的膝裤。

《金瓶梅》第二十七回，六月里，李瓶儿穿着条"蜜合色纱挑线缕金拖泥裙子"，"纱裙内罩着大红纱裤儿，日影中玲珑剔透，露出玉骨冰肌。"

《红楼梦》第六十三回，宝玉过生日，怡红院开夜宴。为了行酒令方便，众人都将外面的"大衣裳"脱了，只作家常打扮，只见："宝玉只穿着大红棉纱小袄子，下面绿绫弹墨袷裤，散着裤脚，倚着一个各色玫瑰芍药花瓣装的玉色夹纱新枕头，和芳官两个先划拳。当时芳官满口嚷热，只穿着一件玉色红青驼绒三色缎子斗的水田小夹袄，束着一条柳绿汗巾，底下水红撒花夹裤，也散着裤腿。"

原来，"罗裳"解下，并不会春光外露，也并不意味就要上床睡觉（或运动）。在封闭的私人环境里，这是一种常见的家常装扮。而词中的女主人公，在将入夜之时，独个儿坐船，欣赏船外之流水落花，绝非人多眼杂的公共场所，更应该是属于自家的私人宅院。

那么，上船之前，脱掉了裙子，一是为行动轻便。二则私人领地，自己爱怎样就怎样。三则呢，如俞平伯在《唐宋词选释》中所说："船上盖亦有枕簟的铺设。若释为一般的室内光景，则下文'轻解罗裳，独上兰舟'颇觉突兀。"

俞平伯先生的意思是，如果上文之"红藕香残玉簟秋"，讲的是室内光景，那么，突然转移到室外，转移到船上，作者这思维是不是太跳跃了些？所以他推测船上亦有枕席——他这个推测是有根据的，我们看一些宋元明清的绘画，很多小船上确实铺有枕席。

我们也可以打开脑洞，再设想一下，假如女主人公是身处夏日纳凉的临水小榭呢？那么，于室内，举目即可见红藕香残，随之走向室外，登上系于榭旁的小舟，是不是也很自然？

姐姐，你"婉约"得如此骏逸不凡

总之，女主人公是上了船而非上了床，她荡舟（或许是悠然地躺在舟中）于红藕香残的水中，于是，才能很自然地牵起下阕的"花自飘零水自流"。

红藕香残，花自飘零，那么这上下阕的起首两句，既照顾到了实景的遥相呼应，从文体结构上，又是对"年华易逝，红颜易老"这一主题的复调重奏。

思君令人老，急景流年，我怕来不及，因为太期盼对方的音讯，所以下面才会用情感激烈的反问句："云中谁寄锦书来？"可怜古人不能电话不能视频，连电子邮件也没有，只好编故事说"鱼雁"可传书。但秋风起，空中雁字成行，并没有哪一只爪子里捏着书信落下来。

由"云中"，又带出一个怅惘仰望云天的身姿，当然不是真的等某只笨雁，也不是讲对方真的不给自己写信，而是借以写心事之渺远，思念之急切。

怅望凉风前，怅望而不得，故又寻思着登高楼，楼上明月光满照，这惆怅便如溶溶月华，盈满于天地之间了……

由眼前之红藕，身下之玉簟，到云中雁字、明月、高楼，女主人公的视野与心灵，都在一层层推进，一层层铺展，最后在缥缈云天之际划了一个弧，荡回来，挟裹一股浩荡的离愁，如长虹入水，水银泻地，注入了身边的流水落花。

"花自飘零水自流"，这七个字里，便不仅包含了对芳华的喟叹，更容纳了无限深沉的哀惜。水流花谢两无情，这可不是世间最无奈的事情吗？这里，很容易让人联想到两句悲伤的唐诗："花红易衰似郎意，水流无限似侬愁。"①可是，作者却说"一种相思，两处闲愁"。

她明确地知道，纵流水落花春去，在遥远的另一处，那个他，如她相思他一般，也在相思着她。

她对感情有着这样的自信，所以是"闺怨"，却不是怨妇的愁苦。这愁，不带任何对他人与社会的怨尤，不是现实之愁，而是说不清道不明的"闲愁"。

相思病不是病，闲愁也不能算真愁。然而，连"钛合金"男儿

---

① （唐）刘禹锡《竹枝词》。

辛弃疾都说了：世间唯有"闲愁最苦"。①俗话说钱能解决的都不是问题，闲愁，正好就是那极少数连钱都无从解决的问题。

解不了，故而"才下眉头，却上心头"。另一位铁肩担道义的大宋栋梁范仲淹先生也说了："都来此事，眉间心上，无计相回避。"②清照的这两句，实有可能便脱胎于此。但是李清照的这两句，是动态的——不仅这两句，她这整个一首词无论视角，无论情绪，都处于一种手挥目送、跌宕自如的流动状态中，用的是一种极柔韧而有骨力的创作笔法。

作者在词中所表现出来的情感、对爱情的态度，又是直接而明朗的，不是无病呻吟，更非欲拒还迎，而是显现出《诗经》中女性的坦荡温厚，又兼具汉魏乐府的深情缠绵，拥有强烈的精神力量，这又使得全词非常地"质实"。

流丽之体，与坚实之质的结合，造就了骨健神清的气韵，显出了一种格外的骏逸之感，就好比：春日里走马平原，马蹄踏出百花香。

有人说，姐姐，你不是婉约派吗，这走啥马呢，洒脱个啥呢？

不矛盾。婉约者，言辞之委婉而含蓄也。张綖《诗余图谱》中有言："词体大略有二：一体婉约，一体豪放。婉约者欲其辞情蕴藉，豪放者欲其气象恢弘。"讲究的是文辞委婉含蓄，传递微妙深长之情。

宋代沈义父《乐府指迷》中列出了详细标准："音律欲其协，

---

① （宋）辛弃疾《摸鱼儿》："君莫舞，君不见、玉环飞燕皆尘土！闲愁最苦！"
② （宋）范仲淹《御街行》。

不协则成长短之诗；下字欲其雅，不雅则近乎缠令之体；用字不可太露，露则直突而无深长之味；发意不可太高，高则狂怪而失柔婉之意。"

可见，婉约主要指的是一种创作手法，运用文字的一种技术风格。具体地讲，是要具有优美、准确的音乐性；文字要雅致，表达要含蓄，要有言外不尽之意；感情上则要节制，情绪要会平衡，有话好好说，别激动。

仅仅做到这些，还只是达到了形式美的要求，还不足以成为一首绝妙好词。

陈廷焯的《白雨斋词话》中这样说："诚能本诸忠厚，而出以沉郁，豪放亦可，婉约亦可，否则豪放嫌其粗鲁，婉约又病其纤弱矣。"不管豪放还是婉约，都要能做到"本诸忠厚，出以沉郁"，这才是决定一首词文学价值的关键。

本诸忠厚，是对诗人品德与天性的要求。要知仁义廉耻，对天地有敬畏，对人有仁爱，对草木虫兽有悲悯。

气格沉郁，指情感之浓郁、意境之深阔、格调之高远。

唯忠厚之心，才能得情感之纯粹。有天生的生命痛感与共情能力，才能得情感之浓郁。意境与格调，则需要借助于后天的学识、阅历、智慧。

沉郁，指向我们生命体验的高质感与高厚度。它的本质是博大、内敛而厚重的，那么，怎样才能把它高效地传递给读者呢？

这就有赖于语言技术上的能力："顿挫"。对修辞、音韵、节奏、结构……全面的掌控，得心应手地运用，使沉郁之情能够跌宕有致、徐疾相间地挥发出来，既不失之于幽曲，亦不失之于暴烈，既有情感上的丰富感染力，又具有愉悦的艺术审美。这就很难了，对作者要求极高。

人们推崇杜甫的诗风，颂之为"沉郁顿挫"，万千诗人心向往之而不能及。那么词体呢？一样的。陈廷焯《白雨斋词话》中就说过，词的最妙之处，亦不外乎是"沉郁顿挫"四字。"顿挫则有姿态，沉郁则极深厚。既有姿态，又极深厚，词中三昧亦尽于此矣。"

再回过来，看李清照这阕《一剪梅》。它情致婉转，意境空灵，结构精巧，声律协和，最大限度地发扬了婉约的形式美感。它蕴含的情感，深沉而真挚，坚定又温柔。然后，她以一种健旺的发力，指挥如意，使得所有的景物、空间、情感，都处在优美的动态中，让读者的心神不自觉地随其俯仰，在天地之间追随那一缕强韧的情思——

教科书一样地完美！清代诗人、学者王渔洋说：婉约派以李清照为宗，豪放派以辛弃疾为宗。李清照她"宗"在哪儿？就在这里。

李清照的"婉约"，从来都是富有精神力量的，它饱含着诗教忠厚之旨，挥发着沉郁之情。这是我们讨论"易安体"最先需要明白的一点。

合香大师李夫人

署名元代伊世珍的这本疑似"伪书"的《琅嬛记》，作者无疑是李清照的喜爱者。后世的李家八卦，大都从他这里传出来。可信度不高，胜在有趣。

比如这个故事：

李清照在重阳节之日，不胜思念，写《醉花阴》一词寄给身在外地的赵明诚。赵明诚读了很感动，又见此词写得实在太好，起了好胜之心，非要写一首，以压过妻子去。没日没夜连写三日，成五十阕《醉花阴》，和妻子的原作放在一起，拿去给朋友赏鉴。朋友读后，说：唯此三句最佳——

"莫道不销魂，帘卷西风，人比黄花瘦。"正是李清照所作。

赵明诚为了苏、黄文章，不惜与老爹反目，堪称吾爱吾爹，吾更爱文学。老天有眼，又得了个有文学天才的夫人。但毕竟夫为妻纲，被老婆压过一头，一时大约也接受不了。这个故事就抓住了这个矛盾，让赵明诚奋起赶超老婆，结果是再次被暴击：五十首都抵不过老婆一首。

来看这首《醉花阴》：

薄雾浓云愁永昼，瑞脑销金兽。佳节又重阳，玉枕纱厨，半夜凉初透。　东篱把酒黄昏后，有暗香盈袖。莫道不销魂，帘卷西风，人比黄花瘦。

这是一阕浸透了花香、酒气与香氛的小令。

宋代是中国历史上最热爱香氛的一个朝代。

宋以前，本土生产力不够，海上贸易又不发达，用香是很奢侈的事。宋代，大食、波斯等地各种奇香从海路涌入中国，专门运送香料的船只被称为"香舶"，本土提炼香料的技术也提高了，用香普及为全国风尚。

宋代的女性，沐浴用香胰子，浴后扑香粉，化妆用香脂，日常的衣服被褥，都要在熏笼上用香料细细熏透。

房里点着香炉，腰间系着香囊、香饼子，臂上戴着香珠串。用香料和蜜炼成的"香身丸"，含到嘴里，使"口香五日，身香十日，衣香十五日。"出门时马车里挂着香球，陆游《老学庵笔记》记载："京师承平时，宗室戚里岁时入禁中，妇女上犊车皆用二小鬟持香毬在旁，二车中又自持两小香毬，驰过，香烟如云，数里不绝，尘土皆香。"

将香料压制成各种篆文形状，叫作"香篆"，焚之用以计时。熙宁年间，有人制作百刻香印，将一昼夜划分为一百个刻度，看香烧至哪里，便知道是什么时辰了。

香气可驱邪，香气还可治病，是为"香疗"之法。市场上有各种功效的香茶、香汤和香丸出售，如沉香降气汤、龙脑饮子、苏合香丸、安息香丸……

书房、书箱里放着香片，防霉防蠹。制墨时加入丁香、檀香、麝香，写字作画纸上留香，又能防腐防蛀。

在宋代的文化圈子里面，流行"品香"，与斗茶、插花、挂画，并称为当代"四般闲事"。

香道爱好者们，每每制成或觅得一味奇香，便广发帖子，邀来同道，都沐浴更衣了，聚在雅洁的室内，主人屏息凝神，一番操作后，香气便自"闻香炉"中氤氲而出，主人遂以手揽之，三嗅而罢，再将香炉依次传给在座的客人。大家就此香的品质与格调，在香笺上写下评价。

闻香炉多为汝窑、官窑、钧窑、哥窑、定窑这五大官窑出产的瓷具，因为比铜器导热慢，握持时不易烫手，且形制清雅，符合文人审美。

品香所用之香，多为"合香"。就是把多种香料按比例调配，各香之间的合和、窨造、熏修之法，皆配合得宜，使香气能传达出制作者想要的氛围与格调。

所以"品香会"，也往往变成"斗香会"，比斗的，便是各人合香的技术和香氛格调的高下。

名臣丁谓，文豪黄庭坚，还有那位绝顶聪明的皇上宋徽宗，都是合香的高手。

这首《醉花阴》里，李清照使用的是瑞脑香。又称"龙脑香"，产自热带一种龙脑香树的树脂。"以白莹如冰及作梅花片者为良，故俗呼为冰片脑，或云梅花脑。"①此香名贵，在唐宋时期都作为贡品。晶莹如冰雪，燃后无烟气，能清心安神，很适合作为卧室熏香使用。

"金兽"，就是用铜或铜合金铸成兽形的香炉。宋代香炉常被制成狻猊、麒麟与野鸭子等形状，即宋词中常见之名物"香鸭""金猊"也。

焚香则用的是"隔火熏香"之法：点燃一块木炭，将其大半埋入香灰，其上再放一层导热的云母薄片，云母片上放置香料，慢慢熏烤，既无烟气扰人，香味又可以舒缓发散。所以词中云"瑞脑销金兽"，"销"字很形象：冰雪般的瑞脑香在金兽炉中慢慢销融，香气在室内一点点扩散……

"薄雾浓云愁永昼"，是阴晦的天，女主人公望望天色只觉沉闷，回屋坐坐，炉香静袅，一室空寂，更觉百无聊赖，日子过得太慢。

_____

① （明）李时珍《本草纲目》第三十四卷。

试问重阳时节已近深秋，早是昼短夜长，哪里来的"愁永昼"？原来是欢聚时嫌短，分离时恨长，时间的相对论而已。

佳节又重阳，为什么要说"又"？因为"每逢佳节倍思亲"，正如现代"单身狗"逢节必征（婚），只恨良辰美景虚设，空床难独守——当然她这里讲得含蓄，只说半夜里秋凉袭人，于是毫无意外地，又失眠了。

《醉花阴》这一阕词，和《一剪梅》的结构与表现手法不一样。这一次，她用的是内敛而含蓄的短镜头，一个场景一个画面切过去，没有画外音，没有人物表情特写，但观众立刻明白了，镜头里的女人，她在因为分离而忧伤，因思念而难安。

情人怨遥夜，竟夕起相思。相思来了，要用什么打发？一、喝酒；二、写词。李清照呢？她是双管齐下。

宋代人爱喝酒。宋代农业生产力提高，有足够的粮食用来酿酒。造酒业被政府垄断，是国家重要财政收入之一，故官方也很鼓励大家喝酒。北宋末年，已经有使用蒸馏法的高浓度白酒出现，但日常生活中，人们更爱喝的还是传统酿造、度数偏低的各种黄酒、果酒、配制酒。

"七分开醱醸，摘取头子，去青萼，用沸汤绰过，纽干。浸法酒一升，经宿，漉去花头，匀入九升酒内。此洛中法。"[1]

"安定郡王以黄柑酿酒，名之曰'洞庭春色'。"[2]

宋人酿酒，酒中往往加入各种水果、鲜花、中药甚至动物肉脂，风味杂陈，各有妙处，无论男女老少，总能找到自己最爱的那

---

[1]（宋）朱肱《北山酒经》卷下。
[2]（宋）苏轼《洞庭春色赋》序。

一款。

低度数的花酒、果酒不易醉,清甜爽口,长日无聊,尽可以独酌小饮,一杯一杯慢慢地喝下去。

"东篱",未必实指,有菊花处皆可是"东篱"。陶渊明《饮酒》诗中道:"采菊东篱下,悠然见南山。"又说:"秋菊有佳色,裛露掇其英。泛此忘忧物,远我遗世情。一觞虽独尽,杯尽壶自倾。日入群动息,归鸟趋林鸣。啸傲东轩下,聊复得此生。"

从陶渊明的时代开始,"东篱赏菊"便成了一种遗世独立高洁人格的象征。菊花与酒,也就成了天作之合的一对儿。

孟浩然到乡下朋友家做客,对着青山绿水,吃鸡喝酒,好不快乐,临别时约定:"待到重阳日,还来就菊花。" 重阳是团圆之日,在重阳节共赏菊花,便又多了亲情与友情的寄托。

菊花,从来是高士隐者之花,是田园安乐之花。它最适宜的背景,是远离尘嚣的隐隐青山,小桥流水,竹篱茅舍,鸡犬相闻。谁能想到,李清照把它放到了闺阁里。

菊花的香气清冽,带着一点儿寒苦的药气,李清照让它与酒香、炉香交织,调出一款名为《醉花阴》的复调香方:基调是珍稀的瑞龙脑,香烬沉沉,气息安详华美。中段渗入酒香,慵懒、忧郁,叫人不自禁地沉溺。尾调是菊香后来居上,篱外一缕奇香袭来,先染衣袖,后上眉睫,再入心肺,于是眉间心上皆澄澈,如被霜雪洗过。

高洁的菊香不会受污,馥烈的酒香不曾失礼,而华贵的龙脑香亦没有俗了人——看似矛盾的组合竟出奇制胜地协调,赵府李夫人,竟是一位高明的合香大师。

《古诗十九首》说:"馨香盈怀袖,路远莫致之。此物何足贵,但感别经时"，花香盈袖，象征情感的纯粹与深挚。当此花为菊花，则更彰显了"我"情之坚贞。

以菊花自谓，以菊花寄托相思，是作者于深情之外，亦极看重灵魂的自爱与自持。相思如此，寂寞如此，而她与被相思的那一方，仍然是人格对等的。

中国古典诗教传统中最推崇的"温柔敦厚"，是写男女之情的正道。这阕《醉花阴》，一句句，便都行走在正道上，偏偏儿的，举步间又显出无限的妩媚风流。你看她"暗香盈袖"，何其婉转缥缈。"人比黄花瘦"三句，又何其奇思妙想。无一句说相思，读完却只觉相思彻骨，正是"不着一字，尽得风流。语不涉己，若不堪忧"①。深得诗家"含蓄"之旨。

此词的另一个明显特色，也是"易安体"的特质之一，就是写得平易晓畅，像"半夜凉初透""人比黄花瘦"，都近似口语。生动、自然，毫无理解上的滞碍与距离感。但她这个"平易"呢，并非平庸作者的粗白与直露；她的"口语"，也不是我们嘴里的大白话。她是将平凡与日常经高度淬火，褪去一切锤炼的痕迹，终于成诗。故而能够做到：浅语皆有深致，口语皆出新意。

透过鲜花开满的宋朝

减字木兰花

卖花担上，买得一枝春欲放。泪染轻匀，犹带彤霞晓露

---

① （唐）司空图《二十四诗品》，"含蓄"。

178

痕。　　怕郎猜道，奴面不如花面好。云鬓斜簪，徒要教郎比并看。

清人赵万里辑《漱玉词》时，将这阕词指为可疑的伪作，说道："词意浅显，亦不似他作。"

目前系名李清照的词作中，这阕《减字木兰花》，首次出现在明万历十一年的《花草粹编》中，现身年代较晚。词意也确实浅显，与李清照含蓄典雅的词风差异很大。不过，仅此两点，还不足以证伪，所以，本着宁放过，毋杀错的原则，大多数人还是将它当成李清照的作品。

它不像《浣溪沙》（绣面芙蓉一笑开）那么低级趣味，也不似《点绛唇》（蹴罢秋千）那种"洛丽塔"式的情色隐喻。它的格调是健康明朗的，意境是清新喜人的。

它切入主题的角度很有生活情趣，很日常。宋人爱花成癖，鲜花消费在宋代人的生活开支中，是很重要的一项。鲜花被广泛地用于酿酒、制药、食用、合香、制茶……实用价值之外，宋代人更注重的，是它的审美作用。

人民群众，每到春天，就要飞奔着到处去赏花。在京城开封，三月里，连皇家园林"琼林苑"都会对外开放：

大门牙道，皆古松怪柏。两傍有石榴园、樱桃园之类，各有亭榭，多是酒家所占。苑之东南隅，政和间创筑华觜冈，高数丈，上有横观层楼，金碧相射，下有锦石缠道，宝砌池塘，柳锁虹桥，花萦凤舸，其花皆素馨、末莉、山丹、瑞香、含笑、射香等闽、广、二浙所进南花，有月池、梅亭、牡丹之类，诸亭不可悉数。①

东都洛阳，又称"花都"："岁正月梅已花，二月桃李杂花盛，三月牡丹开。于花盛处作园圃，四方伎艺举集，都人士女载酒争出，择园亭胜地，上下池台间引满歌呼，不复问其主人。抵暮游花市，以筠笼卖花，虽贫者亦戴花饮酒相乐……"②

李清照的词作中，就有一首写女子早春急于出门看花的心情，是为《菩萨蛮》：

归鸿声断残云碧，背窗雪落炉烟直。烛底凤钗明，钗头人胜轻。　　角声催晓漏，曙色回牛斗。春意看花难，西风留旧寒。

正月七日"人日"那天，她早早就起了床，起得有多早？屋子里漆黑的，还得点蜡烛梳妆。她戴上新打的凤钗，钗头贴着昨儿剪好的"人胜"（人形剪纸，妇女于"人日"这天戴在头上作为装饰），心里那个急啊——明明夜里听见归雁在天上叫，窗外的雪融化着往下掉，春天来了嘛！可早晨的风还是那么冷，好像冬天还没走完，怎么办？还要不要出门去看花？她望着渐亮起来的天空，又瞧瞧床上还睡得香甜的夫君……呜，他不会嫌天气冷，不肯陪我去吧？

寥寥几句，就写出了鲜明的景致以及丰富的心理活动。年轻

---

① （宋）孟元老《东京梦华录》卷七。
② （宋）邵伯温《邵氏闻见录》卷十七。

时的李清照，脚步轻快，一定没有少追逐过帝京的春天。

然后呢，家居环境，四季都要把鲜花安排起来！摆着盆栽，放着花篮子，插着花瓶儿，帐子上吊着花球儿……从皇宫内院，到闾巷人家，都无例外。

上流社会追捧牡丹，南宋临安的皇宫中，"间列碾玉、水晶、金壶及大食玻璃、官窑等瓶，各簪奇品，如姚魏、御衣黄、照殿红之类几千朵，别以银箔间贴大斛，分种数千百窠，分列四面。至于梁栋窗户间，亦以湘筒贮花，鳞次簇插，何翅万朵"①。穷苦百姓家，千难万难，也要赶个时尚，《西湖老人繁盛录》中，记杭州一带风俗，端午节，家家都插菖蒲、石榴、蜀葵、栀子花，"虽小家无花瓶者，用小坛也插一瓶花供养，盖乡土风俗如此。"

　　胆样银瓶玉样梅，此枝折得未全开。为怜落寞空山里，唤入诗人几案来。(杨万里《赋瓶里梅花》)

　　路旁野店两三家，清晓无汤况有茶。道是渠侬不好事，青瓷瓶插紫薇花。(杨万里《道旁店》)

插花，被文人们玩成了一门艺术，连路边简陋的小店，都学起这风雅来了。

鲜花儿，还要供给人们扮靓。簪在头发上、冠儿上、帽儿上，袖在口袋里，拴在衣襟上——不分男女。没错，这是一个全民簪花的朝代。

"腰间斜插名人扇，鬓边常簪四季花。"是京城最潮男青年的

――――――――――

① （宋）周密《武林旧事》卷二。

打扮。

"花都"洛阳，贩夫走卒都头戴着四季鲜花。"三春戴荠花，桃李羞繁华。"没有牡丹，戴枝荠菜花儿也是好的。

国家重大场合，重要日子，从皇帝到百官，全体戴花，那是被写入礼仪制度的。

民间酒席，人人都要戴花戴朵。须发花白的长者，头发稀疏的谢顶男，虽自觉不好看，此时也不免随喜一番：

"花向老人头上笑，羞羞，白发簪花不解愁。"（黄庭坚《南乡子》）——白发太多，皱纹太多，连花都要嘲笑我了。

"白头陪奉少年场。一枝簪不住，推道帽檐长。"（辛弃疾《临江仙》）——头发掉得太狠，花都簪不住了，太惨。

总而言之，头上花枝照酒卮，做宋朝人，日常就该痛饮酒，插戴满头花。

鲜花有季节，不够供应，便又造出了各色"象生花儿"，即用丝绸或通心草制成的假花。宋徽宗每次出宫去游玩，头上插戴的，便是造价昂贵的一种假花，号为"滴粉镂金花"。

在城市附近，出现了大批产业性的花农，不种粮食只种花。而负责将这些鲜花产品运送到城市消费者手中的，便是走街串巷的卖花人。

《东京梦华录》中载：

> 是月季春，万花烂漫，牡丹芍药，棠棣香木，种种上市，卖花者以马头竹篮铺开，歌叫之声，清奇可听。晴帘静院，晓幕高楼，宿酒未醒，好梦初觉，闻之莫不新愁易感，幽恨悬生，最一时之佳况。

又有《梦粱录》记：

> 是月春光将暮，百花尽开，如牡丹、芍药、棣棠、木香、
> 荼蘼、蔷薇、金纱、玉绣球、小牡丹、海棠、锦李、徘徊、
> 月季、粉团、杜鹃、宝相、千叶桃、绯桃、香梅、紫笑、长
> 春、紫荆、金雀儿、笑靥、香兰、水仙、映山红等花，种种
> 奇绝。卖花者以马头竹篮盛之，歌叫于市，买者纷然。

卖花人用"清奇可听"的叫卖声，在每一个清晨，将人们的好
梦扰动。吸引着他们奔出门来，购买一枝春天。

曾有人说："销魂之听，当以卖花声为第一。"①为什么呢？

卖花声起，意味着春意正浓，委婉悠长的唱叫声，在清晨寂寥
的深巷响起，传入人们半梦半醒的耳际，一日复一日，带来微妙的
心悸，催生浮世中的虚无感。

花是世间易凋零的美好。明知如此，谁能抗拒？就在窗外，就
在楼下，就在不远的街角，那一整挑子或盛满马头竹篮的鲜花，正
在绽放着，枝叶与花瓣上犹带晓露，朱紫黄白，一朵朵，一簇簇，
如此鲜妍，就像触手可及的幸福。

"卷帘人睡起。放燕子归来，商量春事。风光又能几。减芳
菲、都在卖花声里。"②卖花的人来了，卖花声传来了，带来了春
天，也暗示着春天终将逝去。于是，敏感的人儿，又被勾动无数闲

---

① （明）吴从先《小窗幽记》。
② （元）张枢《瑞鹤仙》。

愁。正是：

　　　　春光叫遍费千金，紫韵红腔细细吟。几处又惊游冶梦，谁家不动惜芳心？①

为什么不呢？春风浩荡地吹

比如《减字木兰花》里的这一位，她听得卖花声，立刻奔将出去买花。"一枝春欲放"——是含苞将放的花朵，艳如彤霞，犹带朝露。虽只有一枝，却像带进来了整个春天。

这位对镜晓妆的美人，正青春，有爱情的滋润，早起刚梳洗过，那脸上气色好得，真是，越看越觉得："我怎么这么好看！"便拿才买的花儿，比来比去，顾盼自雄，心念一转，拉了那位男士过来："你瞧嘛，是我的脸蛋儿好看，还是这花儿好看呀？"

为了让郎君方便比较，还特意把花朵簪在鬓边，俏脸生晕，眼波流转——姐姐，你这么会撩，哪个敢讲你不好看！

这样的自信和娇憨，只属于青春，只属于爱情。

这阕词，活画出了一个沉浸在热恋中的小女子形象。虽无深意，却不俗套，也不俗气。而是如春花含晓露，扑面而来清新明媚。其立意也尖新，美人颜如花，这个太大众化的比拟，谁知道还能被演出这样一幕可喜的小剧场？

"怕郎猜道"，嘴里讲"怕"，实则是"恃"，恃美行凶，恃爱

―――――――――――

① （元）谢宗可《卖花声》。

拿强，偏又做出乖巧的样子。"云鬓斜簪，徒要教郎比并看。"那么，郎君是怎么回答的？

不知道，词到此戛然而止。不过，我们可以看看明代唐寅的《妒花》一诗，它是这首《减字木兰花》的同人版本：

　　　　昨夜海棠初着雨，数点轻盈娇欲语。佳人晓起出兰房，折来对镜化红妆。问郎花好奴颜好？郎道不如花窈窕。佳人闻语发娇嗔，不信死花胜活人。将花揉碎掷郎前：请郎今日伴花眠！

这一首《妒花》，是叙事的写法，用鲜活的口语，写出了一位泼辣甜心俏佳人。而这首《减字木兰花》呢，用的则是物我交融的传统手法。上阕写春花鲜妍，是实写的景物，亦是起兴；下阕写"人"之娇美，"花"则变成了女主人公行动的道具，同时，这一枝欲放之春，又在主人公们甜蜜的笑声里，铺叠开来，变成了这一整首词，甚至一座城市、一个时代的绚烂背景。

这首词，写季节之春，也写出了人生之春、时代之春。

南宋洪迈的《夷坚志》中有个故事，说临安城中，有一市民的女儿："开机坊周五家，有女颇美姿容，尝闻市外卖花声，出户视之，花鲜妍艳丽，非常时所见者比，乃多与直，悉买之，遍插于房栊间，往来谛玩，目不暂释。"

少女爱恋花之色，乃成"花痴"，而不知自己与花，已然交相掩映，汇成一片浮世中的春光了。这阕《减字木兰花》也是如此，人与花孰美？不，人与花早已浑然一体了。

李清照向来以"花中第一流"自许，被她拿来自比的花，或桂，或菊，或梅，都是香远益清的君子之花，有精神上的高标准严要求。这首词如果是她创作，我们且不考虑诗词创作中的"戏拟""角色扮演"情况，直接将作者本人代入词中，那么，想到李清照也会有这样冒傻气的小女人时刻……

为什么不可以呢？毕竟，春风在浩荡地吹，爱情是那么的甜蜜……

三

在青州，赌书消得泼茶香

　　她就是这样的"林下之风"，而绝非一"闺房之秀"。
她就完全没有当好一个后宅妇人的自觉性，而作为夫君
的赵明诚，对这些，也不在乎。

《金石录》就是他们的孩子

大观元年（1107 年）三月，赵挺之被罢相，五天后病逝。

三天后，蔡京下令逮捕赵挺之在京城与老家的族人，严加拷讯，欲治他贪赃之罪，然而都未找到实据。又来查抄家产，除了俸禄所得，也并无其他可疑收入。于是，胡乱安了个"包庇元祐党人"之罪，褫夺了赵挺之的封赠。

京城这虎狼之穴，眼看是待不得了。这年秋天，官司结束之后，夫人郭氏便带着全家老小，回了山东青州（赵家祖籍山东密州，后迁居青州）。

自此，开启了李清照夫妇青州十余年的退隐生涯。

赵挺之在老家也置了产业——当时蔡京派人去青州查账加抓人，便是奔着这些产业来的，没料到赵家正当经营，竟是一点儿把柄也没能抓到。加上在京时积累的家私，现在郭氏带着三个儿子，连带儿媳孙辈一大家子，浩浩荡荡回了乡，房价物价都便宜，日子还是好过的。

三位公子，都没了差使。说起来，也是理所应当，一是守制：父亲亡故，为子者自当离职回乡，结庐守墓三年。二来老母年事已高，需人奉养，所谓"清宪公三子皆有贤德，以母夫人高年，家居不仕，讲学博古，琴书自娱。"①

---

① （宋）晁公休《宋故朝散郎尚书吏部员外郎赠徽猷阁待制傅公行状》。

188

作为三房最小的儿妇，赵明诚与李清照的小日子，更轻松一些。家中庶务，自有母亲或兄嫂处理，除了晨昏定省，承欢老母膝下，日常就没啥事可操心了。李清照一直担心的她爸李格非，早在崇宁五年（1106年），已被朝廷赦免，大观二年（1108年），便离开广西，平安地回到了家。

心无挂碍，有钱有闲有时间，这对才二十来岁的年轻夫妇，便过上了"老有所为、老有所乐"的退休生活。

还新盖了几间书房，号曰"归来堂"，名字来源于陶渊明的名作《归去来兮辞》："归去来兮，田园将芜胡不归！"李清照更自号为"易安居士"——"倚南窗以寄傲，审容膝之易安"，这个雅号，她一生再没改过。

两个人一起收藏文物，勘校图书，撰写那本著名的《金石录》，殚精毕力，于政和七年（1117年）成编，共三十卷，录金石二千卷。

私人金石文献与图书收藏从宋代开始兴盛，金石学与版本目录学亦从此发端。文人雅士纷纷有志于此，如欧阳修老前辈，公余搜集金石文献，集近二十年之功，著《集古录》，集录三代以来金石拓本一千余卷。更有私人藏书一万卷——"吾家藏书一万卷，集录三代以来金石遗文一千卷，有琴一张，有棋一局，而常置酒一壶。"外加本人一白发老翁，于是欣然自称"六一居士"也。

宋代人不仅把这些当成爱好，更当成事业。

赵明诚就这么表示："余之致力于斯，可谓勤且久矣，非特区区为玩好之具而已也。盖窃尝以谓《诗》《书》以后，君臣行事之迹，悉载于史。虽是非褒贬，出于秉笔者私意，或失其实。然至其善恶大节，有不可诬，而又传诸既久，理当依据。若夫岁月、地理、官爵、世次，以金石刻考之，其抵牾十常三四。盖史牒出于后人之手，不能无失，而刻词当时所立，可信不疑。则又考其异同，参以他书，为《金石录》三十卷。"①大意就是说：我可不仅仅是为了兴趣在玩！我是为了补正前代著史的缺失谬误。

中国的传统士大夫，大抵有著史的志向。中国的史学传承，强调的是真实性，是"头颈可断，笔不可曲。"虽然现实未必能做到，但"历史是任人打扮的小姑娘"这种说法，大家也是不肯认同的。

历史一旦形成，就开始扭曲湮没，记录与书写，总有缺失错谬。这些刻载于青铜、碑石，越千载而历历分明的金石之文，就可以作为辨析史实的物证。所以金石学，是写在史学边上的一门学问。

在《金石录》中，不仅有大量的考据史料，还有很多的史论与政论，点评历朝治乱得失，针砭时政。作为士大夫阶层中的一员，尽其"居庙堂之高，则忧其民；处江湖之远，则忧其君"②的本分。

李清照在《金石录后序》中自豪地声称：本书"皆是正伪谬，去取贬褒，上足以合圣人之道，下足以定史氏之失者，皆载之，可谓多矣。"

上承接儒家之道统，下校正史家之得失，可见《金石录》在他们心目中的重要性。

《金石录》初稿完成的这一年，赵明诚三十六岁。这一年，也

---

① （宋）赵明诚、李清照《金石录》"自序"。
② （宋）范仲淹《岳阳楼记》。

是他和李清照成亲的第十六年。他俩一直未能生育后代，凝聚了他们毕生心血的《金石录》，就是他们唯一的孩子。

这是个特别有出息的孩子。后人称赞《金石录》的成就曰："考订精详，品骘严正，往往于残碑断简之中，指摘其生平隐匿，足以诛奸谀于既往，垂炯戒于将来，不特金石之董狐，实文苑之《春秋》也。"①

董狐笔，不畏强权，秉笔记史，《春秋》书，字字褒贬，微言大义，这可谓是对《金石录》著作意义的最高评价了。

你要赌，我认输；你魔障，我奉陪

整理图书字画古物，鉴别真伪，勘校字句，编写目录，归档保存……在一般人眼里枯燥无聊的事情，两个人却乐此不疲。

赵明诚又在各地游走寻访，眼也不眨地扔钱。渐渐地，赵家金石图书的收藏数量与质量，都可以笑傲海内名家了。

于是盖起了藏书库，里外打扫得洁净无尘，珍本名画，用纱笼罩护，龙涎香驱虫。要拿取翻阅，必得洗手更衣，登记在案，待捧到手中，更是加意小心，纸页上留了个墨印儿，都要心疼地唠叨半天……严格烦琐的保管制度，大概率是出自赵明诚，因为很快李清照就不耐烦了，道："官人，咱们这样战战兢兢，还有什么乐趣！"

怎么办呢？只好消费降级。放弃衣食住行上的享受，把钱省出

---

① （宋）赵明诚、李清照《金石录》，清朝谢启光刻本。

来，更卖力地往那无底深坑里砸。比如图书，有一个最佳版本秘而藏之是不够的，还要将一般装帧好、错漏少的版本都买下，储备为副本，放在手边，以供随时翻阅。于是，"几案罗列，枕席枕藉，意会心谋，目往神授，乐在声色狗马之上"了。①

李清照在《金石录后序》中深情回忆："余性偶强记，每饭罢，坐归来堂烹茶，指堆积书史，言某事在某书某卷第几页第几行，以中否角胜负，为饮茶先后。中，即举杯大笑，至茶倾覆怀中，反不得饮而起。甘心老是乡矣！"

竞猜某句话出在哪本书的哪一页，算什么好玩的游戏？"最强大脑"备赛吗？猜中了先喝一口茶，这又是什么了不得的奖励？一对儿书斋里的宅男宅女，一对儿上古遗民，就这么自得其乐着。最乐呵的，很明显，是记忆力超强的李清照。

在她那刻录机般过目不忘、风暴般运转的大脑中，毫无半点该让着丈夫为男人留面子的意识，只管洋洋得意，摩拳擦掌要争个第一。

这点儿文字游戏上的竞争，远不够她开怀大笑。她还要赌将起来。"予性喜博，凡所谓博者皆耽之，昼夜每忘寝食。但平生随多寡未尝不进者何？精而已。自南渡来来流离迁徙，尽散博具，故罕为之，然实未尝忘于胸中也。"②

下围棋、打双陆、投壶、打马、六博、关扑、叶子戏、宣和牌……各种赌戏，她只要一玩，必然废寝忘食，必然所向披靡，必然玩到别人望风而逃，无力奉陪。一直玩到靖康之变，跟随宋室南

---

① 李清照《金石录后序》。
② 李清照《打马图经序》。

逃，一路家产散尽，赌具也都丢失，才玩得少了。然而，心中仍然时时惦记着。

孔子说："饱食终日，无所用心，难矣哉！不有博弈者乎！为之犹贤乎已。"赌博之戏，在传统文化人那里，并不算坏癖好。宋代又是一个全民好赌的朝代，比如风靡全国的"关扑"之戏——

关扑，是一种宋人开创的结合了赌博与商品交易的游戏。商品是吸引人们参赌的诱饵，比如说，商家拿出一顶价值一千文的时尚翠纱帽儿，顾客只需要拿出五十文钱作为赌注，任选一种赌博方式（常见的是掷铜钱），顾客若赢了，就能够以五十文的价格将漂亮的翠纱帽儿拿走。如果输了，这五十文钱就要归商家。

《东京梦华录》中记载，每年正月初一，开封府下令，开放关扑三日。

> 士庶自早互相庆贺，坊巷以食物、动使、果实、柴炭之类，歌叫关扑。如马行、潘楼街，州东宋门外，州西梁门外踊路，州北封丘门外，以及州南一带，皆结彩棚，铺陈冠梳、珠翠、头面、衣着、花朵、领抹、靴鞋、玩好之类。间列舞场歌馆，车马交驰。向晚，贵家妇女纵赏关赌，入场观看，入市店馆宴，惯习成风，不相笑讶。

帝都之内，处处摆起了关扑的摊子。黄昏之后，是贵族女子入场的时间，珠绕翠拥，香风袭人，娇滴滴的小娘子们，也卷起了袖子，大呼小叫豪赌起来，尽兴之后，再逛逛夜市，吃吃小馆，泡泡茶楼，好生潇洒快活！

据说皇帝也好这一口儿，不方便出门，便在深宫内院也摆上关扑摊子，与后妃宫人们时不时地玩上一回。

李清照好赌，精力充沛，好胜心强，似乎还有几分急躁，比如讨厌保管珍本的烦琐，宁可多花钱买自在。年轻的新嫁娘，敢于向公公献诗救父，也可见性格直率。这样的姑娘，能与她相处融洽的男人，要么为人开明宽厚，要么就是真的能够欣赏她、懂得她、爱慕她。而赵明诚就是这么个合适的人。他既欣赏她花火迸射的才气，也容忍她的急脾气，还能在她蓬勃的好胜心前面，心平气和地败下阵去。

举一个例子，赵明诚在南京任知府的时候，李清照每逢下大雪，便兴冲冲戴上斗笠，披上蓑衣，绕城墙根儿去转悠，要踏雪寻诗。写完了诗，又把赵明诚拉住，非要他唱和一首——"明诚每苦之也。"①

赵明诚很受不了这折腾，可也拿她没办法。宋高宗建炎一年，北宋灭亡，康王赵构建立的小朝廷在金人追击下，仓皇南逃。赵母郭夫人又于南京病逝。赵明诚居丧期间，本不该任职，但朝廷急要用人，只得临危受命。镇守着南京这样的重镇，对于并无太多实务经验的他，想来相当不易。

就是这样的大环境小背景下，李清照顶风冒雪觅诗，又非要赵明诚唱和，自是胸怀旷达，名士风度。但换个角度想想，作为危城守官的妻子，作为婆母热孝期的儿媳，这些举动，是否也有点不合时宜？

《世说新语》"贤媛"一章记载："谢遏绝重其姊，张玄常称其

---

① （宋）周辉：《清波杂志》。"顷见易安族人言：'明诚在建康日，易安每值天大雪，即顶笠披蓑，循城远览以寻诗。得句，必邀其夫赓和，明诚每苦之也。'"

妹，欲以敌之。有济尼者，并游张、谢二家。人问其优劣，答曰：
'王夫人神情散朗，故有林下风气。顾家妇清心玉映，自是闺房
之秀。'"

谢遏他姐，就是谢道蕴，嫁的是王羲之的儿子王凝之。"林下
风气"指的是以阮籍、嵇康为代表的竹林名士，是东晋的时代偶
像。坚毅、机敏、洒脱的才女谢道蕴，被誉为有"林下之风"，而
顾家女郎，只是"闺房中的出色者"。

李清照呢，她就是这样的"林下之风"，而绝非"闺房之
秀"。她就没有当好一个后宅妇人的自觉性，而作为其夫君的赵明
诚，对这些，也不在乎。

家务、理财、生儿育女，她做不好的事情，他都无所谓。关
扑、下棋、打马、行酒令、写诗，她喜爱的，他愿意奉陪。赵明诚
需要的，本来也就不是一个为夫君精心打理后院的贤妻，他要的
是志趣相投的人生伴侣。

论个性，赵明诚也不是什么柔和无原则的人，从少年时为了
苏、黄文章与老爸顶牛就知道，对于喜爱的人与事物，他是很执着
倔强的。

也举个例子，他搞收藏，节衣缩食、四方奔走、一掷千金都不
算什么，他还能做出这样的事情：

宋高宗建炎二年（1128 年），赵明诚的一位表侄名叫谢伋的，
从南京路过。这位谢表侄随身带了一卷唐代阎立本的画作《萧翼
赚兰亭图》，千不该万不该拿出来炫耀，赵明诚一见就移不动眼珠
了，道："借老夫看几日可好？"长辈开口，岂有不借之理？然
后，这一借就如羊入虎口，再不回头了。

连晚辈的东西都坑，这可不是走火入魔了吗？有一句话说得

好："人无癖不可与交，以其无深情也。"①但"癖"到了极端，便成了魔障。如果说李清照的魔障是写诗，那么赵明诚的魔障，就是搞收藏。

除了至亲至爱之人，还有谁肯包容你的魔障？二十八年的婚姻生活里，赵明诚在包容着李清照。同样，李清照也包容着赵明诚。

学者太守，与名士太守夫人

京城里的空气渐渐松动了。"元祐奸党"得到赦免，其子孙也可以入朝为官了。赵家迎来了春天。

政和元年（1111年），由郭夫人上书请求，赵挺之的赠官赠职都被复还。大哥赵存诚，起复为秘书少监，最先回到了京城。然后是二哥赵思诚，未确知何时起复，但至少在宣和三年（1121年），也已经在中央里了。

出来最晚的，是赵明诚。宣和三年（1121年），也就是《金石录》完工的四年后，他才去做了莱州太守。宣和七年，又调守淄州。

莱州离青州不过两百公里，淄州就贴在青州边上。赵明诚这官做得好，浑不离老家左右，又并不触犯地方官员"地域回避"制度，想来还是颇费了一番心思。

老夫人郭氏，也随着大儿子进京去了。这位郭夫人，在赵挺之

---

① （明）张岱《陶庵梦忆·祁止祥癖》。

身故后，能带着全家从蔡京手上全身而退，后来又紧盯形势，为赵家谋求再起，政治眼光和权谋都是可以的。

但她那一对小儿子小儿媳，就有些难说了。

考功课吏，依资序迁，正常情况下，一个进士，由选人开始，做上两任最低等文官，才可以去地方上当通判。通判连转两任，才可以升知州。这一倒腾，至少十几年光阴过去了。这还是很顺畅的情况。而赵明诚没有这个过程。他入仕后就挂在中央，干着清闲有钱的活儿。地方政务的经验可谓很少，现在直接就上任知州去了，说不得，也是老爹的余荫。

赵明诚这一州之长官，做得如何呢？还真不好说。首先，文献中缺少关于他政绩的记载。其次，要说他能把这官做得有多差，也不容易。这就涉及一个宋朝的地方行政管理制度。

宋朝加强中央集权，地方官既不允许是本地人，官员的任期，通常又只给个两三年，甚至一年、数月，便要迁移。作为官员，到任地方之后，根本没有时间熟悉环境，两眼一抹黑。宋代科举取士，考的是文赋经义，到了为官一方的时候，面对繁杂的钱粮赋税、水利农事、刑事司法……毕生所学，完全对不上号，派不出用场。

这官还怎么当呢？于是，轮到"胥吏"这个角色上场了。

人们常说"官吏"，历史上，官与吏其实是分离的。吏，就是胥吏，是直接与百姓打交道的最底层政府办事人员。他们俸禄低微，甚至没有俸禄，但作为官与民之间的交接枢纽，所有中央政府的政策法令，最终都要通过他们才能够执行。和官员不同，他们大都是本地人，甚至职务祖传世袭，不仅熟知风土人情，更因长期在职的经验，对本司规章制度了如指掌，政府各项事务如何运作，稳熟于心。

论身份，官贵而吏贱，但是作为官员，在处理地方事务时，又不得不依靠胥吏。正如王安石指出的那样："文吏高者，不过能为诗赋，及其已任，则所学非所用，政事不免决于胥吏。"①

作为整个国家行政网络最末梢的触须，百姓的命运被操纵在胥吏手里。虽然他们的正式收入少，可灰色收入多呀！各种贪污受贿、吃拿卡要，都是取之于民，源源不绝的。

既然是地方事务，总得依赖胥吏来维持运转，中央下发的政令，总得要胥吏去落实执行，那么，政绩的好坏，大概率就由胥吏的好坏来决定了。

如何与胥吏打交道，就成了一位地方官到任之后面临的首要问题。

最保险的做法，便是睁一眼闭一眼，让他们去干，给他们机会去捞，只要事情能做完，不出差错就好，反正过两年本官就要走人。

那士节不高的，便与滑吏们合作，大家坐地分赃，临卸任的时候，行囊里满满装着刮来的地皮。

激进的、有抱负的、想做事的，说不得就要跟胥吏们缠斗了。既要依靠又要防备，连打压还带拉拢，非英明睿智之人，实在也没这能耐！

所以说，"官人者，异乡之人；吏人者，本乡之人。官人年满者三考，成资者两考；吏人则长子孙于其间。官人视事，则左右前

① （宋）李焘《续资治通鉴长编》卷二二一。

198

后皆吏人也，故官人为吏所欺，为吏所卖，亦其势然也"①。

胥吏吸民之血，干扰司法，窃权弄政，乃至于玩弄上司，勾结豪强，把持地方，在大宋帝国的疆域内，便渐渐形成了一个吏强官弱的"公人世界"。

那么，就放任他们把地方上弄得一团黑暗混乱吗？也不至于。因为胥吏之恶，终归受制于中央集权与宗法社会的双重制约。

皇帝的意志，需要畅通无阻地贯彻到帝国的每一根毛细血管。宋朝自立国以来，便针对地方上制定了大量的专项法规法令，以规范各部门工作。这些法令条文的繁密、事无巨细，大大压缩了地方官员工作中的自主权。大家只能按章办事，情况特殊的，也不能事急从权，必须上报中央裁决。

造成的结果是大家想把事做好，固然条条框框的不容易；想把事情做坏，其实也挺难的——常态只不过是效率低下而已。

法规条文如此烦琐，一般官员难以尽数掌握，故要依靠衙门里的积年老吏：

"国家以法为本，以例为要，其官虽贵也，其人虽贤也，然而非法无决，非例无行也。骤而问之，不若吏之素也；暂而居之，不若吏之久也；知其一不知其二，不若吏之悉也；故不得不举而归之吏。"②

胥吏无形中窃取了官员权力，左右他们的决定。好在事物总是两面性的——法令条文的高度烦琐与教条化，加上体制上层层级级的权力监督、管控、制衡，不仅减少了官员的自主权，同样地，

---

① （宋）陆九渊《象山集》卷八。
② （宋）叶适《水心别集》卷一十五。

它也压缩了胥吏的作恶空间，小恶少不了，大恶，也作不了。

高度集权下运转着的官僚政治体系，笨重迟滞，出生便自带老年斑，却具有很强的有序性与稳定性。胥吏作为这架机器上最微小的齿轮，或曰寄生在这座巨兽上的虫虱，他们是既无能力，也不愿意造成大规模破坏的。

中国几千年的乡土社会，是牢固的宗法社会——以血缘为纽带，以长幼、尊卑、贵贱、嫡庶、男女有序的礼法约束着的世界。人们不离乡土，聚族而居，血缘与地域的双重认同，宗法的威权，使得中国的地方政治带有鲜明的自洽与自治特色。

宋代以来，科举制度完善，士人阶层借以崛起，有"功名"在身的地方知识精英阶层，占据政治、文化、经济上的一切优势，他们和宗族势力相结合，在地方上集聚成了掌控性的力量，这就是绵延至晚清民国的"士绅政治"。

所以中国的乡土政治，其实是专制集权大一统体系下，一个又一个的自洽封闭的小社会，类似于一种蜂巢式的结构。

胥吏们都是本乡人，政治身份尴尬、低下，既要在本乡生活，于国家律法之外，还不得不服从宗法的威权，不得不受制于士绅的势力。

反过来讲，人情、制度、律令、实务都娴熟的"地头蛇"胥吏群体的存在，对于流水般经过的"过山虎"官员们来说，也未尝不是一件好事。

只要老实遵守朝廷的明规则，再摸清楚衙门中的潜规则，这个地方官，其实也并不难为。只要不遇上突发事件，都可以无为而治了，日常便喝酒赏花、游山玩水、吟诗作赋，把任期混过去。

那么赵明诚呢，以他那一身学者气和公子哥儿的傲气，蝇营狗苟、为升官发财奔忙之事，他是不会干的；想认真做出一番事业，也挺难。最适合他的，大概就是做一个有底线、知本分，不够出色，却也不会太差劲的"太平太守"了。

赵明诚出任太守，李清照在家待了一阵子，便也收拾了行李，跟到莱州任上去了。她这个"太守"夫人又当得如何呢？

刚到莱州的时候，李清照写了一首诗记录境况：

感 怀

宣和辛丑八月十日到莱，独坐一室，平生所见，皆不在目前。几上有《礼韵》，因信手开之，约以所开为韵作诗。偶得"子"字，因以为韵，作《感怀》诗。

寒窗败几无书史，公路可怜合至此。青州从事孔方兄，终日纷纷喜生事。作诗谢绝聊闭门，燕寝凝香有佳思。静中我乃得至交，乌有先生子虚子。

官邸内空空如也，就好比三国时袁术（字公路）江亭绝粮一样寒酸。让习惯了图书文玩"几案罗列，枕席枕藉"的李清照很不适应。而作为太守夫人，刚到地方上，定然有许多官夫人间的应酬，而日常庶务，银钱账目，也少不得要管理。李清照对这些"无事生事"，很是不耐烦。

"青州从事"是酒之美名，"孔方兄"是钱。李清照是个好酒之人，愁闷时好独饮，欢喜时更要招好友共饮。她现在说讨厌酒，不是讨厌酒本身，而是附着在"酒"上的交际应酬。她宁愿闭门，熏香，作诗，谢绝外交，自个儿跟自个儿玩儿。

寂寞吗？才不呢，她在陋室中，照样能拥有至交好友——"乌有先生"与"子虚子",都是司马相如《子虚赋》中的虚构人物。

楚国使臣子虚,出使于齐。齐王派出无数车马,陪楚使到猎场玩儿,炫耀国力。子虚也不甘示弱,便天花乱坠地胡吹一通楚王在云梦泽狩猎的情景,吹得齐王默默无言,心道果然牛皮先吹者输。

然后齐国的乌有先生便义正辞严,讲了一通勤俭持国的大道理,说我们国家山河巍巍,想打猎哪儿不行,不屑于显摆罢了! 倒是老兄你,在外面把你家楚王吹得如此骄奢淫逸,是什么居心?

这就是一个战国风格的外交"辩难"故事,辞藻瑰丽,雄辩滔滔,人物性格鲜明,读起来十分快意。清照甚喜此篇,在脑海中身临现场,与古之奇才异士对坐侃侃,抚掌而笑,思接千古之乐,实不足与外人道也。

这首诗,道出了李清照的志向,也显示出了她率真洒脱的性情。如果说赵明诚是一位学者太守,那么李清照,则是颇具名士风范的一位太守夫人。这两个人,放到官场上,放到北宋末年复杂灰暗的政治环境里,已在泉下的赵爸爸李爸爸,大概要齐齐地叹口气,还真是相当地——叫人放心不下啊! 太平年节倒也罢了,遇上多事之秋呢?

很快,秋天真的来了,来得那么酷烈,那么猝不及防……

第四章

来日大难，口燥唇干

（一）

生命中终将到来的丧失

　　那是向心爱之物告以永别的目光。是的，他们心中都很清楚，劫数难逃，丧失开始了。

书画和胡椒有什么区别

龙虎散，风云灭。千古恨，凭谁说？

虽然经济富庶，文化灿烂，长久以来的军事积弱，内耗腐败，终于为北宋招来了灭顶之灾。

宋徽宗联金灭辽，欲要终结大宋"燕云十六州"之憾，不料国力之空虚反遭金国看破，金人大举入侵。宋军节节败退，靖康一年（1126 年）冬，帝都汴梁陷落。

靖康二年（1127 年）四月，被俘的徽宗、钦宗二帝父子，以及后宫、宗室、群臣、百姓，俱被金人如牧猪放羊般驱赶北去。回望繁华一梦，曾盛满文士风流与庶民欢乐的京都汴梁，被焚掠一空，残破的身影沉入无边的血与火。

北宋灭亡。同年五月，康王赵构即位于河南商丘。改元"建炎"，南宋建立。

"靖康之变"，在这一场天崩地裂的巨变里，所有人的人生都迎来未知的拐点。

赵氏家族中，大哥赵存诚、二哥赵思诚，在京城沦陷之后，护着母亲郭夫人南逃，最终落脚时称"江宁府"的南京。郭夫人年事已高，不堪劳顿，到达南京后不久即病逝。

妹婿傅察，奉命出使金国，因不肯跪拜金国太子，遭金兵杀害。另一个妹婿李擢，在金人兵围汴京时，以守城不力而落职。此后追随隆祐太后、宋高宗南逃，一生拥护宋高宗的和议路线，终得高官厚禄。

再看李家，李格非早在李清照退隐青州期间，便已过世。弟弟李远则随大部队成功南逃。

靖康一年（1126年），赵明诚已经调任到离家更近的淄州当太守，和李清照二人坐在衙中，忧心忡忡。

国势如此，还能有几分侥幸？家族与个人的安危将如何？金石书画文物，又该怎么处理——无论承载了多少人类文明记忆，凝聚着多少艺术的精华，又储存着夫妻俩多少美好的回忆，在战乱到来之际，在兵刀水火面前，它们，就是废纸，是破铜烂铁，是累赘。

"侯守淄川，闻金寇犯京师，四顾茫然，盈箱溢箧，且恋恋，且怅怅，知其必不为己物矣。"李清照在《金石录后序》中回忆着那时夫君的神情。他环视四壁箱箧的目光，是那样留恋又怅惘……那是向心爱之物告以永别的目光。是的，他们心中都很清楚，劫数难逃，丧失开始了。

在人类的暴力与野心面前，所谓文明的结晶是多么脆弱。

梁元帝毕生风雅，收罗图书十四万卷，亡国之际，自家放一把火烧掉。南唐李后主有样学样，宋军兵临城下，他抢先一步将平生至爱的图书字画付之一炬。北宋立国，文运昌盛，皇家秘阁之内，藏书之丰远超前代，更有无数古今书画名品，金军攻进来，灰飞烟灭。

唐代宰相王涯被族灭之后，人们打开他的藏书库，将黄金、美玉、象牙、蜀锦制成的盒具抢走，里面储放的图书字画则被扔在地上，随意践踏。而另一位唐代宰相元载，平生敛财无度，事败身死之后，家中仅胡椒就抄出六十余吨——胡椒当时是舶来品，价格昂贵，世人用于调味，一顿饭也不过珍惜地放几粒而已。

在世人眼里，在乱世之中，书画还不如胡椒值钱。这世界上，有人天生爱钱，有人嗜书如命，说到底，都是人生的痴癖而已，又有什么高下之分呢？多年后，李清照如是感叹。

然而，人活在世上，不就是看得透，放不下么？明知终将丧失成空无，活着的每一刻，仍会执着地、贪恋地走下去……

每日，和各种兵败、城破的坏消息一起到来的，是盔歪甲斜、怨气冲天、四处劫掠的逃兵。

宋代军制上实行"以文制武，军政分离"。兵权集中归中央所有，将武将的权力压缩到最低。普遍实行募兵制，使军人职业化。于是武将虽俯首帖耳，难以威胁皇权，但在军队中，"兵不识将，将不识兵"，兵不服将管，将无从统御军队，军纪之涣散，武备之松弛，却又是远过前朝了。

职业军人变兵痞，又无实际的淘汰与退伍制度，军队越来越庞大，军费投入越来越多，养兵空耗，还一再提高士兵待遇，不仅收入稳定，老、病、死、伤，连带家属，都能享受各种优抚政策。甚至对"逃兵"都很宽待——当兵当烦了、违纪了，逃跑没关系，只要你还肯回来，不仅不罚，还要重奖。兵油子们便借此套利，以至于"逃跑"也成了北宋军队的一项传统。

这样的军队，和平时期难以管理，战时不堪驱使，一触即溃，甚至不触而溃，也就不足为奇了。

赵明诚在淄州太守任上，境内便来了这些大宋逃兵，国难当头，还提什么宽待，下令严加缉捕，就地格杀。因此，受到朝廷嘉奖，官阶提了一级。

北宋虽无武将专权，但兵卒骄悍，很容易闹起"兵变"。赵明诚对逃兵下狠手，也是看形势危急，怕变生肘腋。

建炎元年（1127年）三月，郭氏夫人病逝。赵明诚南下奔丧，携带了十五车古器书画，俱是挑选出来的精品。李清照呢，则暂时留在青州家中。

这一年，李清照四十四岁，赵明诚四十六岁。人到中年，国难家难一起来，一对儿无忧无虑的"葛天氏之民"，成了乱世中的分飞劳燕。

老妻独携此而逃

花开两朵，各表一枝。赵明诚到达南京，赵构的新朝，急缺人手，故赵家兄弟三人，也不再遵守母丧需守满三年的旧制，都领命上任去了。

建炎元年（1127年）八月，赵明诚被任命为江宁（南京时称"江宁"）太守，兼江南东路经制使。十二月，大哥赵存诚出任广东安抚使，知广州。二哥赵思诚则留在中央，跟随被金军追得到处乱跑的皇帝。

南京这地方，古之帝都，外连江、淮，内控湖、海，负山带海，为东南要会之地。赵构一度还要在此定都来着。把赵明诚任命在这儿当守臣，还是蛮重视他的。

另一头，在青州，李清照一直待到年底，处理各种善后事项。

田地房屋，该卖的卖，该封存的封存。家私细软，要派可信的族人或管事，陆续运送南下。此外还有剩余的藏品，尚有十几间屋子之多，也待转移。

然而十二月，金军分兵三路，第三次大举南侵。其中，东路金军在完颜宗辅的率领下，奔京东路而来，直取青州、潍州。当地军民奋起抵抗，与金军展开攻守拉锯战。至建炎二年（1128年）十二月，一年之内，八名文职守臣殉难，至有全家百余口尽被金军杀害者。金军虽屡破城池，却难以久留，于是尽情烧杀掳掠之后，便弃城而去。赵家的房屋地产及李清照两口子的藏品，也就此一烧而空，荡然无存。

"十二月，金人陷青州，凡所谓十余屋者，已皆为煨烬矣。"多年以后，在《金石录后序》中，李清照平静地说道。和很多残存了性命的同乡一样，李清照告别旧家园，仓皇南下，从此再也没有能够回去。

建炎元年（1127年）十二月，在金军到来之前，青州城内，还发生了一次兵变。此次兵变凶猛，连青州本地的军队，也倒戈参与叛乱。知州曾孝序遭乱刀砍杀，叛军全城入民宅搜刮——关于此事，赵明诚在建炎二年（1128年）春天于其藏品《蔡襄"与章岷书"三帖》的题跋中写道："此帖章氏子售之京师，予以二百千得之。去年秋西兵之变，予家所资，荡无遗存。老妻独携此而逃，未几，江外之盗再掠镇江，此帖独存，信其神工妙翰，有物护持也。"①

---

① 李清照《金石录后序》中，关于运藏品南下的记载，因原文缺字，且作者本人语焉不详，引发了后人理解上的分歧。十五车藏品，常被认为是李清照负责运送。但事实上，建炎元年春，青州已处在危急之中，势不能久保，搬运家私南下，只有越快越好。赵明诚是官身，自有幕僚、门客、健仆，携十五车贵重之物行路，出门在外，岂不比李清照一女子安全太多？以赵明诚之痴，其宝爱之物，借奔母丧之际，先携之南下，是最顺理成章也最明智的办法。而奔丧途中犹携带家私，在当时可以说是不得已，事后在《后序》这样面向社会的文章中提起，难免会招致不够"纯孝"之讥，所以清照在文中含糊过去是很自然的。十二月，李清照因青州沦陷或兵变出逃，时间仓促，还能带上十五车藏品，又连遇乱军，实难想象竟可以无损抵达（对比赵明诚去世后她独自带着藏品逃难，连遭抢盗的情形）。赵明诚的跋文中，言"西兵之变"时，"老妻独携此而逃"，则又显然与"十五车藏品"相冲突。又，建炎三年，夫妻在池阳分别，李清照曾询问如果碰上乱军，该拿这些藏品怎么办？如果她曾有过护送十五车物件南逃的经验，应该不会再有这种疑问。而赵明诚的回答，则显得深思熟虑，很有经验。故综合考虑，这十五车藏品，还应该是由赵明诚随身携运至南京的。

那么，按赵明诚的说法，剩下的家藏文物是在兵变之中失去了，和李清照的记述略有不同。历史总是这样，即便当事人亲身回忆，也难免由于各种主客观原因而相互矛盾。不过，这也正反映了时局的混乱。对于战乱中的民众，"兵变"是灾，金人来袭是难，谁来都是连烧带抢，正所谓"贼过如梳，兵过如篦"，能逃得一条性命就不错了，家资之类，到底是给狼吃了，还是虎吃了，狼和虎又各吃了多少口，哪里算得清楚。

总之，李清照在一片混乱中逃离了青州故居，随身携带的不多物件中，便有这三件蔡襄的书法。蔡襄是宋仁宗朝的大臣，书法妙绝天下。还是在京城的时候，年轻的赵明诚夫妇，用了二十万钱，买到他的书帖，可谓是下血本，斥巨资了。二十万钱，差不多是二百贯。这什么概念呢？我们还是拿贫穷的苏氏兄弟来对比一下：靖国元年（1101年），苏轼流放从海南归来，有传言说他在常州买了一个养老的百年大宅，花了五百贯。①他弟苏辙在开封附近，买邻居三进的屋子，也就花了三百贯。

二十万钱买来的心头好，为什么会放在青州家中，而不是先行随十五车精品运走？大概是李清照特别喜爱，放在手边上，时时摩挲，所以才能在仓促之中"独携此而逃"……中途经过镇江，又碰上张遇的叛军在攻城，李清照裹挟在逃命的人潮中，又是一番惊心动魄，终于连人带帖平安地到达南京，此时，已经是第二年的春天了。所以赵明诚感叹："这是老天也爱惜笔墨的神妙，故遣神灵前来庇护呀。"

一百年后，这三幅书帖，被岳飞的后代岳珂从无名氏手中买

---

① 此事存疑，估记房价而已。

到。想到它们曾经是赵明诚夫妇的至爱，李清照又曾贴身携带，与共存亡，岳珂不禁感慨道："公书在承平盛时，已售钱二十万，赵氏所宝也。题跋皆中原名士。今又一百年，文献足考也。易安之鉴裁，盖与以身存亡之鼎，同此持保也。予得之京口，将与平生所宝之真，俱佚吾老也。"①

岳珂说，我要把这件意义深远的宝物好好地珍藏下去，作为我老来之欢娱——哎，又是一个痴的。

追着圣驾一路狂奔献宝

青州老家的藏品已化作烟尘。那十五车精选之物，又如何了？

夫妻俩是走到哪，带到哪，直到建炎三年（1129年）八月，赵明诚在南京猝然离世之后，李清照点检收藏与家资，"时犹有书二万卷，金石刻二千卷，器皿、茵褥，可待百客，他长物称是。"

藏品之外，还有家私日用，其中器皿、被褥等物，犹能供招待百名宾客之需。这数量是真不少。战乱年代，财物越多，越是危险。李清照左思右想，拿了一部分图书收藏，让赵明诚门下两名幕僚，送到时任兵部侍郎的妹婿李擢之处，李擢正护卫着隆祐太后南下，手上有兵又有船，便托他用船带到洪州（今江西南昌）。哪知金兵很快打到洪州，李擢有久经考验的逃跑技能，二话不说，弃城便走，哪里还顾得上小舅子的一船东西。于是这分出去的一篮

---

① （宋）岳珂《宝真斋法书赞》卷九。

212

子鸡蛋，也就碎了。

赵家的金石文物藏品，天下闻名，赵明诚病逝之后，李清照一寡妇人家，独在异乡，在许多人眼里，便成了一只好大的肥羊。

便有"御医"王继先，拿了黄金三百两，上门要买古器。李清照哀痛过度，正卧床不起，被他屡屡上门骚扰。幸亏赵明诚的姨兄谢克家，此时任兵部尚书。写了奏折，向赵构告状，道："臣子尸骨未寒，就有这样的事情发生，传扬出去，只恐有伤陛下圣德。"①皇帝遂发了话，王御医方才罢休。

其实呢，关于这件事，赵构本人也未必清白。不愧先帝之子，赵构也很热爱文化艺术，文物收藏上很有欲望。即使被金兵追得狼奔豕突，他也没有忘记为国库充实藏品。多次下诏在民间搜访，声称进献丰富者，可以换到官做。所以圣驾每到一处，都有很多人捧着真假文物，前来进献。②

王继先呢，本是个江湖郎中，因为会忽悠，又擅长揣摩圣意，深受赵构宠信。那么，他想在李清照手上廉价购买藏品，到底是个人行为，还是迎合皇帝的意思，就很难说了。反正按谢克家在奏折中的口气，是有些暗示王御医与陛下实乃一伙儿的意思。

后来到了绍兴三年（1133年），谢克家在临安法慧寺内，又见

---

① （宋）李心传《建炎以来的系年要录》卷二十七："和安大夫、开州团练使致仕王继先，尝以黄金三百两，从故秘阁修撰赵明诚家市古器。兵部尚书谢克家言：'恐疏远闻之，有累盛德，欲望寝罢。'上批令三省取问继先，因依。"

② （宋）王明清《挥麈录》卷一。"太上（高宗）警跸南渡，屡下搜访之诏，献书补官者凡数人。"（宋）周密《齐东野语》卷六："思陵（高宗）妙悟八法，留神古雅。当干戈俶扰之际，访求法书名画，不遗余力。清燕之余。展玩摹榻。不少厌怠。四方献奉无虚日。"

到了赵明诚的旧藏：蔡襄书帖，便为之题跋道："姨弟赵德甫（明诚），昔年屡以相示。今下世未几，已不能保有之，览之凄然。"①

法慧寺是南宋朝廷临时的秘书省办公地，皇家馆藏都暂时放在这里。那么，赵明诚的心爱之物，居然这么快就出现在此地，是何原因呢？耿直的谢家姨兄，好像又在暗示些什么了……

王继先风波之后，便有小道消息流传，说皇家想以"颁金"（特指皇帝赏赐臣下金钱）之名，收购赵明诚的遗物。说是收购，其实谁还真敢找皇帝要钱不成？李清照无奈，只得决定将剩下的金石等物，全部上交朝廷。

她还没来得及行动，金军喊着"搜山检海擒赵构"的口号，又打过来了，赵构带着他的小朝廷又开始逃了。李清照带着藏品，便也追赶圣驾而去。

前面是行踪飘忽的圣驾，后面是金兵追击，李清照这一路，走得艰辛无比。可是不跟也不行。这个时候，献藏品已非当务之急了。大宋只剩下宋高宗这一根独苗、一朵微弱的小火花，大家"世受朝廷之恩"，稍有气节，不愿投降金国的，便只能跟在赵构后面跑路了。

于是圣驾在前，众士民百姓，拖家带口在后，人喊马嘶，辎重、细软一路走一路丢弃……后世所谓"衣冠南下，文化中心南移"，在当时，就是这么一个乱哄哄、惨兮兮的场景。

圣驾先是在江浙一带绕圈子，经杭州、越州，到四明，乘船下海，沿海岸线一路漂到温州、台州。得刘光世、韩世忠诸将阻击，金军被击退，圣驾才又回到陆地上，从福建跑回浙江，总算缓过劲

①　（清）卞永誉《式古堂书画汇考》卷一。

儿来，福至心灵，感到这样还大难不死，王朝中兴定然有望，遂改元"绍兴"，定都"临安"。

李清照上山入海，一路追随，中途还抄了几次近路，到底也没能见着圣驾，倒把藏品又丢失了大半。

经过越州剡县时，她将所有的青铜古器寄存在一处人家，做好目录，以待将来。谁料不久之后，便被官兵打过来，尽数抄没。

第二次经过越州，借住在一户姓钟的人家。某天晚上，有贼人打了墙洞进来，偷走了五箧箱藏品。李清照重金悬赏，只有一个邻居拿了十八轴书画册求赏，其他的便再也寻求不得了。李清照心知这是有预谋的作案，贼人必在附近，然而战乱中也无从报案，无从缉拿，只得罢了。

在明州的时候，又被人连偷带抢，丢失了不少书画。

等到终于也赶到临安，这从山东搬来的十五车藏品，已经遗失殆尽，献无可献了。据李清照自己的说法，所残存者，不过零章片简，不成套的书籍三五种，几卷平庸的字帖罢了。考虑到历经劫难后的警惕心和自保意识，实际情况，或许比她自陈的要好一点——但也好得有限。

绍兴四年（1134年）①，李清照五十二岁，在临安重阅《金石录》手稿，抚之如见故人，遂作《金石录后序》。序文中，她说道："三十四年之间，忧患得失，何其多也！然有有必有无，有聚必有散，乃理之常。人亡弓，人得之，又胡足道。所以区区记其终始者，亦欲为后世好古博雅者之戒云。"

---

① 李清照著《金石录后序》的准确时间，目前未有定论，姑从王仲闻《李清照集校注》的考证，定为绍兴四年。

世间之事物，有得必有失，有聚必有散，天下人丢了弓，天下人得之，话说得很旷达，实际上，也是饱尝丧失之痛后不得已的领悟。

二

江宁兵变，爱情童话的裂缝

　　好好的"太平太守"，变成了逃跑太守，悔恨无言。"林下之风"的太守夫人，诗酒情怀，全换成了家国之恨，满腔忠愤……二人在江上，在方寸之地的舟中，朝夕相对，气氛难以形容。

在建康城的诗豪老去

逃难，漂泊，李清照无论任何时刻，《金石录》手稿不离身畔。藏品丧失殆尽，但对于赵李夫妻，他们这一生心血与感情的结晶，终是保住了。

> 因忆侯在东莱静治堂，装卷初就，芸签缥带，束十卷作一帙。每日晚吏散，辄校勘二卷，跋题一卷。此二千卷，有题跋者五百二卷耳。今手泽如新，而墓木已拱，悲夫！①

每一份手稿都收束整齐，每天的工作都有定量，就这样日积月累，条理分明地工作着。赵明诚真是一个天生适合做学问的人，他的细心、好洁和整理癖，或许曾让活泼的李清照感到不耐，但如今隔着生死两茫茫回望——

那灯烛光下时坐时立、时动时静的身影，映在岁月的芸窗上，另一个身影交织进来，和谐的两个影子，在并肩低语，在相对欢笑，一个起身去提壶冲茶，一个仰天伸起了懒腰……十几年如一日，每一个夜晚，当时都只道是寻常。

镜头转向建炎二年（1128年）的春天，李清照刚刚到达南京。这一年，是战乱起后难得安宁的一年。

赵明诚于公余，继续对《金石录》进行增补、校勘、题跋。他

---

① （宋）李清照《金石录后序》。

将至知天命之年了，人生易老天难老。天命何在？无人知晓，但赵明诚冥冥中似有预感，把每一点空余的时间都珍惜着。

对于李清照呢，南京这个城市，这个拥有"江宁、金陵、建康、秣陵、建邺……"诸多别名的古都，六朝烟水，潮打空城，每一块城砖，似都在倾诉人世更迭，激发她的诗情。

南京在李清照的一生中具有转折性的意义。在这里，她的生命被分作了截然不同的两段。在这里，她的文学创作发生了质的变化。国家不幸诗家幸，庾信文章老更成。自此之后，她忘却春风词笔，心事渐苍凉，笔力渐苍劲。她和她的作品，与这个国家一起进入了秋天。

建炎二年（1128 年），农历三月三日"上巳节"这一天，李清照设宴，邀在城中的亲戚们吃团圆饭。困难时期，自不像从前在家那般铺张，又在婆母的孝期里，也就随意设了些菜肴水酒罢了。

蝶恋花·上巳召亲族

永夜恹恹欢意少。空梦长安，认取长安道。为报今年春色好，花光月影宜相照。　　随意杯盘虽草草。酒美梅酸，恰称人怀抱。醉里插花花莫笑，可怜春似人将老。

席中，大家都不过是强颜欢笑着。大家不自禁地又谈起了京城——那座繁华尽扫的空城，曾盛满着回忆。这些鬓有飞霜的中年人，大好时光都是在京城汴梁度过的，在那里，他们出生、成长、嬉戏、交游、定亲、成婚……

大相国寺里逛庙会、金明池看水军表演，马行街上吃夜市、潘楼饮宴，宣德楼前赏花灯、州桥玩月，梁园赏雪，永夜歌管声细细，晓来卖花声隐隐……俱已矣！只有春天，无心无肺无所谓，依旧到人间。这宁静的古都中，春色宜人，出人意料的美好，春花娇媚，春月可喜，花月相照，今夜正适合饮酒、团聚。

梅子酿出恰到好处的酸香，烘托得酒味更加醇美。青梅下酒，正堪解忧，且共畅怀。还能像从前那样，趁着酒兴，众人将鲜花分发着插戴在头上吗？花如解语，会不会嘲笑我们衰朽的容颜？

"醉里插花花莫笑，可怜春似人将老。"在此之前，李清照从未言老。很多人年过三十，便自言其老，女子犹甚。但李清照不是——夫妻恩爱，没有日渐长成的子女在眼前提醒，痴迷于文艺与赌戏，兴趣广泛，加上一颗永远怀着激情的诗心……都使得她的心态，比一般女子年轻。

春将逝，总叫人联想到红颜老。一般旧式女人发现自己老了，想的是人老珠黄，色衰爱弛。李清照想的则是我诗酒自娱多年，如今老了，依然没什么拿得出手的成就。

临江仙

欧阳公作《蝶恋花》，有"深深深几许"之句，予酷爱之。用其语作"庭院深深"数阕，其声即旧《临江仙》也。

庭院深深深几许，云窗雾阁常扃。柳梢梅萼渐分明。春归秣陵树，人客建康城。

感月吟风多少事，如今老去无成。谁怜憔悴更凋零。试灯无意思，踏雪没心情。

当年欧阳修一阕《蝶恋花》，脍炙人口，劈面一句"庭院深深深几许"，问得无理，问得有情，生发无限，真是妙不可言。

李清照也爱极这一句，爱而生竞逐之心，索性拿它一口气填了好多阕新词。

欧阳修的原词，是这样的：

蝶恋花

庭院深深深几许，杨柳堆烟，帘幕无重数。玉勒雕鞍游冶处，楼高不见章台路。

雨横风狂三月暮，门掩黄昏，无计留春住。泪眼问花花不语，乱红飞过秋千去。

是男子模拟女子，恼恨夫君薄情，冶游不归，写的是可怜乱红无主的闺怨。

李清照的这一首，是迁客骚人感时伤世，是男子的口气——准确地说，是传统上人们以为男子才会有的口气。

欧阳修词中的庭院，为什么深？因为"帘幕无重数"，女主人公被封锁在深闺，而她为之痛苦的那个男人，却逍遥在外面的广阔世界，登楼极目也不可能望见。庭院之深，对照人的困境。

而李清照词中的庭院，之所以深，是因为心境的自我幽闭，是自我对于外界的主动抗拒与隔绝。"云窗雾阁常扃"——韩愈有诗篇《华山女》，写华山之上的修真女仙居处："云窗雾阁事恍惚，重重翠幕深金屏。"但南京在长江中下游平原上，有点儿丘陵而已，窗外哪来的云遮雾绕？纯粹是一颗心想要远离人境而已。"常扃"，门还经常关着，是陶渊明《归去来辞》里的话，"门虽设而常关"，不想搭理这世界罢了。

这一首词，大概写于《蝶恋花·上巳召亲族》之后的第二年，即建炎三年（1129年）的早春。柳梢已青，梅萼已成，又有花灯，又有雪，那么应该是在元宵节前后。在这样既清新又热闹的早春里，李清照怏怏无情绪，说自己老了。

曾经风花雪月俱有感，赏花饮酒流连，如今人生过半，面渐苍，发渐白，回想起来，只觉得心中空虚。

老去无成，不是名利无成，而是没有实现自我价值，不知道我这一生的意义何在。这种"老"的感觉，并不是生理上的老，而更近似于我们今天所说的"中年危机""中年焦虑"之类。

这也是李清照作为有志向有抱负的精英知识分子，在无情岁月与凋敝时代面前的彷徨。

"试灯无意思，踏雪没心情"——又是在端雅的文辞中，突然带入了平实的口语，看似随意，却为整首词带来鲜灵的生活气息。很多词人如柳永、黄庭坚、曹组，都喜欢把市井俚语写进词里，这其实是兵行险道，运用不当，会显得油滑、粗鄙，拉低作品的格调。李清照在这方面却做得很成功，不仅不会因词害意，反而能够让所要表达的意思与情绪，更到位，更深入人心。

在南京写下的《临江仙》与《蝶恋花》这两首词，和她南渡之前的词作相比，从题材到气韵，都有了明显变化。她已经开始主动打破"词体"的传统局限性，将它带出闲情余兴的后花园，引向更广阔的人生。

质变，则文变。从前，她的词作，是精艳工绝或俊逸轻灵的，非常注重典实与铺垫，诵读之，如抚蜀锦，如嚼冰梅。而现在，她的词作，变得更平实，更随性，气格更加沉郁了。

从前，她的写作，靠的是天才。现在，天才还在，又添了阅历。

赵明诚翻墙头逃了

建炎三年（1129年）二月，南京发生兵变。

宋代"兵变"多，两宋之交，军队叛乱更是此起彼伏，更兼盗寇纷起，对于正被金军追击的赵构小朝廷，正是腹背受敌，苦不堪言。而对于久经承平、如今镇守在地方州县的文臣们来说，气节、能力、生命，都面临严酷的试炼。

"江宁兵变"，叛变的是南宋的正规军——御营军。

御营军统制王亦，与同伙约定深夜于城内纵火，作为起事信号——按惯例，御营大军需驻扎在城外。王亦要占领南京城，白日里大军无法出动，便想趁黑夜里，打开城门，里应外合地叫军队攻进城来。

时任江南东路转运副使的李谟，窥知消息，火速通知赵明诚。然而赵明诚已接到移任湖州太守的任命，便袖手不理。李谟无奈，只得自行召集了民兵，在城内街巷皆设下埋伏，又用竹片石块等堆成路障。当夜，果然一处道观起火，叛军皆鼓噪而出，却因城中防守严密，久攻不下，混战到天亮，王亦不能得手，只得斧劈南城门而去。

众人再去寻赵明诚，却发现，他已经带着两名属官，趁夜用绳子吊着，翻城墙逃了。事后，两名属官皆获罪，官阶各降二级。赵明诚则被免职。

赵明诚这个职，免得一点都不冤。他虽接到调任之令，但人还未离职，接任者亦未到岗，在完成交接之前，作为一府之最高行政与军事长官，遇到紧急事件，自当负起保境安民的责任，岂有事到临头不管不顾，事发之后，丢下一城军民逃跑的道理？

外面杀声阵阵，同僚还带着军民在奋勇抵抗，你就逃了，连恩爱的妻子，视若性命的金石藏品，都抛之脑后……

这事儿，做得确实不地道，够丢人。

当然，也可以理解。古话说，"疾风知劲草，板荡识忠臣"——这个忠臣岂是好当的？说不得，是要牺牲性命的。

大宋文恬武嬉惯了，金人打来，十万禁军一夜溃散。文臣们平日里善打嘴仗，遇见真刀真枪，手足无措，敢于站出来抵抗的终究是少数，大部分人，都是要开逃的。比如同是这一年，金军攻入江西，李清照的两个舅舅，即王珪之子王仲端（一作"山"）、王仲嶷（一作"嶷"）哥俩，都在当太守，都麻利地弃城降了，也不过削职了事，过几年还能官复原职。国家用人之际，对这种事就不是很追究。

然后呢，这次碰到的是御营军。碰到金军，投降了也许还能留住性命。遇到御营军，那真是秀才遇到兵，有理说不清。

赵构建立南宋，重新成立"御营军"，作为中央军队。然而御营军来源复杂，嚣张跋扈，并不服从朝廷统管，就算不闹兵变，心情不好，虐杀个朝廷命官什么的，那也是随随便便。

建炎二年六月，秀州知州赵叔近，是赵宋王朝的宗室子弟，不小心纳了一小妾，却是御营都统制王渊曾经的相好过，被王渊怀恨在心。时任御营使司中军统制的张俊，正好行军要经过秀州，王渊便对他如此这般说了一通。到了秀州，赵叔近殷勤摆酒劳军，张俊走进来，一刀便把他脑袋砍了。然后啥事没有，王渊、张俊照样升官发财。

建炎三年二月，寿春守臣邓绍，因出言讥讽御营将军范琼在对金作战时不战而逃，被范琼部下当场杀害。如此种种，也难怪赵明诚害怕啊！形势比人强嘛，所以赵明诚得到了消息，第一反应是"本人不管"，第二反应是"先逃为敬"了。

那么，李谟何许人也？他为啥就敢正面跟御营军杠上，还居然把他们赶走了呢？

李谟，无锡人，南唐国主李氏之后人，崇宁五年的进士。因个子矮小，曾被同事嘲笑是娃娃当官，乳臭未干。此人矮是矮，一肚子精灵古怪。

兵变时，他的职务是江南东路转运副使。

宋朝，"路"是最高地方行政区，掌管一路事务者，有职能各异又互有交叉的四个平行机构。"安抚司"掌管军政，简称"帅司"；"转运司"掌财赋、钱粮、转运，简称"漕司"；"提点刑狱司"掌司法、刑狱和监察，简称"宪司"；"提举常平司"，掌常平仓与贷放钱谷等事，简称"仓司"。漕、宪、仓三司更兼有监察州县官吏的权力，总称"监司"。

到了宋朝后期，转运司职权扩大，俨然将其他各司的风头都抢了去。这转运使，便是转运司之主官。因司中事务格外繁杂，故又设转运副使、转运判官作为协理。

四司下总揽各州事务，上直接对中央朝廷负责，权力是不小的。但抵御叛军，保境安民，府守才是第一责任人。漕司又没有地方军队的调动权。李谟发现情况不妙，势必要把赵明诚叫起来干活，没承想叫之不动。

这才事急从权，调动了民兵，又布置路障，黑夜中尽量阻拦敌人前进。江宁是军事要镇，四周都驻有诸将的兵马，只要挨到天亮，叛军久攻不下，心虚情急，怕有援军驰来，想来自会退走——这一把，还真给李谟赌对了。

一路四司的长官位置，因职责重大，挑的向来是能臣干吏，比太守、知州的要求高多了。李谟能做到漕司副职这个位子上，完全靠的是个人奋斗，有能力有情商，一点一点功绩堆上来。所以事到临头，无论决策力、应变力和胆量，都不是赵明诚这样的书呆子能相比的。

赵明诚这一逃，也算官场常态，问题是，事态居然平息了，天亮了，又被人从城外给找了回来。这就很难看了。跟人家比比，无能得颇为醒目。

脸丢了，官被免了，这南京城里，是万万不想待下去了。夫妻俩商量了一下，准备移家还未被战火波及的江西。

生当作人杰，死亦为鬼雄

从南京到江西，走的是水路。阳春三月风光好，便载了藏品与家私，一行船队离了南京，上芜湖，过当涂，入江西，颇有"小舟从此逝，江海寄余生"之感。

船上的两个人，对着两岸青山隐隐，望江水滔滔，白鸥上下，各怀心事。赵明诚是为了这次仕途上摔的大跟头，或许，还有面对老妻的愧疚——把她一个人丢在乱兵中，这事儿无论如何，感情上都是讲不过去的。

李清照呢，即便她豪迈、豁达，能体谅、不计较，但她是一个特别重视士大夫气节的人，赵明诚这软弱的一逃，难免会激起她内心的失望与难堪。

感情的隐伤，可以用时间慢慢消化。从"三观"上生出的蔑视，却难以磨灭。赵明诚与她夫妻二十多年，朝夕相处，也曾心心相印，不可能不了解她个性中这尖锐的一面。这使得他在面对她时，也隐隐难堪起来。

而且李清照还在一路写诗。比如说，路过乌江时写下的那首《夏日绝句》：

生当作人杰，死亦为鬼雄。至今思项羽，不肯过江东。

楚汉相争，项羽垓下兵败，匹马逃至乌江之畔，乌江亭长欲助项羽渡江。项羽笑曰："天之亡我，我何渡为。且籍与江东子弟八千人渡江而西，今无一人还，纵江东父老怜而王我，我何面目见之？纵彼不言，籍独不愧于心乎？"①于是赠宝马于亭长，步行与汉军短兵相接，力战之后，自刎而死。

司马迁《史记》写项羽这临终一战，写得壮烈。西楚霸王一生骄傲，行到末路，宁可战死，也不肯逃窜苟安，不愧"生作人杰，死为鬼雄"。

但是，读史可以有多种角度。项羽勇冠当世，却刚愎自用，得良将贤士而不能用之，残暴不知收买人心，偏于不相干处，又有妇人之仁。不思天下大势，只想着衣锦还乡，被人嘲笑为"沐猴而冠"。连司马迁都不得不说：项王才霸气了五年，就身死国亡，还不知道自己错在哪里，说什么"是老天要亡我，不是我自己的原

---

① （西汉）司马迁《史记》卷七，《项羽本纪》第七。

因。"真是个糊涂虫啊！①这么一看，项羽不渡乌江，压根儿就是一个糊涂虫最后的执拗。唐代杜牧对此事，是这样评价的："胜败兵家事不期，包羞忍耻是男儿。江东子弟多才俊，卷土重来未可知。"②后来又有诗人抬杠说："五色龙文应汉王，项家徒用力争强。不知麾下无人杰，卷土重来亦是亡。"③毛病改不掉，卷土重来还得死。

咏史之诗，咏的是史，抒的却是各人的情怀与见识。楚霸王虽然糊涂，却有傲骨。李清照就爱他的骨气。她明写霸王，暗讽两宋朝廷。北宋朝廷被一锅端，俯首称臣投降。南宋朝廷亦不思进取，一味逃窜。而最具讽刺意味的是，项羽当年不肯过的"江东"，也正是现在宋高宗龟缩其中的江东。

李清照少女时写诗，嘲骂唐朝君臣，现在步入中年，胆气愈壮，直接讽刺国朝了。

我们抛开时代背景，回到这首诗本身，它的光彩更加夺目。它发出的是超越时空的黄钟大吕之声，是天地有正气，是无论身在何时何地都拥有不屈的灵魂。它是一首英雄主义的赞歌，令有志者昂扬，令软弱者羞愧。听在她夫君的耳朵里，便像一记无形的耳光。

赵明诚并不是个老官油子，他书生意气，自尊心强烈，个性又执拗。对于自己的弃城逃跑，他不大可能做到若无其事。他不会接受自己的懦弱无能，他会悔恨，恨自己经验不足，情绪不稳，才铸成大错，若有机会再来一次，定然不会如此……

---

① 《史记·项羽本纪》："五年卒亡其国，身死东城，尚不觉寤而不自责，过矣。乃引'天亡我，非用兵之罪也'，岂不谬哉！"
② （唐）杜牧《题乌江亭》。
③ （元）黄镇成《题乌江庙》。

赵明诚专心走学术道路，很明显没有继承到他爸的政治才能。赵爸爸年轻时，在德州当通判，也赶上了当地驻军的哗变，乱兵冲入太守府，州守火速逃了，赵挺之独自升堂，三言两语，居然劝得大家散了。事后，又设局将为首者捉拿正法，对从众者善加安抚。可见其机变与胆识。

　　再说李家，李爸爸格非，为政既刚猛，又精细，政治嗅觉灵敏，又能清心自守，是朝廷放心的那种识大体、能做事的臣子。他那宝贝女儿李清照，议论时政与史事，慷慨凌厉，压倒世间须眉。然而，我们也要考量一下，她这些，会不会仅限于纸上谈兵？

　　作为女子，她囿于狭隘的生活环境，缺少政治上的实践……不过，这些也不是关键。李清照的问题在于，她太急切，太刚烈，太多文学家的激情与浪漫——

　　她的气质，更接近于历史上的"清流"。清流者，品性高洁、富有才华的"名士"。他们一生以气节自砺，在野，则结党成社，抨击时政。"激扬名声，互相题拂；品核公卿，裁量执政"①，是不可小瞧的一股政治力量。在朝，则勇于跟权相、宦官、外戚斗争，越是朝政昏乱，越敢大鸣大放，置生死于度外。所以历史上，这类人也往往真的被杀害了。

　　"清流"，在乱世中激浊扬清，是"正道"的光芒。只是，很多人又敏于言而拙于行，缺乏实际的治国治军才能。

　　总之，现在好好的"太平太守"，变成了逃跑太守，悔恨无言。"林下之风"的太守夫人，诗酒情怀，全换成了家国之恨，满腔忠愤……二人在江上，在方寸之地的舟中，朝夕相对，气氛难以形容。

---

　　①　范晔：《后汉书》卷六十七，《党锢列传》第五十七。

三

诀别，

与纳妾疑云

我们知道，世间并没有完美的爱情，王子公主的童话也终会破碎。我们承认，生命是一袭华美的袍，爬满了虱子。但是，我们还是要记住那些美好的，去相信我们愿意相信的。

江岸送别，不祥的呼声

船行至安徽池州境内，有使臣自岸上追来，传旨道：起复赵明诚为湖州太守，着往南京觐见圣驾。对，赵构又从扬州跑到南京了。赵明诚要面圣，便要走回头路。夫妻商量了下，决定赵明诚回去，李清照则在池州先住下来。

送赵明诚离开那一天发生的事情，多年后，李清照犹记得分明如昨。她写道：

> 六月十三日，始负担，舍舟坐岸上，葛衣岸巾，精神如虎，目光灿灿射人，望舟中告别。余意甚恶，呼曰："如传闻城中缓急，奈何？"戟手遥应曰："从众。必不得已，先弃辎重，次衣被，次书册卷轴，次古器，独所谓宗器者，可自负抱，与身俱存亡。勿忘之。"遂驰马去。①

正是长江中下游地区最湿热的时候。人人挥汗，浑身黏腻不堪。赵明诚携了行李，独自离舟上岸。这一日，他身着轻薄夏布的衣裳，头巾高高地卷起，露出晒黑了的额头，精神抖擞。他的眼神明亮得异乎寻常，望着船上，向李清照告别。忽然一阵极不舒服的感觉从李清照的心头涌起：似悲痛，又似悔恨，又似是隐隐的不祥之感。她莫名惊恐地觉得，这是与他的最后一面了。她扑到船头，

---

① （宋）李清照《金石录后序》。

唇边涌起千言万语，却又难以成句，只得仓促地喊道："要是城里出了状况，该怎么办？"

赵明诚的回答是："跟着大家一起走。迫不得已，先丢掉沉重行李，再丢衣被，然后是书册卷轴、古铜器，只有那几件宗器，抱也好，背也好，你带在身上，与之共存亡。不要忘了！"

那个在江岸边逆着光的身影，一直留在记忆里。他站在那里，向她伸出手，那么果决地指点着、吩咐着，然后拍马而去，再不回头。明明是知天命的中年人，动作中竟有一种她久已未见的虎虎生气。

她知道他为什么这样反常，而这样的反常，令她心中异样的悲伤——

白日昭昭，飞骑踏黄尘，赵明诚心中只有急切。他急着去见圣上，圣上免了他的罪，对他重新起用，这无疑将他从颓废中救拔出来。给了他证明自己的机会，这一次，他要上报朝廷知遇之恩，下不再愧对百姓，不，不再愧对任何人。他有无限心迹，要向圣上剖明。他将有很多的事要去做……

而李清照站在他身后。她一直支持着他，她从来不是他柔弱的妻子，而是他的知己、同道——这次，他必将不会再愧于面对她。所以他走，将身后的一切全交付给她。

他要李清照与之共存亡的"宗器"是什么？"宗器"者，古时宗庙所用的祭礼、礼乐之器。子曰："春秋，修其祖庙，陈其宗器"①，宗庙祭祀是儒家礼法中最重要的事情。宗器，也就是一个国家、一个家庭最重要的物品。夏商周三代，作为宗庙重器的青铜

---

① 《中庸》十九章。

钟鼎彝器，在爱好金石的儒家学者们眼里，自是珍贵无比。而根据《金石录》中的藏品目录，赵明诚在这里所指的，大概就是那几只青铜的小鼎。这些藏品，每一件，都曾经他们的手千百遍摩挲，略一示意，李清照便知道他说的是什么。

乱世中的离别，大抵如此，没有缠绵悱恻，没有呼天号地，匆忙中互相交代的，都是些最现实急迫的事情。正因为当时太平淡，那一转头后的百年身，才痛彻心扉。

兵荒马乱，赵明诚临行前呼喊的这一段话，一直回荡在他们此后的生命中。如不祥的预言，揭开悲剧的序幕，此后，果真如他所说——"先弃辎重，次衣被，次书册卷轴，次古器……"所有曾珍爱的，就这样一路丧失了。

一切都是徒劳。

明诚去世，人生开启高难度模式

农历七月末，身在池州的李清照，接到信使从南京带来的消息：赵明诚病重。

赵明诚在酷暑天气里拼命赶路，中了暑，又不肯休息，得到南京，转成了痢疾，面见圣驾的事，也只得耽误下来。李清照心知不妙，老夫老妻，她知道以赵明诚的个性，为了能让病情迅速好转，必会情急之下滥用猛药。

李清照坐船直下，一日一夜行三百里，赶到南京，果然，为了快速退烧，赵明诚服用了柴胡、黄芩等寒凉药物。他一路劳累，又非壮年，体质虚弱，服下药后，便发烧打摆子，兼拉肚子，上下夹攻，病入膏肓。

李清照见他不过一个多月未见，便形销骨立，不禁大恸，衣不解带地服侍着，更不忍心向他询问身后之事。这样耗了几日，赵明诚溘然离世。临终之前，只勉强提笔作绝命诗一首，并无他言。

上天给赵明诚开了一个残忍的玩笑，剥夺了他最后证明自己的机会。在他曾留下耻辱的南京城内，在老妻哀痛的目光里，在痛苦狼狈地与疾病做对抗时，他的心中，想必是充满不甘与遗憾的。这些不甘与遗憾，到最后的时刻，变成了浓黑的绝望。

　　八月十八日，遂不起。取笔作诗，绝笔而终，殊无分香卖履之意。①

何为"分香卖履"？一代雄主曹操临终之前，留下《遗令》，对姜婢与女伎们都做了安排，说她们一生服侍我都很辛苦，我死后，让她们住在铜雀台，衣食上好好地照顾着。女伎们每月两次，到台上祭我以歌舞。西域来的名香，分给众位夫人。大家日长无事，可以学着做点鞋子拿出去卖，等等。

曹操一生活得恣肆，老来霸业将成，儿孙绕膝，恨不得向老天再借五百年。死神来了，心虽无惧，于亲手打下的江山、掠回的美人，还是恋恋的。早些年身子健壮的时候，他还说过，死后任凭众妾改嫁。如今真到时候了，倒不提了。不仅不提，还要她们都为他守节，为他的亡灵歌舞，还要自行做鞋子挣钱。

所以"分香卖履"这个典故，既指遗嘱，更暗示立遗嘱者临终

---

　　① （宋）李清照《金石录后序》。

前的儿女情长，各种婆妈牵挂，虽英雄豪杰不免。

然而，赵明诚竟默默无言地去了。对恩爱的妻子，对毕生收藏的金石文物，对他最牵挂的著作，都没有留下一句话。

赵明诚其实是秉性忠厚的人。长于富贵安乐，不喜功名利禄，又得了知心爱人，写出了可以传之百代的著作，十全十美的日子，不料来日大难，措手不及，被命运打得一败涂地，还有什么好说的？

又或者，挣扎于病榻神志昏昏的他，已无力多说；又或者，他对她一直很放心，就像从前无数次，放心地在各个方面输给她……

逝者已矣，生者继续承受苦难。李清照为亡夫作祭文，其中有句云："白日正中，叹庞翁之机捷。坚城自堕，怜杞妇之悲深。"

庞翁者，唐代居士庞蕴，修佛有成，他知道自己将死，与女儿告别。谁料女儿谎称日食，将老爸支出门外，自己抢先一步坐化。庞蕴不由大笑，道："我女儿真锋捷啊！"杞妇，齐国人杞梁之妻。杞梁战死，其妻无夫无子，举目无亲，于是枕着丈夫的尸体痛哭，十日之后，城墙被哭倒了。

这两个典故用在祭文中非常贴切，正是李清照此时的处境与心境。

安葬完赵明诚，李清照大病一场。病愈之后，她开始了孤身独行的后半生。如果说人生如一场赌戏，她的后半生，就是开启了"高难度"模式。

纳妾疑云，"分香卖履"啥意思

千年之后，从"分香卖履"这四个字中，有人得出了"赵明诚纳妾"的推论。理由是这个典故，就讲的是曹操安排侍妾后事嘛！

其实呢，"分香卖履"这个典故，一般并非实指如何安排后事。它的用法主要是代指立遗嘱者临终前的儿女情长。在古典文学语境中，它的出现，往往是含有贬义的。为啥是贬义呢？因为它不符合儒家的价值观。

比如苏轼认为："世之称人豪者，才气各有高庳，然皆以临难不惧，谈笑就死为雄。操以病亡，子孙满前呻嘤涕泣，留恋姜妇，分香卖履。区处衣物。平生奸伪，死见真性。世以成败论人物，故操得在英雄之列。"①说像曹操这样平生好演大戏，临死才暴露出贪生怕死贪恋女色本性的人，也就是因为他成功了，世人才把他当个英雄。

再看宋人艾性夫的诗："分香卖履吁可怜，所志止在儿女前"——这就是男人没出息的表现。

现代人，才会推崇"爱美人不爱江山"，要浪漫，要深情，电视剧里帝王将相，都忙着谈恋爱。在古代人眼里，对不起，这就是昏君。曹操的遗嘱，因此长期受到嘲笑。反观他的对手刘备，遗诏里，字字句句都是家国大事，人们读了，皆肃然起敬。

李清照是什么时候写的《金石录后序》？是绍兴四年（1134

---

① （宋）苏轼《东坡全集》卷九十四，《孔北海赞（并叙）》。

年），离赵明诚去世又五年过去了。朝廷定都临安，略得安稳，便有了重振文化的决心。李清照也抓紧时机，将《金石录》整理问世，准备进献朝廷。

她的目的，是要完成赵明诚的遗愿，让亡夫心血凝结的作品，得到社会认可，传诸后世。而她自己，刚经历了一场热闹的改嫁风波，现在要重新以赵氏遗孀的身份，来为赵明诚的遗著鼓吹。

那么，关于赵明诚与她自己，关于《金石录》成书前后发生的一切，就有可写与不可写者。需要写的，是成书的艰辛，是夫妻俩为此书付出的心血，是赵明诚的痴念不改，壮志未酬。而不该写不必写的东西，比如赵明诚弃城逃跑，是一定要回避的。

她不会吐露任何有损于赵明诚名声的事实，也不会让自己与赵明诚的夫妻生活留给他人猜疑的把柄。所以，她不可能会像一些当代人想象的那样，通过"分香卖履"这个典故，暗示赵明诚纳妾，且没有对妻妾后事做好安排，以发泄怨怼之情——这不仅毫无必要，而且不得体。

在妾可以被随意买卖、转送的宋朝，妾的家庭地位，完全不能与正室之妻相提并论。就算家中有这么一位或几位妾，在举家逃难的情况下，并未生育的妾，最可能的结果，是早早被遣走，以节省资源。就算这么一位或几位妾，能一路跟随，跟到了赵明诚临终……有正妻在，又无儿女，妾没有任何财产继承权可言。妾的去向，更无须交代，由正妻全权处理便好，这才是伦理与法理上最正当的做法。

那么，李清照强调赵明诚临终无"分香卖履"之意，到底什么意思呢？很简单，就按照宋代人的普遍思路理解：志士仁人，应淡然生死，哭哭啼啼，婆婆妈妈，没的贻笑后人！

国难当前，未报国而身先死，李清照要为夫君塑造的，就是这样一个以家国为念，绝不留恋儿女私情的志士形象。

爱情，你只能相信你相信的

那么，赵明诚这一生，有没有可能纳妾呢？毕竟，他们婚后二十多年，没有子女，为了后代，应该纳个妾吧？

这个事情吧，按社会风气呢，似应如此。但也不意味着，必然会如此。

在宋朝，士大夫纳妾，确实是很普遍的现象。然而，很遗憾，这也并不是一个被鼓励的现象。实际上，无论唐宋元明清，男人不二娶、不纳妾、不嫖娼，在儒者的正统观念中，一直都是德行高尚的标志。

宋代士大夫中，终身不纳妾的大有其人。比如司马光，直到三十多岁，还没个一男半女。妻子急了，买了美妾回来，自个儿躲出去，想给他们制造机会。结果司马光横眉冷对："夫人不在，你跑来干啥？"立刻叫人送走了。

王安石，其夫人花九十万钱，买来一妾，打扮得美不胜收，放入夫君房内，沉浸在变法大计中的王相公，大吃一惊："你是何人？"便问了女子家在何处，连人带她的身价银子，都送回去了。

宋真宗时的大臣孙甫，"虽贵而衣食薄，无妾媵，不饰玩好，不与酣乐，泊如也"①。

----

① （宋）曾巩《元丰类稿卷四十七·孙公行状》。

真宗朝另一位名臣张咏，性情刚猛，不仅不纳妾，孤身在外地做官时，身边服侍的都是些老仆。

南宋大臣袁韶的父母，双双年近五十，无子，古人以女子四十九岁绝经，无望生育，于是筹谋买妾。袁父过去一看，对方却是某知府之女，因父亡家贫，作此下策。便把身上的钱尽数赠予对方，自己空身回来。回来后，袁父对袁母说："有没有小孩，这都是命，别折腾了，就我俩过吧！"好人有好报，到了第二年，便生下了后来被封为越国公的袁韶。

直到妇女地位显著下降的明清两代，既不纳妾，又终身无子的，也不乏其人。

《万历福州府志》中记载，明代嘉靖年间，有个叫袁宗耀的学官，四十多岁了，还没有儿子。妻子为他置妾，他说："我已是日落西山之年，不必再连累别人。"

江苏人王大桂，家境富裕，娶妻曹氏，一生未育。有劝其纳妾者，答道："我哥有儿子就行了，侄子跟儿子也没啥区别嘛。"①

夫妻无子，可以在亲族中过继，这也是宗法认可的血脉延续。比如司马光就过继了侄子为子。李清照的表妹婿秦桧无子又惧内，则过继了内侄（李清照表兄的私生子。表兄亦惧内未纳妾）为子。

赵明诚与李清照久婚无子，子嗣之事，夫妻应该是讨论过的。但他俩在赵家是小三房，承祧的压力本来就小一些。夫妻感情深

---

① 江苏丹徒《开沙王氏重修甲分谱》卷五。

厚，清照还未到五十岁，更有过继之路可选①——

赵明诚不纳妾，不能说是肯定、必然，但事实上，是完全有这个可能的。

人们往往因循社会风气，凭借主观经验与刻板印象，便随意对他人生活下判断、"贴标签"。自己相信什么，遇到一个情况会怎么做，就相信他人也会如此。但问题是，无论历史上，还是现实中，永远都有超出你认知范围的人与事，你不相信，没有遇到，并不代表它们不存在。

比如，皇帝三宫六院。偏偏就有明孝宗这样只认一个张皇后的例子。宋英宗赵曙，与青梅竹马的皇后高滔滔恩爱，四子四女，全是高皇后所生，而"左右无一侍御者"②。

我们并没有证据能证明，赵明诚纳妾与否。但我们也应该知道，在信息缺少的情况下，作为吃瓜群众，对于名人生活的揣测所映照出来的，其实正是我们本人的内心。

---

① 据明代黄仲昭《八闽通志》卷六十八记载："赵思诚，字道夫。……后思诚历中书舍人，以宝文阁待制守泉，明诚以集英殿修撰帅金陵，卒于官。诸子亦徙居于泉。"从前后文意看，"诸子"应该笼统地包括赵思诚与赵明诚的所有儿子。但亦有人认为专指"赵明诚之子"。但若赵明诚生前有子，且是诸子，不止一个，如此多个明显的大活人，就算是妾生的，也不至于被亲友忽略。而李清照如果膝下有妾生子——妻五十以上无子，可立庶长子为嫡，她也不用以无夫无子的"杞梁妻"自比，更用不着急于改嫁了。这个假想也给我们提供了另一种思路，即宋代无子者，过继亲戚或他人之子者极为普遍，那么李清照在晚年，是否于赵氏宗族内过继了一子，以继承赵明诚的家业？

② （宋）蔡絛《铁围山丛谈》载：慈圣光献曹后以盛德著，而宣仁圣烈高后以严肃称。在治平时，英宗疾既愈，犹不得近嫔御。慈圣一日使亲近密以情镌谕之："官家即位已久，今圣躬又痊平，岂得左右无一侍御者耶？"宣仁不乐，曰："奏知娘娘，新妇嫁十三团练尔，即不曾嫁他官家。"

你把自己代入赵明诚，你觉得，你就该纳个妾，那赵明诚就纳了妾。把自己代入李清照，你自忖无法拥有夫君的忠诚，那么，也谨如你所想。

反之，如果你相信自己，但得一知心人，便能够洁身自好，不屑狂花浪蕊，不顾世俗压力，坚决与他（她）厮守终生，那么，赵明诚与李清照也就能。

《金石录》三十卷，赵明诚笔下，除了李清照，并未出现过第二个女人的身影。在那些凝注了热爱与心血的跋文中，有一篇，讲的是夫妻俩在淄州时，赵明诚于附近村庄得到白居易手书《楞严经》的经过：

白居易书《楞严经·跋》

淄川邢氏之村，丘地平弥，水林晶清，墙麓硗确布错，疑有隐君子居焉。问之，兹一村皆邢姓，而邢君有嘉，故潭长，好礼，遂造其庐。院中繁花正发，主人出接，不厌余为兹州守，而重余有素心之馨也。夏首，复相经过，遂出乐天所书《楞严经》相示，因上马疾驱归，与细君共赏。时已二鼓下矣。酒渴甚，烹小龙团，相对展玩，狂喜不支，两见烛跋，犹不欲寐，便下笔为之记。①

文字庄雅，情怀炽热，带着学者的痴气，可以与李清照那段著名的"赌书泼茶"文字对照而读——怀想这样的相对时光，算世间夫妇无数，又有几人能够拥有？

---

① 缪荃荪《云自在龛随笔》卷二引。

241

我们知道，世间并没有完美的爱情，王子公主的童话也终会破碎。我们承认，生命是一袭华美的袍，爬满了虱子。但是，我们还是应该去相信那些我们愿意相信的美好。

女性名人的爱情一定是悲剧吗？

凤凰台上忆吹箫

香冷金猊，被翻红浪，起来慵自梳头。任宝奁尘满，日上帘钩。生怕离怀别苦，多少事、欲说还休。新来瘦，非干病酒，不是悲秋。　　休休，这回去也，千万遍《阳关》，也则难留。念武陵人远，烟锁秦楼。惟有楼前流水，应念我、终日凝眸。凝眸处，从今又添，一段新愁。

这是李清照在北宋时期写下的诸多闺情词之一。词中女主人公的情人似乎经常远行，这一次，又留人不住地走了，剩下女子一个人，空床独守，空怀怅惘。

这阕词内容没什么特别，技巧上则非常成熟："香冷金猊，被翻红浪"，富有视觉与嗅觉冲击力的一个开头，柔艳华美，后面却一点点地舒缓、沉静下来。情怀朴挚，更引入了女性化的"闺中哝语"，添许多家常清新。

其切韵合律，跌宕自如，又自有一种闪转腾挪之姿，像京都瓦肆里的高手在作杂耍，步步惊心，步步妥当。可谓是集文采之美、情感之挚，技巧之炫于一体。

当代人对这首词的理解是有争议的。争议的核心在于"武陵人远，烟锁秦楼"这八个字中的两个典故。

武陵人远——武陵者，典出陶渊明《桃花源记》，讲的是武陵打鱼人，发现了一个世外桃花源，这里的人不知有汉，无论魏晋，黄发垂髫，并怡然自乐。

古典文学语境中，又有一个"天台桃花源"的典故：东汉时，有刘晨、阮肇二人入天台山采药，不慎迷路，见山中有桃林，便采了山桃充饥。后来到一溪边，遇见二位美貌仙女，拿了胡麻饭、山羊脯、桃子、酒，招待他们，并盛情邀他们共宿——

"武陵"之典写隐居，"天台"之典写艳遇，风马牛不相及。却有人将二者混为一谈，认为李清照写武陵，就是写天台，进而就是写艳遇，然后引申到赵明诚有外遇，赵明诚纳了妾，冷落李清照……这个脑洞，实在是开得太大了。

烟锁秦楼——这个故事出自刘向的《列仙传》：

> 萧史者，秦穆公时人也。善吹箫，能致孔雀、白鹤于庭。穆公有女字弄玉，好之，公遂以女妻焉。日教弄玉作凤鸣。居数年，吹似凤声，凤凰来止其屋。公为作凤台。夫妇止其上，不下数年。一旦，皆随凤凰飞去。

这也是古人常用的典故。通常，使用这个典故，是代表夫妻恩爱。后来，秦楼又演变成为歌台舞榭的代称。

亦有学者认为，这个秦楼，其实是"日出东南隅，照我秦氏楼"中的秦楼，是汉乐府《陌上桑》中那位绝代佳人秦罗敷住的地方。

无论如何，秦楼，都指的是女主人公居处——秦楼被烟锁，表

243

示女方的爱侣不在，正和前面一句"武陵人远"形成呼应。

作为男主角，"武陵人"，又是个什么形象呢？从全词的意思来看，这是一个被女方思念着牵挂着，却又因某种原因，不得不离家远行的男子。

如果我们把他代入到赵明诚。想想夫妻俩一向以"葛天氏之民"自居，一直热烈地崇拜着陶渊明，那么，怡然自乐的武陵中人形象，也还是蛮贴合的。

人出武陵，有不得已，但此不得已又似极为有理，非柔情所能羁绊——则不过是尽士大夫之本分，为国事，为公事罢了。

这么理解，这首词读下来就非常顺畅，女主人公的离情与眷恋，也落到了实处。如果非要把"武陵人远"一句，理解为男子有外遇，整首词的基调就改变了。深情告白，忽然插入猜疑与怨怼，给人心机满满的别扭感。好比荧屏上一对情侣相依相偎，浓情蜜意，突然女主背着男主，向观众露出一个冷笑——导演，你这是言情剧，还是悬疑剧？

李清照这个人，情感上从来是坦荡直接的。无论词中写的是谁的情事，作者的爱情观总归是固定的。一个人有一个人的情感密码，她玩不来，也不屑于"小白花"式的欲说还休，含沙射影。

甚至于，那首写于莱州的《感怀》诗，都要被怀疑成是见赵明诚纳妾而伤怀。诗人以三国豪强自比，与古之名士对话，居然是为了抒发弃妇的哀怨？真是岂有此理！

穿凿附会的说法，为什么有市场？因为有人喜闻乐见才女的爱情悲剧，瞧——名人，名女人也不过如此，注定要被男人抛弃的，红颜薄命啊！

观赏并同情名人的不幸，往往是某些人确定自我价值与自我认同的捷径。

简·奥斯汀一辈子没嫁人，就要被他们同情：一代才女没人要。结婚又离了吧，比如张爱玲，他们又要同情她被始乱终弃。张爱玲又结了两次婚，看上去不缺男人，他们又开始可怜她没个一儿半女，无人送终好凄凉。像李清照这样，比翼双飞，不离不弃吧，又一定要挖出男人不忠的证据来。各种索隐，逐字抠寻……

再说，又怎么能确定，李清照她，写的就一定是自己的情事呢？

我随便写写不行吗——闺体的幻境

如果我们细察赵明诚与李清照的夫妻生活，会发现一个意外的事实：他们之间，并没有过长时间的地理分离。

新婚初期，赵明诚恩荫出仕，因为头两年未确知何职，理论上有外派或出差的可能；在青州时，赵明诚游览名山古迹，寻访金石，出过一些短期的门；赵明诚出任莱州太守，上任不久，李清照也就搬过去了；赵明诚奔母丧到南京，两人一南一北，分别最多一年。最后，赵明诚匹马赴南京，李清照留池州，一个月的分离。

除此之外，都是双宿双飞。那么，她那么多离情别怨的词，怎么写出来的，不觉得奇怪吗？

放在整个宋代词坛，其实是不奇怪的。还拿欧阳修举例子，一代大儒，朝廷重臣，他就冒充过多少回闺中少妇啊！

比如李清照激赏的那首《蝶恋花》：

庭院深深深几许，杨柳堆烟，帘幕无重数。玉勒雕鞍游冶处，楼高不见章台路。　　雨横风狂三月暮，门掩黄昏，无计留春住。泪眼问花花不语，乱红飞过秋千去。①

　　锦绣的牢笼，困住多情的心，写闺思深婉而哀艳，但是，你没法把欧阳修与词中女主人公合二为一，想一下都很惊悚对吧。从前的人对此却不以为意。中国古典诗歌一直有男扮女的传统——

　　从屈原以"美人香草"寄意的时代就有了的传统，最初是借男女以喻君臣，渐渐演变出一种"闺情"题材——可以当成单纯的闺妇之情来读，也可以寄思渺远，赋予文本更宏大的意义。

　　比如这一阕"庭院深深深几许"，可以理解为一个女子，在深闺怅怨那花心的男子。也可以理解成：一个满怀孤忠的臣子，在为君王的亲小人远君子而垂涕。

　　为什么男诗人写闺情，一点儿违和感都没有呢？其一，在君臣父子夫妻的伦理框架中，君臣与夫妻，本来就有相似的权力对应关系。其二，诗人大都人格分裂。

　　诗人者，随处可触发，一朵花里看世界，于无声处听惊雷，可以在极热闹的场合，写出孤寂的诗行，在极落寞的时光，写出昂扬最强音。诗仙李白一边高吟"安能摧眉折腰事权贵，使我不得开心颜"，一边钻营找门路，为权贵写颂歌。诗圣杜甫悲呼着"安得广厦千万间，大庇天下寒士俱欢颜，风雨不动安如山"，一边使酒骂座，任性得像个孩子。才貌仙郎潘岳，却谄媚权臣贾谧，大路上见

————————————

　　①　该首《蝶恋花》一说为冯延巳作品。但李清照生活时代更近于欧阳修，且清照博闻强记，当不至于记错。故定该词为欧阳修作品更为妥当。

到贾府车马，便在车尘中跪拜，然而他的一篇《闲居赋》，却写得高洁出尘。

诗人者，完全可以口袋里揣着贵妇的请帖，一边顾影自怜，一边想着今天晚宴会不会有肥嫩的烤乳鸽。然后一掉头，就奋笔写出一首"金钱啊多么罪恶！女人啊多么虚伪"的长诗。这不是虚伪，也不能仅归因于人性的复杂，这可能，正是诗性的独特之处——

它是一种上天赐予凡人的奇特天赋，放大一切感官，体验幽微复杂的情感，于不经意中到达人性最深处。诗人的人格，可以在本我、自我与超我之间任意出入，用一支混不吝的妙笔，写尽人世间百态万象。

如果每读一篇诗歌，便要从中寻找作者本人的经历与隐私，这是不懂诗人，也不懂得诗歌。

理解李清照，首先要知道，她是一个极具野心的诗人与文学家，其次，她才是一个女人。

你不能局限在"小女人文学"的思维定式里，觉得女人写作，必定是私写作，必定是成天到晚，写她自己那一亩三分地的爱情故事，然后读之津津，言之凿凿，自以为全方位地围观了才女私生活。

前面说过，因为太脱离生活，有违伦理，颠倒尊卑，李清照不会去写青楼女子逢迎卖笑的作品，但在她的兴趣与修养允许范围内，我们不能排除她在创作上的各种尝试。而"闺体"就是她手边最现成最合适的工具。

没有经历过漫长的别离，为什么也能写出具有强烈感染力的作品呢？

是的，文学来源于生活，如果一个人没有品尝过离别，仅仅依靠文学的模仿，是无从写出具备真情实感之佳作的。但文学不仅来自生活，更来自情感的澎湃、心灵的敏感，并借此而超越生活。于诗人的心灵，是真正意义上的"一日不见，如隔三秋"。诗人一日的感触，完全抵得上他人的三年、三十年。

　　只要品尝一滴蜜，他们可以获得整个世界的甜，识得一丝苦，他们可以预支人世无限之苦。但有一点愁，便能白发三千丈，只需初次别离，便永远黯然销魂。

　　那么就出现了一个严重问题，我们根本无从分辨，在李清照的闺情词作中，哪些是有实际所指，哪些又是戏仿与虚拟——毫无疑问，这给八卦者们设置了迷宫与幻境。但这样的迷宫与幻境，给我们的文学世界，又带来了多少诱人的美景！

（四）再嫁风波，怀臭浴火的重生

　　人生绝境的再次到来，张汝舟的恶劣人品，不堪受辱的怒火，反而将她消沉的斗志再次激发出来。在这一场壮士断腕、绝地逢生的战斗中，她的聪明才智、意志力、自尊心、对理想的追求，都浴火重生了。

一场胜得艰辛的绝地反击

尘埃落定，人近半百，容颜老去，李清照定居临安。

赵家此时已经陆续向福建泉州转移人口。先是老大赵存诚全家，然后是当上泉州太守的老二思诚。泉州远离战火，经济发达兼民风淳朴，适宜聚族而居，所以连赵挺之的侄儿们，最后都移居了过去。

作为最小的弟媳妇，李清照却并未跟随大家族的脚步，而是自赵明诚去世之后，就投奔了弟弟李远。

李清照病中，弟弟为她烹药尝药，可见姐弟感情很好。但弟弟有自己的家庭，人多嘴杂，寄居总非长久之计。

李清照眼下，藏品虽丧失殆尽，但瘦死的骆驼比马大，落在旁人眼里，还是一个寡妇带着一大笔家财。天子脚下，王法世界，偷抢是不行了，但可以连人带钱一起娶回来呀。

衣冠南下，原来在北方的田地庄园没了，一路上又连丢带扔，大家的财产都严重缩了水。长途奔波，丧偶者更不在少数。灾难后，人们总要重新组合家庭。李清照虽已年近五十，但这并不妨碍有人向她发动求婚攻势——

中国的传统看法，女人不管多大年纪，总归要有个男人依靠，这于她的财产与人身安全，都是最妥当的。没儿子，那就得嫁男人。可能就是因此，李远是一点儿礼教压力也没有，一心就要为姐姐谋个晚年归宿，可惜眼光不太好，选中了张汝舟。

张汝舟是谁？一个小官员，一个小人物。

有人说，就是赵明诚病重时，曾携一假玉壶来访的"张飞卿学士"，但考察履历与籍贯，并非同一人。而另一位同时代的张汝舟，则为进士出身，为官清廉，早在建炎四年，便已经是直显谟阁学士，明州太守了。

出现在李氏兄妹面前的这位张汝舟，相形之下，十分黯淡，真的完全是因为李清照，才在历史上留下身影的。

此人无身世，无相貌，无才华，唯有一张巧嘴，一副憨厚面孔，对着李迒，先表对才女仰慕之心，后陈人品之踏实良善，又拿了各种官方文件来，证明家世清白。李迒便觉得十分靠谱。

绍兴二年春，李清照于病中仓促再婚。婚后不久，张汝舟便对李清照拳脚交加。原因么，应该是张汝舟发现李清照手中藏品并没想象的多，又或者李清照不给他染指的机会，便愤怒地现出了真面目。

张汝舟这个人，是小人，也是蠢货。他以为，从来只有男子休妻，没有女子休夫的，李清照年纪老大，又是再嫁之身，原来的夫家不会管她，娘家只一个弟弟，也管不到姐姐的二婚里面去。如今落到了他手里，除非是死，再也难逃。

想不到李清照性子刚烈，压根不怕丢脸，脑子转得还挺快，直接到衙门里去告了张汝舟一状。她当然不是告张汝舟家暴——家暴这事儿，告不赢的，她是去"出首"，是去揭发张汝舟的违法违纪问题。

张汝舟，这时候的官职是"右承奉郎兼诸军审计司"，翻译过来，就是一个搞审计的正九品公务员。官小也没啥，问题在于，他这个官，是怎么得来的？

两宋有一种"特奏名"制度。简单地说，就是过了乡试，而进士屡考不中的人，在达到一定的赴考次数与年限之后，便另行造册，朝廷开恩，让他们直接殿试。试题简单，考完不论成绩，都赐个出身，给个小官做做。

所以"特奏名"又叫"恩科取士"，是国家对落第老士子们的照顾。可是呢，通过这种渠道步入仕途的官员，通常是才疏学浅，兼以年老昏聩，好不容易当上了官，无不想着"夕阳红"，拼老命也要捞上一把，贪污腐败起来很没有底线，令朝廷头疼。

早在庆历八年（1048 年），大臣宋庠就指出："近岁举人殿试，有老榜之目，但论举数，无取艺能。释褐虽被朝恩，参选已登暮齿。纵分职任，尽昧廉隅。臣等欲乞将来科场，罢兹一事。"①

意思是说，弄这么些没用的老家伙来干嘛？不如把这个政策取消算啦！但国家为了安抚士心，一直没取消。到了南宋，"特奏名"取士，年纪更限制在五十五岁以上，这么一算，张汝舟年纪可是真不小了。就这么着，他这个"特奏名"的待遇，还是虚报了考试次数，蒙混来的。

就算张汝舟不是冲着李清照家财来的，单这一点，已经够叫人掀桌了好吗？李清照二话不说，就把这二婚的桌子掀了个底儿掉。二婚的"夫君"也因查有实据，被免了职，流放到广西柳州编管起来。

宋代女子想与丈夫离婚，只有"和离"与"义绝"两条路。"和离"需丈夫允许，写"放妻书"签字画押，如果丈夫咬死不张嘴，就很难搞了。"义绝"通常是要闹出人命官司，至少也要人头打成狗脑袋，才有可能。好在《宋刑统》上，另有一条硬性规定：

---

① （北宋）宋庠《元宪集》卷三十二，《资政殿答手诏》。

"已成婚，而夫离乡编管者听离"——

犯了政治错误的，法律支持妻子离婚，速战速决！

但《宋刑统》又说了："诸告周亲尊长、外祖父母、夫、夫之祖父母，虽得实，徒二年。"就是说，妻子告丈夫，就算属实，她也得判徒刑两年。但是李清照得到朝中亲友的援手，只在牢中待了九天，就被释放了。①

援手的人是谁？兵部侍郎、翰林学士綦崇礼。綦崇礼的独养女儿，嫁了赵明诚表兄谢克家的孙子，那么綦崇礼与李清照间的亲戚关系，算一算还蛮拐的。论李赵两家亲戚，近支又有势力的，其实还有不少。比如谢克家，比如那位"善逃"的妹婿李擢，再比如李清照的表妹婿秦桧——不过秦丞相今年走霉运，刚被罢了相，还被皇帝宣布永不复用，就算肯帮帮也帮不上啦。

大宋朝堂上，虽然处处皆裙带，但李清照的官司，最终托到那么远的亲戚头上，想来也是多少世态炎凉。事后，李清照给綦崇礼写信道谢，不尽的感恩戴德，也可见这场绝地反击的胜利，来得艰辛。

凭啥看中这个假冒伪劣男人？

回过头来，再分析这场闹剧的前因后果。

---

① 虽然有这一条，但妻告夫徒二年的处罚，文献中缺少实际案例，可能在具体执行上较为灵活。如北宋大臣夏竦的妻子杨氏搜罗罪证，状告夏竦，夏竦虽被贬职，杨氏却未受罚，官方仅劝二人离婚而已。北宋学者陈烈的妻子林氏诬告陈烈，林氏亦未受到处置。推想要么南宋执法较严格，要么李清照之系囹圄还另有隐情。

张汝舟，一个绝对的小人，一个在李家交际圈里提不上秤的小角色，为什么会获得认可？弟弟糊涂，李清照又不是任人摆布的小姑娘，她为什么要接受？

据她自述，是身在病中，神志不清，弟弟又老实可欺，才全家上当，匆匆忙忙，半被欺骗，半被逼迫地结了婚——这个说法，有自我辩护的色彩，李家是官宦人家，亲朋遍朝堂，张汝舟不过是一人微言轻无背景的小官吏，说逼迫，哪来这么大能量。

在张汝舟这方面，此人面目，大概类似于婚姻市场上那种"老实忠厚男"。虽然无能，但全心全意对女人好呀！女人人生低谷之际，心灰意冷，往往就会上这种男人的当。

再看李清照这方面，寡妇家业难守，不想寄人篱下，自然都可以是原因，但还不是主要原因。真正的、最关键也最有可能性的因素是这个时间段，她正在经历这一生中最大的精神危机。

刹那间，国破家亡，亲友俱在难中，赵明诚更死得仓促，而时势紧迫，并没有给李清照消化这些打击与痛苦的时间，就要带着全部家资与藏品，上山入海，仓皇逃难，又屡遭匪盗，眼看毕生心爱，丧失殆尽……她可以凭借着人在危险中爆发的那一股子意志力，一路强撑下来，一路上，逃亡的紧张感，也正好可以麻痹内心的痛苦。然而，当最终定居临安，危机解除之后，也就迎来了心灵创伤大爆发的时候——

被推迟了的创伤后应激反应，让李清照病倒了。身体的病与心灵的病，使她彷徨无助，人生失去目标，甚至可能产生了一些自暴自弃的想法。在这样的时刻，她确实急需一种依傍，一个归宿，需要有人帮她逃离往昔，重建生活。于是，她才被小人乘虚而入，上了一个恶当。

然而，福祸相倚，这也正为她迎来了一个置之死地而后生的契机。

　　人生绝境的再次到来，张汝舟的恶劣人品，不堪受辱的怒火，反而将她消沉的斗志再次激发出来。在这一场壮士断腕、绝地逢生的战斗中，她的聪明才智、意志力、自尊心、对理想的追求，都浴火重生了。

　　也就是说，经历过再婚事件之后，李清照才真正地从心灵的痛苦中摆脱，不再沉湎于往事与回忆，而是振奋精神，想要做一些事情。一些除了她之外，再没有别人能做的事情。

　　她开始整理《金石录》。一页页重新翻读赵明诚手稿的过程，也是整理前半生，直面丧失的一个过程，所有昨日美好与欢乐如清泉喷泻，岁月沉淀出了眼底的旷达，风霜磨砺出了心中的无畏。

　　中年焦虑退散了，消失了，李清照迎来了她人生中的"知天命"。

我毒舌起来，连自己都不放过

　　这次结婚在绍兴二年（1132 年），维持不过百天，但给李清照的名誉带来了很不好的影响。

　　并非因为再嫁。宋朝人并不太介意女性的离婚、再婚。理学大师程颐嘴上说着"饿死事小，失节事大"，亲外甥女守了寡，还不是忙着张罗给她再找好人家？朱熹也说过："夫死而嫁，固为失节，然亦有不得已者，圣人不能禁也。"①"失节"这事儿，讲起来不好听，实际上吧，圣人都管不了！

李清照这事儿的主要问题在于：

其一，她不是默默改嫁，而是刚改嫁，就忙着打官司离婚。为了这官司，李家求助的定然不止綦崇礼一个人，闹得连皇帝都知道了。这就挺不成体统了。知道内情的亲友，还会体谅，落在普通的看客眼里，自然是个笑话。

其二，她是名人，她是才女，还是个心高气傲、指点江山的才女，她牙尖嘴利，笑傲士林，批评起人来，入木三分地狠，十二分地招人恨。就在她闹离婚案的这一年，也就是绍兴二年的三月份，她再嫁前不久，她还在写诗嘲笑新科状元张九成：

张九成在当年的殿试上，以一篇花团锦簇的策论，获得高宗皇帝激赏，其中有"澄江泻练，夜桂飘香"的句子。而柳永当年有一首词《破阵乐》，其名句云："露花倒影，烟芜蘸碧"，写圣驾赏游金明池的情景，歌颂太平盛世。所以李清照就把两人做了个对子，道："露花倒影柳三变，桂子飘香张九成。"

柳永是个盛世里的浪荡子，断非国家栋梁之材，就是会填得一手好词，李清照把新科状元和柳永拉到一块儿，委实不怀好意。那么张九成也没干啥呀，他就是在策论里太热情地体贴圣心，说什么："陛下之心，臣得而知之。方当春阳昼敷，行宫列殿，花气纷纷，切想陛下念两宫之在北，边尘沙漠，不得共此时和也。其何安乎……澄江泻练，夜桂飘香，陛下享此乐时，必曰：'西风凄动，两宫得无忧乎？'……每感时遇物，想惟圣心雷厉，天泪雨

---

① （宋）朱熹《朱文公文集》卷六十二，"答李敬子余国秀"。

256

流，思欲扫清蛮帐，以迎二圣之车。"

大意就是——哎呀，我可晓得陛下的一片孝心了，那真是天日可鉴，但凡吃到好的，喝到好的，玩到好的，就必然想起被金人俘虏的徽、钦二帝，吃不下喝不下了，一心一意想把他们救回来！

你晓得个鬼，宋高宗才不要救他爸他哥回来。你要么是呆子，要么就是想把皇帝架在火上烤。但赵构不慌不忙，为了舆论，为了形象，欣然接了这一招。

张九成向来是主战派，在他这边，自是一片忠心，但这篇文字，写得也确实肉麻——您就这样自认陛下肚里的蛔虫好吗？李清照看不下去，就毒舌了一把。她这毒，尤其毒在玩弄文字的技巧上。

《周礼·大司乐》："乐有六变，八变，九变。"《礼记·乐记》："再成、三成、四成、五成、六成"。"变"与"成"同义，都是一曲终的意思。那么，"三变"，对"九成"，是工稳得不能再工稳了。

此联一出，当年应试的举子们欢乐传诵，出了一口被张九成抢去状元的恶气。

就更别说她那篇意气洋洋的《词论》，在词体逐渐受到尊崇的南宋，招来多少才子的不满了。

古代的男人，喜欢才女，大都是喜欢她们红袖添香，不是喜欢她们指点江山。像李清照这种已有凌驾须眉之势，又不知道藏拙，真的很讨厌啊！

而最令人无语的是，李清照本人，又以她惯常的文学炫技本能和奇异的幽默感，为才子们对她的反感，不自觉地添了一把柴火。

南宋胡仔的《苕溪渔隐丛话》中记："易安再适张汝舟，未几反目，有《启事》与綦处厚云：'忍以桑榆之晚景，配兹驵侩之下才。'传者无不笑之。"

为什么无不笑之？不仅因为笑这件事本身，更因为，她写得本来就很搞笑啊！

让我们来读一下她的这封信，看她到底是怎么自述的。

"忍以桑榆之晚景，配兹驵侩之下材。身既怀臭之可嫌，惟求脱去；彼素抱璧之将往，决欲杀之。遂肆侵凌，日加殴击，可念刘伶之肋，难胜石勒之拳。局天扣地，敢效谈娘之善诉；升堂入室，素非李赤之甘心。"

桑榆晚景，这词儿，大家看到后首先想到的，是含饴弄孙、天伦之乐吧？怎么也不可能联想到"结婚"上去。何况还是跟个马贩子之流的下等人结婚。刺目的反差，用典雅工稳的骈体写来，荒诞感十足。 再看看她用的都是些什么典故吧。

抱璧——春秋时，卫（后）庄公侵略戎人领地，把戎人首领己氏之妻的一头美丽长发剃下来，给自己老婆当假发。后来，庄公被国人赶了出来，逃到了己氏的地盘。庄公拿出玉璧给己氏看，说："你若放过我，就把这块璧给你。"己氏说："好笑，杀了你，这璧还能自个跑了不成？"就把庄公杀了。

刘伶之肋——"竹林七贤"中的刘伶，矮而丑，瘦而弱，"悠悠忽忽，土木形骸"①。他喝醉了与人冲突，对方要揍他，刘伶慢悠悠地说："鄙人这一副鸡肋，可当不起阁下的拳头。"

石勒之拳——十六国之后赵的建立者石勒，年轻时在老家，每

---

① （南）刘义庆《世说新语》下卷上，《容止》第十四。

年都跟邻居李阳为争夺沤麻的池子互殴。发迹之后，他把父老乡亲都请到宫里欢聚，并亲热地拉住李阳的胳膊，说："孤往日厌卿老拳，卿亦饱孤毒手。"①

谈娘善诉——北齐时有个姓苏的人，喝醉了就打老婆。老婆美丽而善于唱歌，便常常含悲歌哭，身姿摇曳动人。于是被好事者模仿，作歌舞剧名为"踏谣娘"，又名"谈娘"。

李赤，是唐代一个仰慕李白的诗人，故自名"赤"。不幸被厕所中的鬼所迷，自己一头扎进粪坑淹死了。当朋友们把他从粪坑往外拔的时候，他还气愤道："我刚刚都已升堂入室，见到我那美艳无双的娘子了！拉我干啥！"

李清照把自己比作昏君卫庄公，比作挨打的刘伶，比作悲歌的谈娘，比作扎进粪坑的李赤——黑色的、荒诞的、滑稽的、悲凉的一系列故事，具有强烈的戏剧效果。但是，并不适宜于塑造一个"女性婚姻受难者"的形象。

她用文学性的戏谑手法，讲述了一个悲惨又可笑的故事，作者似乎灵魂出窍，正在俯视着困局中的自己，发现了人生无数荒诞之处。

这篇书信，富于黑色的幽默感，残酷与自嘲并容，完全没有女性的柔弱，更不曾展示女性的天真无知，以试图唤起社会面的同情。

李清照不要求世人的同情，正相反，她预判了世人大都是冷酷轻信的，自己将难逃万世之讥。她深感悔恨，但悔恨的不是再嫁，而是自己居然如此软弱、可欺、愚蠢！她羞惭，不是为失贞，

---

① （唐）房玄龄等《晋书·石勒载记》下。

是为自尊。最后，她居然还没忘了顺手讽刺一下官府的黑暗……

这显然不是一个女性受难者"应有"的态度。

虽然你们是好意，对我却是侮辱

"虽南山之竹，岂能穷多口之谈；惟智者之言，可以止无根之谤。"李清照预测到了，在她生前身后，会因离婚官司招来多少口水，然而，于现在的她，那已经是视若浮云了。

临安的上流社会，也已风平浪静。上流社会——也就是腐朽的统治阶级内部，说真的，谁家府上没点儿糟心的、可笑的事儿呢？连官家的生母韦太后，听说还在金国"失了身"呢。大家心里有数，谁会当真计较？

第二年，李清照就重新以赵氏遗孀的身份，以"朝廷命妇"的资格，回到了她熟悉的社交圈子，甚至比赵明诚健在的时候更活跃。

她携大书法家米芾的真迹，拜访米芾之子米友仁，请其为字卷题跋。

她向皇帝后妃进献贺岁帖子，将《金石录》进献于朝廷。

朝廷派使臣出使金国，她写长诗为之送行。

她文思泉涌，潜心于创作，诗、文、赋、词无不信手拈来。她还拾起了从前对赌博的爱好，并为最喜爱的"打马"之戏编写说明书，教给晚辈们。

这五十岁以后"知天命"的岁月，是属于她自己的孤独而从容的日子。

宋代有一些记载，比如词学家王灼在著作中，说李清照晚景凄凉——"晚节流荡无依"。《郡斋读书志》的作者晁公武也说她"晚节流落江湖间以卒"。李清照本人，诗文中亦常自称"贫病""寒素"，但据现有的资料与她本人诗文反映的情况看，李清照的晚年过得还不错：出入宫廷，有诗朋酒侣，长日无事，卧室里也还继续烧着名贵的香料。贫病云云，于她自己，大抵是文人的习惯性谦抑。

而王灼等人的记载，或许是地理距离远，年头隔得久（王灼江湖漂泊，晚年住在成都，晁公武小李清照二十一岁，长期在四川游宦。清照逝后二十余年，才回至临安），以讹传讹。

明末以来，李清照的作品被重新发现、评估，收获粉丝无数。但"再嫁"，让粉丝们很难接受。明清社会对于女人的贞节，要求更高了。李清照出身仕宦名门，非一般风尘中"才女"可比，在人们的想象中，更应该冰清玉洁才对。于是大家挖空心思，要论证李清照并未再嫁，所有关于她再嫁的记载，全是诬陷。个中最关键的便是写给綦崇礼的那封信，人们或怀疑是伪作，或以为是被坏人篡改过，然而又都拿不出像样的证据。

李清照之再嫁，可考的宋代人记载已有七处之多。记载者中，不乏李赵两家的亲友。这种情况下，细节也许有所出入，但再嫁这事儿本身应该是无误的。

再说宋代人对于女子再嫁，根本就不以为是羞耻啊！宋真宗皇后刘娥、宋仁宗皇后曹氏，都是再嫁之人。

一直到南宋末年理学大家魏了翁的女儿，嫁给了名将安丙的孙子。两家俱是高门大户，一方特有钱，一方特有文化。所以丈夫身故之后，魏氏在情场上极是得意，无数人求婚，最后由魏了翁的学生，礼部侍郎刘震孙勇夺绣球。失意者愤恨之余，纷纷在官场上给刘震孙下绊子，一时弄得这位新郎焦头烂额……世风如此，拿"再嫁"来"诬陷"李清照，能有什么意义！

李清照之所以受到同时代人的攻击，前面说过，实是名人效应、事件离奇，外加个性张扬所致。

可作为对比的，是后来朱熹在提到李清照的时候说："本朝妇人能文，只有李易安与魏夫人。李有诗，大略云'两汉本继绍，新室如赘疣'……如此等语，岂女子所能？"①压根儿不提再嫁的事，只论才华。可见真道学，比及一般酸儒、轻薄文人，在见识与格调上，还是要高明不少的。

至于明清文人，纠结于再嫁，为李清照"辟谣"的"好意"，于她，其实是另一种形式的侮辱。

---

① （宋）黎靖德编《朱子语类》卷第一十四。

第五章

梦魂仿佛归帝所

一

诗人不死，我看到了星空与大海

纵然我是女子，只要才华足够，青史必有公道。

李清照到底是幸运的。她有优越的家世，有开明的家长，受着最良好的教育，家庭温暖，婚姻美满——她的天空，也矮，却比一般女性明亮。

我虽女子，也当"立言"

相比于对词体创作的举重若轻，李清照一生真正殚精竭虑的，是诗，只有诗。

汉魏高古、隋唐灿烂之后，诗，到了宋代，能写的似乎已经被写完，想翻出新意，写出新的境界，是每一位宋代诗人的理想。李清照也不例外，她没自觉是女性，就可以放低标准，她一上来，就把自己放在时代最严苛的竞争中了。

唐诗的气质是芜杂繁茂的，有天真汉的诗，有战士的诗，有游侠儿的诗，有酒鬼的诗，有和尚的诗，有闺妇的诗……各呈面目。到了宋诗，就普遍是学者与士大夫之诗。唐诗也说"两句三年得，一吟双泪流"，但你读着它，就总像是自然喊出来、唱出来、哭出来、吟出来。宋诗呢，文字再轻松浑成，也大都是在"作诗"——有明显的创作意图在里头。

李清照沉迷于"作诗"："诗情如夜鹊，三绕未能安。"（《断句》）为了写诗不得安生。又道："学诗三十年，缄口不求知。谁遣好奇士，相逢说项斯。"（《分得知字韵》）

唐代诗人杨敬之，欣赏另一诗人项斯的诗，逢人便要推荐，"平生不解藏人善，到处逢人说项斯"。李清照虽然嘴里说着，我写诗并不求外人知晓。可内心又很希望，有人能够欣赏她，推介她。

为什么会这样前后矛盾，言不由衷呢？

儒家传统中，自我贬抑永远是被推崇的。一个有才德的人，应该像幽谷之兰，静静地等着被发现，而不能像个喇叭似的，成天自我宣传。君子不求闻达，只是迫于他人的需要与请求，才出来建功立业。

这种矛盾的价值观，更适用于对才女的评价上：既津津乐道这等雅事，又希望她保持妇人贞幽之性，藏起这才华，别让世人知道。

前面我们说过，宋代的社会风气鼓励女性读书，有识之士对女子"文学"之才也多有赞美，但是，这些，只是对传统女性美德的锦上添花，"才华"的存在，是为了能够更好地显示"德行"。如果一个女性像男人那样公开地进行"文学创作"，并有意识地想要传之后世，那就是本末倒置，有失妇人本分了。

比如"理学二程"的母亲侯夫人，满腹诗书，又明达事理，精通儿童教育，但是她并不写作。"夫人好文，而不为辞章。见世之妇女以文章笔札传于人者，深以为非。平生所为诗，不过三十篇，皆不存"。①

侯夫人自小爱读史书，父亲拿政事与她讨论，都能给出明智的答案。当了妈之后，因材施教，培养出两名当世大儒。她也喜欢文学，却述而不作，实在抵挡不了创作欲，写了诗，便随手销毁。

她这样做，除了遵守礼教，保持女子在社会中的角色定位，还有一个更现实的考虑是自我保护。

像侯夫人这样通达人情又富于理性的女性，她知道，在男人主导的世界里，做一个文学才女，不是什么"好事儿"，虚名越盛，是非愈多。而作为膝下有两个"神童"儿子的母亲，为了儿子

---

① （宋）程颢、程颐：《上谷郡君家传》，《二程集》，中华书局1981年版，第655页。

的远大前程，她是不会拿自己的"名声"去做任何冒险的。

没错，世风确实在追捧着才女，这追捧中，也掺杂着很多不那么美好的成分。

才女是新鲜事物。君子欣赏其才华，猥琐男借她的文辞意淫，书坊老板要从中牟利。于是，就有了附会，有了流言，还有了假托其名的伪作——这些伪作，多半是风流而多情的，特别能满足一般人对于才女的浪漫想象。

"学诗三十年，缄口不求知"——李清照肯定也有过这样的顾虑，但最终也没能阻挡住她的脚步。

老天赋予了她远高于世人的才华，澎湃的创作欲在鼓动着她。她对做好一名官太太没兴趣，又没有一儿半女可以让自己做内宅的教育家。生活条件优裕，夫君志同道合，那么，怕什么呢？

她也不是不知道那些可能的毁谤，但她更坚信自己的才华。才华应该得到它应有的承认，她并不甘心藏着掖着。

想当年，欧阳修为才女谢希孟的诗集作序，说道："希孟之言尤隐约深厚，守礼而不自放，有古幽闲淑女之风，非特妇人之能言者也。然景山尝从今世贤豪者游，故得闻于当时；而希孟不幸为女子，莫自章显于世。"

谢希孟的哥哥，可以游学四方，名扬当世，他妹妹呢，才华非凡，却只能被埋没在深闺中。欧阳修为此很是不平。

当然，欧阳修并不是鼓励女儿家都来搞创作，他这是爱才的毛病又犯了：谢家女儿之文才，"非特妇人之能言者也"——女人能文，没啥稀罕，但谢希孟不一样啊，她作品的质量太高，从思想性与艺术性上，理应获得被世人正视的资格。

出自大儒欧阳修之口的这类开明意见，晁补之等长辈文学家的赞赏，可能从李清照很年幼的时候，就鼓舞过她，让她坚信，纵然我是女子，只要才华足够，青史必有公道。

君子何求？立德、立功、立言。李清照她，也是想要用文字为自己"立言"的。这等远大志向，以及立志之后，自觉不懈在创作道路上的探索，才是李清照这闺阁女子最惊世骇俗之处。

李清照身后，有包括诗文词赋在内的多卷完整作品集刊行，如此数量，只可能是作者自己着意留存。然而，和谢希孟的遭遇一样，这些作品，最终还是散佚掉了。那么，李清照这押上一生与青史的豪赌，输了吗？

没有，她就凭着那么一鳞半爪的作品，成了中国文学史上的大家，而不仅仅是"女子中能文者"。

风鹏正举，飞出女性低矮的天空

建炎四年（1130 年）前后，李清照乘船入海，追随宋高宗的御舟。

海天一线，滔天巨浪，星辰日月吞吐其中，纵然博览群书，看过"海国图志"，也不及这亲身感受的冲击力。

这是李清照生平唯一的一次出海，海的雄浑、博大、危险，好像特别契合她的心灵，并融入了她的潜意识。最终在某一日，凝成了这样的一首词：

渔家傲

天接云涛连晓雾，星河欲转千帆舞。仿佛梦魂归帝所。

闻天语，殷勤问我归何处？　　我报路长嗟日暮，学诗谩有惊人句。九万里风鹏正举。风休住，蓬舟吹取三山去！

气概沉雄，大雅浑成。梁启超评价说："此绝似苏辛派，不类《漱玉集》中语。"①这话说的，倒像这篇写出来，是被苏、辛二老灵魂附体的一次意外似的。

真正的豪放来自心性，学不出，做不出。李清照会写出这样的词，是因为在她身上，本来就有这样的气质。

清代学者沈曾植说道："易安倜傥有丈夫气，乃闺阁中之苏、辛，非秦、柳也。"②

豪言壮语，挥刀舞剑，并不一定就是丈夫气。真正的丈夫之气，是秉温良，存仁心，而有担当、有风骨，不苟且——它是一个人面对世界的态度。

柳永、秦观虽是男子，然而皆非理想的士大夫。柳永太世俗化，太平民化，心志软弱，耽于逸乐，有一颗"荡子行不归"的灵魂。秦观呢，才子气太重，多情易伤，敏感易折，堪为大宋之"情圣"。这样的气质，体现在他们的词作中，与李清照的作品相比，那确实是缺少一些"丈夫气概"的。

看这一阕《渔家傲》，写的是大海上的拂晓。现实中见过的壮阔影像，又在梦中重现，更添了奇幻瑰丽。海天相接，天上云如浪卷，海上浪如云翻，无穷无尽，银河翻转西沉，黎明的光芒无限铺展，显现无数洁白的船帆，迎风飞驶，如同乘着波浪在起舞。

---

① （清）梁启超《艺蘅馆词选》乙卷。
② （清）沈曾植《菌阁琐谈》。

如此壮丽，如此神奇，又如此艰辛危险，词人的魂魄，摆脱一切束缚，随风而起，去到哪里？去"归帝所"——她回到了天帝的居处。是"回到"而不是"前往"，天上是她本来的家，而人间只是旅途。天上的人，仿佛旧相识，殷勤地询问她：那么你到底要"归何处"呢？

"路长嗟日暮"，是隐括屈子《离骚》的意思："欲少留此灵琐兮，日忽忽其将暮""路漫漫其修远兮，吾将上下而求索"。

"谩有惊人句"，典出杜甫诗："为人性僻耽佳句，语不惊人死不休。"

"长路漫漫，我一路走来，只叹斜日将暮。一生辛苦学作诗，空有好句惊世人，不如归去！不如归去！"李清照的回答，坦露了她的志向，也传达了她的苦闷。她在人生与创作的道路上苦苦追寻，长日将逝，仍未能获得答案。

没有答案，不是她对自己的才华有疑问，而是她对这茫茫人世有疑问。

江山颠覆，家乡沦丧，爱侣逝去，脚下的坎坷路……时代的、社会的、个人的痛苦，来自现实与精神的各种磨难，混合成泥泞，绊住她灵魂的羽翼。

她仰首问苍穹，她又俯身入梦，梦里，纤弱衰老的女子，现出了她的本性与真身：一只翼如垂天之云的鹏鸟。

庄子《逍遥游》有云："北冥有鱼，其名为鲲。鲲之大，不知其几千里也。化而为鸟，其名为鹏。鹏之背，不知其几千里也。怒而飞，其翼若垂天之云。是鸟也，海运则将徙于南冥。南冥者，天池也。"

现代作家聂绀弩回忆与女作家萧红曾经的对话。

聂说："飞吧，萧红！你要像一只大鹏金翅鸟，飞得高，飞得远，在天空翱翔，自在，谁也捉不住你。……"

"你知道吗？我是个女性。女性的天空是低的，羽翼是稀薄的，而身边的累赘又是笨重的！而且多么讨厌呵，女性有着过多的自我牺牲精神……不错，我要飞，但同时觉得……我会掉下来。"萧红回答说。①

萧红英年早逝，天才未能施展。"女性的天空是低的"，她发出的感慨，是千百年来女性共同的困境。李清照也不例外，然而李清照到底是幸运的。她有优越的家世，有开明的家长，受着最良好的教育，家庭温暖，婚姻美满——她的天空，也矮，却比一般女性明亮。这些，塑造了她健全的人格——

在她的身上，恰到好处地调和了儒者的道德修养与豪杰的恣肆张扬，使得她在命运的强风中，能够保持心灵的平衡，虽迫降，不折翼。

小聪明比不上大智慧，短命比不上长寿，燕雀不懂得大鹏的志向。"九万里风鹏正举。风休住，蓬舟吹取三山去！"能够谱出这样诗篇的人，无论是男是女，都不会任尊严沦落，不会向命运屈服。

未来之约，在仙界的文学沙龙

李清照还有一首游仙诗，名为《晓梦》：

---

① 聂绀弩：《在西安》，萧军编注：《萧红书简》，上海人民出版社2015年版，第232—233页。

晓梦随疏钟，飘然蹑云霞。因缘安期生，邂逅萼绿华。秋风正无赖，吹尽玉井花。共看藕如船，同食枣如瓜。翩翩坐上客，意妙语亦佳。嘲辞斗诡辩，活火分新茶。虽非助帝功，其乐莫可涯。人生能如此，何必归故家。起来敛衣坐，掩耳厌喧哗。心知不可见，念念犹咨嗟。

游仙，也是中国古典诗歌的一个常见题材，经由对天上世界的想象，表达对世俗生活的不满。一般情况下，男子写游仙诗，多会渲染与女仙的暧昧；女子写游仙诗，常流连于天上的清静自在。李清照的这一首游仙体，却写得极有人间风味，如果撇开背景与人物，就是一次文艺的茶酒会——

除了大如船的鲜藕，巨如瓜的大枣，其他也没什么稀罕的。李清照现实中也不是没有诗朋酒侣，为什么她要这样写呢？

因为那些……远远不够。

我们来看明清两代，涌现了大批的女诗人女作家，呼朋结社，刊行作品，一时成为社会风潮。胡文楷《历代妇女著作考》，收录明清女作家 3885 人，作品集 4741 部，这个数量远非宋代能比。

然而，明清女作家的创作质量，并不突出。这么大的基数，并没有人能够取得比肩李清照的成就。为什么呢？

其一，历史的局限，明清诗歌的创作，整体已经达不到唐诗宋词的高度了。其二，陋儒遍地，缠小脚盛行，礼教压力增大，女子身心都受到更多的束缚，女人的世界更小了。

清代才女骆绮兰，在总结自己与闺中诗友的创作生涯时，就说道：

女子之诗，其工也，难于男子；闺秀之名，其传也，亦难于才士，何也？身在深闺，见闻绝少，既无朋友讲习，以瀹其性灵；又无山川登览，以发其才藻。非有贤父兄弟为之溯源流，分正伪，不能卒其业也。迄于归后，操井臼，事舅姑，米盐琐屑，又往往无暇为之。[1]

看来，李清照所曾拥有的条件，确实是得天独厚的。不过，这并不意味着，骆绮兰所说的困境，在她身上就不存在。

在梦中，与安期生、萼绿华等男女仙人欢聚一堂，谈笑风生，然后，她慨叹道："人生能如此，何必归故家"——不想回到俗世的家庭中了。

细玩诗中之意，这首诗应该创作于南渡之前，屏居青州的那段时光。她掩耳所不愿听的"喧哗"，很可能，又是那些宅前院后、家长里短的庶务。作为三房小儿媳，她的日子本来还算悠闲。后来大房、二房相继出仕，婆母也离开了，只剩下小夫妻留守。再不耐烦，也只得亲自打理起来。

被琐碎俗务缠身的苦恼，是古今中外女性写作者共有的。弗吉尼亚·伍尔芙在书房高谈阔论时，活像掌握了生杀予夺之权的文艺女祭司，然而当厨娘来问她晚饭如何安排，立刻张口结舌如呆鹅。德国女作家伊丽莎白·朗格思尔在一封写给友人的信中抱怨："日复一日，家务劳动越来越繁重，总是榨干我最后一丝

---

[1] （清）骆绮兰《听秋馆闺中同人集序》。

气力。"①

男性写作者就不存在这些问题。比如赵明诚，他可以访名山，寻古迹，交结各地奇才异士……哪怕娶回家的是一个女文盲，他也并不会缺少精神交流的对象。

而李清照呢，勃发的才气、旺盛的创作欲、热烈的交流欲，能够接纳的，只有一个赵明诚，和若干闺中诗朋酒侣——还得看对方能否从家务中脱身。

那么活泼的性子，却不能遍访名山大川，就连赌桌上，也会深感寂寞吧，毕竟闺蜜与亲戚因为老输，都不爱陪她玩了。大雪天，终于觅得了好诗，只能穷追猛打着赵明诚唱和，不然，还能有谁呢？

游历天下，遍访英豪，与当代最顶尖的头脑交流、切磋、共鸣，这是一个天才应得的乐趣。想象一下林徽因女士的会客厅，如果异时异地而处之，李清照会如何谈锋惊四座，妙语悦人心……

"翩翩坐上客，意妙语亦佳。嘲辞斗诡辩，活火分新茶。"其乐无涯。可惜，终究只能在梦中，在天上，在超越世俗的幻想世界了。

---

① ［德］斯特凡·博尔曼著，宁宵宵译：《写作的女人危险》"序"，中央编译出版社 2010 年版，第 15 页。

（二）

志士垂暮，
山河共此忧愁

　　正是因为这份爱，使得她一个人的境遇，一个人的丧失与痛楚，和国家的命运、时代的巨变，无可救药地交缠在一起，酿成了她写在宋词中的无限之愁。

战与和，从来不是一首诗

"南渡衣冠少王导，北来消息欠刘琨。"李清照的这两句残诗，说的是晋朝的旧事。

西晋末年，八王相争，五胡乱华，晋室仓皇南渡，定都建康，史称东晋。渡江衣冠中，丞相王导历事三朝，对东晋在江南政权的稳固，居功甚伟。但江南风物再美，终是作客他乡，比不得中原鼎盛繁华。《世说新语》中，记载了下面一个故事。

中原的名士们，每值春秋佳日，便聚集到建康城外的"新亭"，赏花，吹风，喝酒，叹息："风景不殊，正自有山河之异"——风景也没啥差的，却不是我们的旧山河了呀！然后就互相看着，大哭起来。

这种戏码演多了，王丞相看不下去，有一天，就骂了大家一顿："当共戮力王室，克复神州，何至作楚囚相对？"各位，要不就打回老家去，不认怂，跟他干！这样哭哭啼啼，像什么样子？

这时候呢，晋朝皇室虽然跑了，留在北方抵抗的还有一些武装力量。其中一支，便是名士刘琨领导的。刘琨年轻时不学好，泡在西晋首富石崇的"金谷园"中，与第一美男潘岳等人结伙，花天酒地，谄事权臣贾谧。谁料到，国破家亡之际，昔日浮华公子，忽然成了战士，一不怕死二不怕苦，独守晋阳近十年，与匈奴王朝前赵的大军对抗。

刘琨人帅气质佳，擅诗文，精通音律。那一年，匈奴人重兵围城，他于月下独自登上城楼，吹一曲胡笳，竟引得胡兵泪落纷纷，弃城而去。

"琨乃乘月登楼清啸，贼闻之，皆凄然长叹。中夜奏胡笳，贼又流涕歔欷，有怀土之切。向晓复吹之，贼并弃围而走。" ①真是靠气质就能退敌，放在今天的少女言情小说中，妥妥的第一男主。当年在东晋，那也是万千少男心中的偶像。

南宋如今的形势，与东晋极是相似。南宋的诗人，对东晋的爱国志士们也就分外地感到亲切。李清照这两句诗，是在感慨：朝中既没有王导那样想要收复河山的大臣，沦陷的国土上，也没有刘琨那样坚贞的义士。

忠愤满怀，直刺时局，但是，且慢！让我们看一下后续史实。

刘琨，曾是晋室收复中原的希望。然而壮志未酬身先死，死于来自大后方的冷箭——刘琨被鲜卑人段匹磾俘虏，段氏爱刘琨的才华，而东晋忌惮刘琨的威信，王导的哥哥王敦遂派来密使，买通段氏，将刘琨全家杀害。

王导，也并没有真的要"克复神州"，他一生之能，只是让东晋偏安江南，同时保持王家的富贵荣华而已。

熟读史书的李清照，能不知道这些吗？但是，如果纠结前因后果，那就没办法写诗，只能去写论文了。诗人，爱咏"史"，历史，却从来都不是"诗"。

宋高宗下江南，屁股后面，金军死咬不放。胸腹之下，是地方上的民心不稳，此起彼伏的兵变与叛乱。他急需强大的军队、优秀的将领，同时，他又非常害怕军阀崛起，武人专权。看看东晋的"前车"吧！王敦之乱、桓温之乱，可不都是大将军手握兵权，便

---

① （唐）房玄龄等《晋书·刘琨传》。

要拉皇帝下马？不得不防啊！

替赵构想一想：就算江山收复了，不是赵家的江山，那还有什么鸟用？

然后呢，南宋自建立以来，一直施行"南人归南，北人归北"政策，就是严格地划分南北界限，将自北方投奔来的官员与军民，都遣返金国。这样做的目的：第一，江南地少，资源有限，容不下太多人；第二，应付金人的索求，表示"金宋友好"；第三，笼络南方土著，获得政治支持。

总之就是为了维护江南政权的安稳。普通百姓倒也罢了，到哪不是活。最倒霉的，是一些身在曹营心在汉，忍辱负重，带着金国情报南下的原北宋官员，被遣返回去，枉送了全家性命。

"朝廷不要我们了"——消息传到北国，让许多做着故国梦的人心寒。金国的统治开始走上正轨，也肯任用汉人做官，士大夫之中，还有多少人肯做刘琨那样孤忠（没有好下场）的义士呢？

你要说，宋高宗就是一心想要偏安，这也不对。做皇帝，缩在江南这一小块地方，岂有雄踞中原、八方来朝的开心？问题并不在于他想不想，而在于能不能。

他的很多政策，在后世看来，苟且、无能，但在当时，也只是他所能够想到的最好对策。开战或求和，都不过是迫于形势、限于能力的不得已。

"求和"，好羞耻。开战呢？呵呵，要花钱的！粮草、武器、马匹、运输，哪样不是金山银山堆出来的？还有人，哪一寸土地，不是靠士兵血肉沤出来的？那么，钱和人从哪里来？这些年，别说国库空虚，连皇帝本人也空虚得很。小道消息，扬州那次半夜被金军堵到门口，吓得官家都没了男性功能好吗！本钱就那么多，是想打就能打的吗？打就一定能赢吗？打败了，亏掉老本，再也翻不了身怎么办？

打马，打马，渡河，渡河

绍兴四年（1134 年）九月，金兵五万人并伪齐刘豫的军队，在兀术等率领下大举南侵，一路打到江苏淮安，朝野震怖。十月，高宗皇帝宣布御驾亲征。十二月，金军被击退。次年二月，皇帝回到了京城临安。

一打仗，最惨的是百姓们，都拖家带口，背着值钱家当，四散奔逃。其实也没啥地方可去。"闻淮上警报，江浙之人，自东走西，自南走北，居山林者谋入城市，居城市者谋入山林，旁午络绎，莫不失所。"①——东边人往西边跑，南边人往北边跑，住乡下的跑进城，住城里的逃下乡，没头没脑，好像被大水冲了窝的蚂蚁。

李清照也逃到了金华城，借住酒坊巷陈氏宅第。赵明诚的妹婿李擢，此时任金华太守，多少会照顾她一些。

在金华，日长无事，闲窗漏永，李清照动手做了一件看似无聊的小事，为游戏"打马"写说明书。

"打马"是个什么游戏呢？后人有说是叶子牌的，有说是麻将的。其实都不对。李清照的《打马图经》上写得清楚，是一种纸上的博彩之戏。用铜或象牙、犀角制成棋子，上面刻有五十四匹名马

_____

① 李清照《打马图经序》。

图像，棋盘是张大地图，分九十一路，其中分布各军政部门及关塞。通过掷色子的点数，让自己的马在地图上行进，并把其他人的马给打下去，就能赢得一定赏钱，而最先抢占"玉门关"者，胜出。

有点像今天"大富翁"之类的多人策略棋牌游戏。既需要一定的运气，也考验玩家的决策能力，颇有些"运筹一纸之间，决胜千里之外"的意思。

> 且长行、叶子、博塞、弹棋，世无传者。打揭、大小猪窝、族鬼、胡画、数仓、赌快之类，皆鄙俚不经见。藏酒、摴蒱、双蹙融，近渐废绝。选仙、加减、插关火，质鲁任命，无所施人智巧。大小象棋、弈棋，又惟可容二人。独采选、打马，特为闺房雅戏。尝恨采选丛繁，劳于检阅，故能通者少，难遇劲敌。打马简要，而苦无文采。①

不愧女中赌圣，提起赌博，如数家珍，什么粗俗的、高雅的、头脑简单的、考验智商的，她都懂、都精通，但是呢，它们都各有缺陷，不比打马，又高雅又别致，又能多人同玩，最适宜女孩子了！

原来"打马"，北宋时已流行于闺中，按规则，又分为"关西马""宣和马""依经马"。李清照最爱的是"依经马"，便以其为主，综合其他，每走一格，又添加一段文辞典雅的操作提示，是为"命辞打马"。

---

① 李清照《打马图经序》。

李清照弄出这个"命辞打马"的游戏，是希望它不仅能带来闺中之乐，还能让晚辈的女孩子们得到一些教益。她希望女孩儿们学到的，不是闺范，而是：

> 将图实效，故临难而不回；欲报厚恩，故知机而先退。或衔枚缓进，已逾关塞之艰；或贾勇争先，莫悟阱堑之坠。至于不习军行，必占尤悔。当知范我之驰驱，勿忘君子之箴佩况为之贤已，事实见于正经；行以无疆，义必合乎天德。①

战场如人生，人生如战场，什么时候该百折不挠，什么时候该见机而退，宁可稳扎稳打，不要轻敌冒进，居安思危才能立于不败。而最关键的是，战争应秉乎正义，做人要保持正直。这也是李清照关于自己一生行藏的经验总结。对于刚刚艰苦打赢了一场人生之战的她，这些话，更有着格外的意义。

她希望女孩儿们记住的是：

> 佛狸定见卯年死，贵贱纷纷尚流徙。满眼骅骝杂骇骁，时危安得真致此？老矣谁能志千里，但愿相将过淮水。②

"佛狸"，是北魏太武帝拓跋焘的小名。南北朝对峙，太武帝领兵攻打南朝刘宋，魏军烧杀掳掠，极是残暴。于是在宋地有童谣传唱："虏马饮江水，佛狸死卯年。"第二年，拓跋焘果然死于宠

---

① 李清照《打马赋》。
② 李清照《打马赋》。

幸的太监之手。

李清照是拿这个太武帝，比喻金国的入侵者，她写《打马赋》这一年，是绍兴四年甲寅，第二年，正好是卯年。她很希望，也很相信，明年，金军就会被打得滚回老家了！

也无怪乎她有这样大的信心。绍兴四年，是金军大举入侵的一年，也是宋军奋勇还击，不断取得胜利的一年。

四月，著名的"杀金坪"之战，宋将吴玠与吴璘在甘肃陕西一带与金兵作战，收复秦州、凤州、陇州等地。

五月，岳飞自武汉渡江北伐，岳家军直取襄阳，下河南，光复襄阳六郡，八月，岳飞因战功升为靖远军节度使。

十月，韩世忠在江苏扬州一带伏击金军，取得大仪、承州之捷。

十月底，淮西安抚使仇悆击金兵于寿春府，收复霍邱、安丰。

十二月，金兵围攻庐州，刘光世、岳飞俱出兵支援。岳飞部将牛皋、徐庆率二千人突袭，在庐州城下大败金军。

战事，以金军粮草断绝，金军于大雪中仓皇退兵而落幕。

第二年，也就是卯年的正月，金国皇帝金太宗病亡，金熙宗即位。二月，南宋民心安稳，宋高宗返回都城临安。

李清照关注着前线的每一条消息，一颗心早飞到了战场上。故而，从小小的"打马"游戏中，她也看到了万马奔腾，看到了老骥伏枥，还看到了——总有一天，南宋的军队，全面渡过淮河，收复中原。

"今日岂无元子，明时不乏安石。"用的还是东晋的典故：元子，指曾兴师北伐的大将军桓温。安石，指曾指挥"淝水之战"大败前秦的谢安。李清照满心乐观地说："今天我们有桓元子那样率军北伐的名将，明天，也一定能看到谢安石那样拯救苍生的良臣……"

她这些话都有所指。结合时势，当时最接近"桓温"的名将，很可能正是五月宣布北伐、名望如日中天的岳飞。然后呢，是临危受命的主战派大臣赵鼎，以丞相身份统管军机，指挥全线战争。其身份、地位、功绩，庶几可比拟当年"淝水之战"中的谢安。

岳飞后来怎么样了，我们知道的。赵鼎呢，晚年亦被流放海南，悲愤绝食而亡。这就是李清照寄以厚望的名臣良将之下场。

回想建炎二年（1128 年）夏，老臣宗泽病逝，临终前既不分香也不卖履，一句家事不提，只是高呼三声"渡河！渡河！渡河！"死不瞑目。呼声不远，而一河难渡，李清照想要"打马"过淮水的热烈期望，终究成了泡影。

落日熔金，诗人何为

南朝四百八十寺，金陵王气黯然收。自古以来，在江南的王朝，哪有一个是能翻盘的？地理上的天生劣势，注定了军事的孱弱，政权的短命。所以宗泽也好，岳飞也好，武将们拼死都要过河，要占据中原的战略位置。

宋高宗急于稳定偏安之局，然而，最危险的时刻，也就是最有可能性的时机。你一日偏安，便永远偏安。机会错过，就再不可挽回了。

百姓的日子，却是一日日地太平安乐起来。钱塘自古繁华，如今得了龙气加持，经济、文化更加发达，成为"全世界最美丽华贵的城市"（马可·波罗）。

到了春天，钱塘门外，柳绿花新，一路香车宝马，尽是盈盈笑语的赏春之人。西湖上，飘着无数彩舟画舫，那弦管清歌之声，至夜不绝。正月里灯会之热闹，更不亚于中州盛时。

一代人老去，一代人长成。春日断桥桃雨柳烟里，元宵夜的火树银花中，并肩携手的青年男女，很多都是北来移民的后代。

永遇乐

落日熔金，暮云合璧，人在何处。染柳烟浓，吹梅笛怨，春意知几许。元宵佳节，融和天气，次第岂无风雨。来相召、香车宝马，谢他酒朋诗侣。　　中州盛日，闺门多暇，记得偏重三五。铺翠冠儿，捻金雪柳，簇带争济楚。如今憔悴，风鬟霜鬓，怕见夜间出去。不如向、帘儿底下，听人笑语。

李清照自金华返回后，晚年长住临安。这一年，又到元宵，亲朋好友们，又来邀她同去赏灯。一向爱热闹的她，婉言谢绝了。

理由一，说不定晚上会下雨。理由二，人老了，丑了，不想出门。这就是词面上的意思。如果只是这么个意思，这首词，又怎会成为千古绝唱？

一百多年后的某一天，南宋词人刘辰翁说："余自乙亥上元，诵李易安《永遇乐》，为之涕下，今三年矣。每闻此词，辄不自堪。"一个男人，读一首女子说着家常话儿的词，为什么能哭成这样？

刘辰翁说的"乙亥年"，即公元1275年。是年，忽必烈率元军进逼，长江告急，文天祥誓师抗击。1276年，临安陷落。1278年，文天祥被俘。1279年，崖山之战，丞相陆秀夫背着七岁的小皇帝赵昺跳海，海上浮尸十万，皆是军民战死及自沉殉国者。两宋风流，自此断绝。

原来，战乱中的刘辰翁，哭的是百年同悲的国运。而李清照，她在和平的元宵之夜写下的，是时代的挽歌，是致家国的悼词。

"落日熔金，暮云合璧。"晚霞似火，那一轮落日，便如火中熔煅的金子一般。西天之外，更广漠的靛青天空中，莹白的层云铺展，如玉璧四合。如此江山，壮丽的黄昏——她却轻声问道："人在何处？"

有人说她这是在思念亲人。不对，她是在问自己：我现在，在哪里？这正是流落异乡的人才有的空间恍惚感。

"染柳烟浓，吹梅笛怨，春意知几许。"江南春天来得早，梅花已谢，柳烟已浓，方才正月，早已是暖气和融，人人都在忙着换春衫，要陌上踏青，要通宵赏灯。但她又大煞风景地问道："次第岂无风雨？"

从气象学角度，她这话很有道理，"倒春寒"嘛！但我们读词，不能只看表面意思：暖风熏得游人醉，只把杭州作汴州。沉浸在和平气氛下的南宋君臣、军民，忘了危机仍然存在。就像被春阳迷惑的游人，忘了还会有凄风冷雨袭来。

当年宋太祖挥师渡江，一句"卧榻之旁岂容他人鼾睡"，粉碎了南唐的偏安梦。如今，酣睡不醒的却是宋朝自己了。

打马渡河，终成空想。移民老去，仍在回望故乡。老去的李清照，在临安的元宵之夜，怀念着汴梁的十五花灯，想起自己在那辉煌城池里，尽情挥洒过的青春。永不再来的青春，永劫不复的故都，只有在梦里，才能重见了。

梦醒之后，一片荒凉。曾经头戴着点翠的花冠，鬓插着捻金的雪柳，穿着时新的衣裳，与女伴们欢笑在帝国盛世的夜空下，举头星落如雨，满城流光……那样年轻又快乐着的李清照，如今已是风鬟霜鬓。她老了，这个国家也老了。

老去的她，在这个温暖的春夜，独自站在帘儿下，听着行人的笑语盈盈，望着满城灯火，平静而悲凉。这是李清照的"黍离"之悲——

一千多年以前，周室衰亡，有诗人经过曾经的王宫故址，见宗庙宫殿，已尽数变为良田。不禁彷徨叹息，遂作《黍离》之歌：

> 彼黍离离，彼稷之苗。行迈靡靡，中心摇摇。知我者，谓我心忧；不知我者，谓我何求。悠悠苍天，此何人哉？

知易安居士者，知其心忧；不知易安居士者，将谓其何求？一个人，爱着国家，爱着民族，爱着故乡，并不一定要慷慨陈词，宏大叙事。爱，更多的时候，就默默地藏在寻常事物里。作为女性，李清照不能上朝堂，不能上战场，不可能如辛弃疾那样"了却君王天下事"，也不能如陆游那样"铁马冰河入梦来"。她只能："不如向、帘儿底下，听人笑语。"她对家国的爱，带着独属于女性的敏感与温情。

回望李清照之一生，正是因为这份爱，使得她一个人的境遇，一个人的丧失与痛楚，和国家的命运、时代的巨变，无可救药地交缠在一起，酿成了她写在宋词中的无限之愁。

武陵春·春晚

风住尘香花已尽，日晚倦梳头。物是人非事事休，欲语泪先流。 闻说双溪春尚好，也拟泛轻舟。只恐双溪舴艋舟，载不动许多愁。

天地不仁，以万物为刍狗。帝王无情，以江山为棋盘。青史无言，万众血泪不过几行书。李清照的后半生，一颗心紧随时事律动，创作了那么多激昂的、热情的、忧伤的诗歌，而历史有自己的走向，她所爱的，正在无可挽回地走向灭亡。

那么，诗人何为？

诗人没有作为，他们不能耕，不能战，不擅经商，不会做官，无力解决世间许多的现实问题。但诗人的存在，诗歌的流传，总会在某一天，抚慰我们现实中受伤的心，让我们突破时空界限，感知到生而为人在心灵深处共通的真情，重燃我们对人性、对文明的信心——没错，诗人就是这人世间顽固的天真，寂寞的良知。

他们是心地透明的孩子，在劫灰中捡拾玫瑰。他们也是通灵的巫者，在黑夜来临之前，指点我们看那壮丽的落日熔金。

真正的诗人，是与人类文明共存而不朽的。

三 横绝千古，自是花中第一流

诗人必目空一世，方能横绝千古。

正因为她是这样的李易安，才能有这样一篇生猛的《词论》。

青史才能将一席之地拱手相让，任她叱咤风云。

千古《词论》，非常自信，非常招人恨

回顾李清照的少女时代，她是以诗与文在京城文化圈中出名的，并不是"词"——现代人看来，诗词，乃古典诗歌统称，有甚区别？在李清照的时代，区别可大了，体例不一样，地位更不一样。诗以言志，文以载道。词是啥？"小歌词"啊，市井流行歌曲，妇孺、僧道、倡优、贩夫走卒，乃至强盗山匪，是人都能来上一段，登不上大雅之堂。最抬举的称呼，也就是"诗余"了，诗之余技，诗之余兴而已。

张耒为李格非书写墓志，特地提到了李清照，曰："长女能诗。"不要小瞧了这一句，对于诗坛耆宿的张耒来说，这代表了对晚辈诗才的认可，也说明了这是个能给亡父添光彩的出息女儿。你换成"长女擅乐府（或小歌词）"试试？拿不出手的呀。

李清照后来写了一篇《词论》，提出了"词别为一体"之说，这在当时，是新论，也算是为词正了一回名，将词从诗体的拖油瓶，确立为独立的文学体裁。

当时人们对词的态度，有两个极端，一是承五代以来花间的靡艳余脉，同时又接市民文化的地气，比如柳永那种深受欢迎的小情歌，新郑卫之声；另一个，则是以苏轼、黄庭坚等为代表的以诗入词，"长短腔作诗"，将词诗化、文人化，李清照觉得，都不妥。

她说，词者，最有别于诗的特征，是音乐性，是音律的协调。此外，从文学性上，还应该做到：铺叙、典重、故实。铺叙者，铺

陈描叙，从容地写，意思饱满而富有层次；典重者，典雅而庄重，这是对词的精神面貌的要求，文字到内容，都要高雅、有格调；故实者，典故与史实，说的便是词的"用典"了，考验的是作者的文化底蕴。好的用典，妥帖自然，在写作者与阅读者之间，制造出灵犀一点的美妙，最高效地传达信息。

譬之如一位美人：铺陈者，成其肌肤润泽，骨肉停匀；典重者，成其气质高雅，举止大方；而故实者，是该美人博古通今，有文化，有学识。

按照这些标准，李清照在《词论》中是毫不客气，将苏轼、欧阳修、晏殊、柳永、秦观、贺铸等前辈名家，批评了一个遍。她哪来的这胆量？

写这篇《词论》，大约是在宋徽宗政和年间，李清照为一婚姻美满少妇的时候。那时的她创作力旺盛，创作风格日趋成熟，而个性又未遭磨折。

清照是个什么个性呢？自信、直率，对文学有魔怔。这个直率与文学魔怔，是她爸遗传的。她爸对文学也是高标准严要求，但是，她爸是混官场的，说话有分寸啊，批评古人没问题，对"今人"就要含蓄了。比如他明明不喜欢黄庭坚的诗，可黄庭坚是朋友啊，那就保持沉默好了。

李清照不是男人，不在官场、文坛上混，就直言无忌，自成一家，自创出一个评论体系来了。

词体自唐五代以来，经过北宋一朝的发展流变，已臻艺术的成熟期。李清照恰恰赶上了这时光，在她之前，还没有人正式地审视过"词"的创作，她是第一个对词体进行规范总结的人。《词论》虽短，却是史上第一部有系统的词学论作。它显示出了李清照作为一个"圈外"文学评论家的独立性、敏锐性与先驱性。

南宋，词被日渐提升到文学的主流层面，李清照的《词论》也开始受到注意，引来了不少抨击。

比如，南宋初年，《苕溪渔隐丛话》的作者胡仔，虽然在书中全文转载了《词论》，但他也指责道："易安历评诸公歌词，皆摘其短，无一免者。此论未公，吾不凭也。其意盖自谓能擅其长，以乐府名家者。退之诗云：'不知群儿愚，那用故谤伤。蚍蜉撼大树，可笑不自量。'正为此辈发也。"①

直到清代，还有裴畅讥讽她："易安自恃其才，藐视一切，语本不足存。第以一妇人能开此大口，其妄不待言，其狂亦不可及也。"②

李清照论词，本也是一家之言，当然有可商榷的地方。但胡仔的反应如此激烈，还是和她的女性身份有关系的。至于裴畅就纯粹是低级的性别攻击了。

胡仔讽刺李清照："盖自谓能擅其长，以乐府名家者。"这个呢，倒没冤枉她，李清照，她还当真就这样自认为的。在词的创作上，她就有充分的自信心：晏殊、欧阳修、苏轼，学际天人；王安石、曾巩，文章西汉，我比不了。但写词这种事，我觉得，我还是蛮擅长的……呵呵！

作为闺中女子，作为词坛晚辈，这种态度，也确实是太生猛了。

李清照更看重诗文的价值，总觉得自己写得不够好。在词上

---

① （宋）胡仔《苕溪渔隐丛话》后集，卷三十三。

② （清）冯金伯辑《词苑萃编》卷九，《词话丛编》，中华书局 1986 年版，第 1972 页。

面，她年纪轻轻，就自信地用一篇《词论》把创作经验给总结了。然而世事弄人，最后，她还是"以词名世"。这有点儿像她的老乡辛弃疾，一辈子以功业自许，写词如咳唾，全不当个正事，偏偏功业不成，壮志难酬，只落了个"爱国词人"的名头，留在中学课本上。

后世论词，分豪放、婉约二派，分别以辛弃疾与李清照为宗。细观二人平生，细品他们作品中的气质，会发现，这两位山东人，骨子里是很相似的，都有着一种极自信而奋发的精神，一种不自觉中雄顾天下的姿态。

这才称得上是一代宗师。

诗人必目空一世，方能横绝千古

清代沈曾植在《菌阁琐谈》中这样评价李清照："易安倜傥有丈夫气，乃闺阁中之苏、辛，非秦、柳也。"

又说："易安跌宕昭彰，气韵极类少游，刻挚且兼山谷。篇章惜少，不过窥豹一斑。闺房之秀，固文士之豪也。才锋太露，被谤殆亦因此。自明以来，堕情者醉其芬馨，飞想者赏其神骏。"

又是"丈夫气"，又是"神骏"，又是"文士之豪"，都啥意思呢？

并不是指她走了豪放路线，更不是说她像男人。

跟系其名下的《点绛唇》（蹴罢秋千）等词中女主人公的"大胆"情欲表演，也没关系。

也不是因为她那些充满爱国主义情怀的诗文。"至今思项羽，不肯过江东", 当然是豪情万丈的。"所以嵇中散, 至死薄殷周。" 朱熹赞扬为"岂女子所能?"也是极有士大夫气节的。不过, 人家这里说的又不是诗, 而是她的词。

李清照的词, 大都写闺阁生活。咏咏花木, 写写闲愁, 发发相思, 跟"大丈夫"能有啥关系?

用现代汉语简单粗暴地翻译一下, 其实呢, 他这里说的, 就是个"精气神儿"。人有精气神, 词也有。易安词的精气神儿, 是什么样子的呢?

是于含蓄婉约的底子上, 更有一种疏豪开阔的气概, 是健笔写柔情, 情怀高远, 而意趣高洁。是"清水白石何离离"的襟怀磊落。也就是沈曾植所谓的"昭彰"——光明且远扬。

昭彰, 来自作者本人的心性与学养。

然后是"跌宕"——起伏顿挫, 多波折。这指的是笔法。跌宕的笔法, 源自作者创作的技巧, 体现了她对文字与情感的强大把控能力, 如臂使指, 运斤成风。

就拿这一首著名的《声声慢》举例。

> 寻寻觅觅, 冷冷清清, 凄凄惨惨戚戚。乍暖还寒时候, 最难将息。三杯两盏淡酒, 怎敌他、晚来风急?雁过也, 正伤心, 却是旧时相识。　　满地黄花堆积。憔悴损, 如今有谁堪摘?守着窗儿, 独自怎生得黑?梧桐更兼细雨, 到黄昏、点点滴滴。这次第, 怎一个愁字了得!

"此词首下十四个叠字, 乃公孙大娘舞剑手。本朝非无能词之士, 未曾有下十四个叠字者。乃用《文选》诸赋格。'守着窗儿,独自怎生得黑。'此'黑'字不许第二人押。又'梧桐更兼细雨，到黄昏、点点滴滴'，四叠字又无斧痕，妇人中有此，殆间气也。"①

十四个叠字开头，奇思异想又工稳，又传神，又绝无斧凿之痕。

然后全部是大白话，大实话——明知词贵典雅，还如此下手，真是英雄虎胆。

"怎敌他，晚来风急"，词锋一变为凌厉。长天辽阔，雁阵成行，嘎嘎而过，于是举头怅望，如见旧相识，爆裂的情感，至此又忽地一沉，一收，是引而不发，滔天巨浪化作静水流深。

上阕是从放到收，后阕是由收到放。

黄花堆积，显见花开得恣肆，而主人之恹恹无心绪。再无人采菊、赏菊、供菊、簪菊，物是人非，境在情迁，极显物与我的纠缠冲突，是典型的国破山河在，城春草木深。

"窗"在古典空间中，是人与外界的联系，也是人日常活动内外兼顾的小舞台，无数生活场景在窗前窗下展开。如今布景都还在，黄花，归雁，梧桐，细雨，一个不少，角色却少了，只剩下孤单的一个人在这舞台上，落寞凄惶。

如此，才寻寻觅觅，苦这冷冷清清日子之长，又凄凄惨惨，只怕天黑得太早。是进亦忧退亦忧，一日之间不得安乐。

有谁堪摘？怎生得黑？连续无有答案的问号之后，主人公的心情跌落谷底，情感则激荡不宁，正如乱军鼓噪而出，迎头碰上赵挺之那等老奸巨猾的官儿，连哄带骗，只得逡巡而退，然心中到底不

---

① （宋）张端义《贵耳集》卷上。

甘，于是化为无数行走的问号、无数不知去路的鬼、黄昏时点点滴滴的秋雨，洒在梧桐叶上，一片秋声。

"这次第，怎一个愁字了得！"这一句，是全词的总结，是收繁为简的一记重拳，是情感中的最后一记巨石投水，浪花飞溅，涟漪片片，终归于神秘的平静。

全词说的是秋日一天里的情景。秋天晴多阴少，上午出一点太阳，略觉温暖，到了下午两三点，便又层云蔽日，阴风阵阵。到晚间更下起了雨，天昏黑得令人害怕。

这样的秋日，本来就会让人忧郁。独自一人在家中，恨不得紧闭门户，拉上所有窗帘，开亮所有的灯，和所有的朋友打电话，才能驱散一点丧气。

但古人跟我们不一样，古人的门户，是半开放的，和自然靠得近，与物候息息相通，故而所有外界的风雨，触目伤情之景，都扑到眼前心上，故感时伤怀，无计回避。无计回避，故又能死路求生，将情怀融入那天地间去，一番涤荡，化作诗情。

清人万树说："此道逸之气，如生龙活虎，非描塑可拟。其用字奇横而不妨音律，故卓绝千古。人若不及其才而故学其笔，则未免类狗矣。"①

清人陆昶说："玩其笔力，本自矫拔，词家少有，庶几苏、辛之亚。"②

写的是苦意愁情，全词笔势中，却迸发出令同行兴叹的生气勃勃。它强烈地体现了"易安体"的又一特征，被一般读者往往忽

---

① （清）万树《词律》。
② （清）陆昶《历代名媛诗词》。

略的特征——跌宕多姿，意态自如，笔力强横。

具象为人，可不正是人间一倜傥丈夫？

李爸爸格非一生，文学上追求的"横绝"，被他的女儿在词体创作上，发扬到了极致。诗人必目空一世，方能横绝千古。正因为她是这样的李易安，才会写一篇生猛如此的《词论》，青史才能将一席之地拱手相让，任她叱咤风云。

女人香，不需要男性在场

所谓"易安体"者：音律谐婉，意境超远；情感深挚，婉约含蓄；气格沉郁，笔力强横；清新平易，以俗为雅。

在南宋，已经有很多作者，模仿"易安体"来填词。比如老乡辛弃疾就写了一首《丑奴儿近·博山道中效李易安体》云：

> 千峰云起，骤雨一霎时价。更远树斜阳，风景怎生图画。青旗卖酒，山那畔、别有人间，只消山水光中，无事过这一夏。
>
> 午醉醒时，松窗竹户，万千潇洒。野鸟飞来，又是一般闲暇。却怪白鸥，觑着人、欲下未下。旧盟都在，新来莫是，别有说话。

"清新平易，以俗为雅"这一点，仿得特别鲜明。风趣轻松中，又保留着豪放本色，洋溢着辛疾弃独有的随性气质。但即使以辛弃疾之才力磅礴，"易安体"中却还有一个隐含的特质，是他无论如何也仿不出来的。

是什么呢？"女人味"，真正由内而外散发出的"女人味"，而非传统男性文人心中、眼里、笔下的"女人味"。

女性从来缺少话语权，所以总是男人用女性的口吻说话，替女性代言。在男性的笔下，女人，永远是被注视着、被塑造着的，她摆脱不了"第二性"的地位。她在诗歌中的形态，不是与男人在一起的"艳体"，就是为男人不在而忧伤的"怨体"。

以李清照、魏夫人、朱淑真等为代表的宋代女性作家的出现，让一些女性摆脱了"被代言"的沉默，女人们用自己的笔展现自己的生活，表达自己的感情，女人开始尝试发言。

她们很快地证明了：她们能够进入向来只允许男人进入的领地，能够拥有传统上人们以为男性才能拥有的优良品质。比如丰富的学识、飞扬的文采，比如爱国的情怀、士大夫的节操。

她们也开始不自觉地，显现出作为女性主体，在两性关系中不符合刻板印象的一面，比如情爱上的主动性，比如对平等的追求。以及作为女性知识精英，她们在精神生活上的自洽、自足——相比于智识与情爱表达上的令世人刮目相看，这一点，却是她们作品中最容易被忽略与误读的。

比如李清照的这一首《玉楼春》：

> 红酥肯放琼苞碎，探著南枝开遍未。不知酝藉几多香，但见包藏无限意。　　道人憔悴春窗底，闷损阑干愁不倚。要来小酌便来休，未必明朝风不起。

按刻板印象，很容易又被当成"闺怨"词，然而，仔细观察词中的情感，并不是那么一回事。

红梅初绽，女主人公仔细地观察向阳的枝头，看花已开遍否。这种急吼吼要赏春的心理，在李清照的词中屡见不鲜，对明媚春光的喜悦、向往，对春来春去何匆匆的敏感，贯穿着她为词人的一生。

红梅有多惹人爱？你看，它含苞待放的花骨朵，鼓鼓的，像一只只被春天邮寄过来的红色小包裹，里面不知酝藏着多少醉人的芳香，当它终于被风吹开，将会展现出多少迷人的意态？

"道人憔悴春窗底，闷损阑干愁不倚。"主人公又憔悴，又愁闷……很容易被读者理解为怀夫思春。但是！如果我们事先不说明作者的性别，这两句就没有任何理由被认为是相思之情。和宋词中很多的名句一样，它只是一种常态的愁怀，一种有闲阶级的精神苦闷。

道人，不是修道之人。"道"者，"说"也。"人"，指代"我"，直译过来就是："说起我呀……"但她不说"我"，而说"人"，相当于当代女生以"人家"来自称，传达出的是一种亲昵且傲娇的态度。

她这态度是对谁呢？滞留在外的夫君？不，请看她的用词："要来小酌便来休"，是邀人来家里，如果是夫君，是自己的家，用"归""回"才是合适的。

情郎？"不就是喝个小酒，赏赏花，要来就来嘛！"这种自在轻松的语气，也并不像对待一个情郎。而且情郎对佳人有约还待来不来的，情况也很不对劲儿。

"未必明朝风不起"，这一句配合前面对"梅花"的热烈赞美，意思是落实在"赏花"上。邀人赏花，是古人日常的交际风雅，也并不能随便地指为恋爱。

实际上，女主这样的态度与话语，最适合的对象是谁呢？是闺中女友。回忆一下，我们找闺蜜逛街时是怎么打电话的？

"干嘛？出来逛街吧！××商场打折了哎……啧，就你事多，人家都无聊死了，你到底出不出来？明天？明天好看的衣服就被抢光了！"

李清照的格调虽然远比我们高雅，但她这里表达的是同一个意思："放下你的老公和娃，咱们去玩儿！"仅此而已。

仅此而已，但依旧是一阕含蓄蕴藉，又吐属风流的好词，像红梅经过一冬的孕苞，终于抖开她无数的小包裹，绽放出所有藏在日常生活里的诗意。

红梅树下的那个女子，她发急，徘徊，愁闷，踱来踱去，忽坐忽立，连栏杆都不想倚着。她身后的暖阁里，熏着香，温着酒，厨房里早叫仆妇备了小菜，可发帖子请的朋友们，到现在还没登门。她一头打发人再去催，一头，又忍不住在纸上匆匆记下一首词来，哼，等会儿可要罚她们每人和上十首才算罢休呢！

就连活跃在《东京梦华录》《梦粱录》中的那些女子，日常也并不是现代人想象中的忙着"宅斗"，她们很会放松自己，结伴去赏花、春游、观灯、斗茶、斗香、赌关扑……以至于被都城外的"乡下人"们吐槽：京中婆娘，只是好吃懒做，穿衣打扮，结伴玩耍，完全不知道相夫教子是个啥物事。

那么，"陪男人，想男人"，又怎么可能是李清照这种知识女性生活中的全部、创作中的全部呢？

而没有男人在场，她在作品中，展现出了一个女人最纯粹的慵懒、任性与娇憨，她单纯地为美、为春天而热切着、焦虑着，这样的她，有一种浑不经意的迷人。

约诗朋酒友赏梅，是李清照每一年都要例行的快乐事情。这一阕《玉楼春》，可以和另一阕《清平乐》对照而读：

清平乐

年年雪里，常插梅花醉。挼尽梅花无好意，赢得满衣清泪。

今年海角天涯，萧萧两鬓生华。看取晚来风势，故应难看梅花。

又到赏梅时节，人在海角天涯。这表明，她很可能是在福建、浙江一带逃难之中。国难家难都来，故人风流云散，各自不知音讯存亡，那么例行的头插梅花，呼朋唤友醉一场这事，就歇了。

无情无绪，胡乱地挼着梅花的花瓣，哭了起来。她看到镜中自己白发生长，她又看见梅枝在越来越强劲的晚风中摇动——看样子，梅花要被摧残凋尽了吧，就算想赏梅，也不成了。

"风"，在李清照的词里是一个经常出现的顽劣主角，它吹损花枝，吹走了阳光与温暖，吹淡了游春的兴致，吹落了人的盼望，还吹散了这个国家的未来。

李清照是一个敏于"听风"的人，对自然界的风，对命运中的风、时代的风，她怀着十二分的惕意。写这首词时，赵明诚应该已经离世。但这一首中的凄凉情绪，并不仅仅是为了赵明诚——诚然，这是其中一部分。但她在词中并没有说，她表现出来的，只是一种身世之悲，而这种身世悲凉，直指时代的巨变，这眼里晚来的风势，也因此更激荡了。

《玉楼春》写的是和平环境下的赏梅，《清平乐》则是战乱时代的赏梅。而后一首，又可以与朱敦儒的一首咏梅之作对照而读。

朱敦儒与李清照是同龄人。李清照经历过的盛世风流与国破家亡，他都经历过，他也是坚定的主战派。李清照爱梅花，朱敦儒更爱。梅花是朱敦儒的本命花。年轻时，他头上斜插一枝梅花，沉醉在洛阳；年老之后，知晓北复中原再也无望后，他与梅花割袍断义：

鹧鸪天

曾为梅花醉不归。佳人挽袖乞新词。轻红遍写鸳鸯带，浓碧争斟翡翠卮。 人已老，事皆非。花前不饮泪沾衣。如今但欲关门睡，一任梅花作雪飞。

除了性别不同，他是不是把李清照没有写出来的，都更加直白、更加残忍、更加绝望地说出来了？

"文字自有公评，必欲区分男女，犹浅之乎测易安也。"[1]近代藏书家瞿世瑛如是说。他说的，就是不应该以刻板的性别意识，来评读李清照的词，而低估了她的深度。

"不知酝藉几多香，但见包藏无限意"，也只有抛开"女性身份"的刻板界定，我们才能真正理解易安词中"女性化"的一面——那未经男权文化钦定的"女性化"，那从她的天性与自我里悄然逸出的女人香。

---

① （清）汪玢辑《漱玉词汇钞》。

图书在版编目（CIP）数据

　　山河共此忧愁：李清照和她的时代 / 王这么著. --
武汉：长江文艺出版社, 2023.4
　　ISBN 978-7-5702-2380-0

　　Ⅰ. ①山… Ⅱ. ①王… Ⅲ. ①李清照(1084-约
1151)－传记 Ⅳ. ①K825.6

　　中国版本图书馆 CIP 数据核字(2021)第 182572 号

山河共此忧愁：李清照和她的时代
SHANHE GONGCI YOUCHOU : LI QINGZHAO HE TADE SHIDAI

责任编辑：刘兰青　龙子珮	责任校对：毛季慧
封面设计：小一	责任印制：邱　莉　王光兴

出版：长江出版传媒　长江文艺出版社
地址：武汉市雄楚大街 268 号　　　邮编：430070
发行：长江文艺出版社
http://www.cjlap.com
印刷：湖北新华印务有限公司

开本：880 毫米×1230 毫米　　1/32	印张：9.875　插页：1 页
版次：2023 年 4 月第 1 版	2023 年 4 月第 1 次印刷
字数：228 千字	

定价：42.00 元